'동의' 중심 성교육은
어떻게 다를까요?

'동의' 중심 성교육은 어떻게 다를까요?

존중을 기반으로 한 관계, 젠더 폭력 그 너머를 상상하기

김지학, 이충열, 박재성, 안도희 지음

푹스코너

차례 〰〰〰〰〰〰〰〰〰〰〰〰〰〰〰〰〰〰〰〰〰〰

〰〰〰〰〰〰〰〰〰〰〰〰〰〰〰〰〰〰〰〰〰〰〰〰〰〰

추천의 말

2025년 신년 벽두에 성(평등)교육 현장 활동가들로부터 소중한 선물이 도착했습니다. 요즘같이 성(평등)교육하기 팍팍한 시대에 든든한 힘이 되는 책입니다. 성(평등)교육은 다학제 융복합 학문이자 실천 지향의 사회적 과제인데, 책 속 화자인 네 분의 협력적 동행으로 탄생한 이 책이 참으로 소중하게 느껴집니다.

성(평등)교육 현장 활동가들은 늘 질문을 품고 사는 사람들입니다. 그 해답을 찾아 현장을 누비고, 이론을 찾고, 동료들과 대화를 나눕니다. 무엇보다 자기 자신의 삶을 탐색하고 성찰하며 객관화하려는 노력을 합니다. 여러 해를 거쳐 매번 반복되는 질문들도 있지만, 답을 찾아갈 수 없는 새로운 질문들 앞에서 수많은 고독과 고뇌를 경험하기도 합니다. 가부장제의 폭력적인 성 문화를 깨부수고, 인간의 존엄과 평등이 보장되는 세상으로 나아가기 위해 새로운 언어를 학습하고 적용하기까지의 시간이 꽤 오래 걸리기도 합니다.

이 책은 성(평등)교육 현장 활동가라면 "아하!"를 연발하며 밑줄을 쫙쫙 치면서 외우고 싶은 장면들이 많습니다. 대화체로 구성되어 있어 가독성이 좋으면서도 결코 가볍지 않습니다. 주제마다 필자들의 교육 경험 관련 에피소드, 이해를 돕기 위한 근거를 제시하고 있고, 무엇보다 챕터의 마지막 페이지는 질문으로 정리를 하도록 합니다. 저는 이 질문들이 앞의 내용을 정리해주기도 하지만 청소년

성(평등)교육 프로그램으로 적용될 수 있는 것들이라고 보았습니다. 지하크 님이 〈닫는 말〉에서 말씀하셨듯이 '실전 편'에 대한 꿈을 이어가시길 조심스럽게 부탁 드려봅니다.

그간 성교육으로 대표된 젠더 폭력 예방 교육, 그것을 넘어선 더 깊은 이해를 통해 '사랑'과 '성'을 그저 멀리하는 것이 아닌, 보다 적극적으로 이루어갈 수 있 도록 역량을 키우는 데 한 발 더 나아가는 성(평등)교육이 되면 좋겠습니다.

— 이명화(한국청소년성문화센터협의회 상임대표)

어린이·청소년 교육과 상담 경험이 풍부한 성교육 전문가들이 뭉쳤습니다. 지 하크, 개리, 앙꼬, 화사는 성교육이 "피해자 되지 마라" 교육에서 "가해자 되지 마 라" 교육 식으로 불편하게 변한 것을 지적합니다. 그리고 학습자들을 통제하는 방 식에서 벗어나 권리와 존중 교육으로서 '동의'의 중요성을 역설합니다. 그들은 어 린이·청소년을 물성적 존재로 보고 성교육이 조기에 성애화시키기 때문에 "성에 대해서는 차라리 모르는 게 낫다"는 말도 안 되는 성교육에 대항합니다.

우리 사회에서 성에 대한 통념은 성별이분법에 근거한 가족, 연애, 결혼 각본 에 의해 강화되어왔습니다. 신자유주의식 자기계발, 각자도생 생존법은 오히려 여성성과 남성성을 상품화하였고, 젠더 체제를 강화해왔습니다. 국영수 입시 교 육에 밀려 어린이·청소년들은 동의하고(받고) 거절하는(받는) 법을 배우지 못한 채 성인이 되고 있습니다. 끔찍한 교제폭력과 살해가 난무하여 목숨을 걸어야 사랑을 할 수 있는 시대에, 성교육은 가장 시급한 시민교육의 영역입니다.

이 책은 성적 자기결정권 개념을 중심으로 평등한 관계에서만이 성적 행동과 실천 또한 자유롭고 안전함을 친절하게 이야기해줍니다. 책의 가장 큰 장점은 다소 어려운 성과 관련한 통념과 지식 등을 양육자, 동료들과 대화하듯이 이해할 수 있게 도와준다는 점입니다. 디지털 성폭력, 성매매 산업구조, 직장 내 성적 괴롭힘, 데이트폭력과 가정폭력에 대한 선입견 등 난해하고 복잡한 개념들도 차근차근 설명하고 있어 '지식과 공감' 둘 다 놓치지 않았습니다.

"내가 존중받을 때 남도 존중할 수 있고, 타인의 폭력과 사랑을 구분할 수 있다"는 점에서 성교육은 온전한 존재로서 존중하는(받는) 정치교육입니다. 어린이·청소년 성(평등)교육 전문가, 성을 매개로 시민성을 기르고자 하는 교육자, 안전하게 사랑하고 이별할 수 있도록 자녀와 대화하고 싶은 양육자들이 이 책을 먼저 보기를 추천합니다.

— 조진희(전 전교조 여성위원장, 서울하늘숲초등학교 교사)

성교육과 성폭력 예방 교육은 공교육에서 의무적으로 다루어야 하는 주제입니다. 그러나 대부분의 교사들은 이 주제를 전문적으로 다룰 수 있도록 훈련되어 있지 않기 때문에 늘 어렵고 막막한 숙제처럼 여겨집니다.

지난 몇 년 동안 성교육과 성폭력 예방 교육에 관한 자료들이 홍수처럼 쏟아져 나오고 있지만, 뻔하지 않으면서도 현실적인 고민과 문제 해결의 방향성까지 잘 담아내고 있는 자료를 찾기는 쉽지 않습니다.

처음 이 책을 받아 들었을 때, 지금까지 주변에서 접했던 성교육 지침서나 교재들처럼 익히 알고 있는 생식기 그림과 함께 성과 관련된 지식을 설명하는 책일 거라고 생각했습니다. 그런데 이 책은 달랐습니다. 네 명의 저자들의 대화 속에서 지금까지 봐왔던 여타의 성교육 관련 도서들이 제시해주지 못했던 새로운 관점과 교육적 대안을 보여주고 있습니다. 성과 관련된 다양한 주제들을 다루면서도 모호하게 피해가거나 얼버무리지 않고 명확한 지식과 실천의 방향성까지 제시해주니 통쾌함마저 느껴질 정도입니다.

다들 잘 아시겠지만 이제 학생들은 두루뭉술한 이야기가 아닌 실제적이고 도움이 되는 이야기를 듣고 싶어 합니다. 어린이와 청소년을 만나는 교사, 강사, 사회복지사, 청소년 지도사와 같은 교육자분들께 추천합니다. 그리고 자신의 자녀와 좋은(깊은) 관계를 맺고 싶은 양육자분들께도 추천합니다.

인권교육과 시민교육의 관점에서의 성교육을 '동의'와 '건강한 관계 맺음'으로 설명하는 것이 이 책의 주제이자 화두입니다. 뻔한 이야기 같지만, 저자들의 신선한 관점과 감각이 우리에게 새롭고 도발적인 질문들을 던집니다. 이 책이 제게 그랬던 것처럼, 여러분께도 자신이 가지고 있던 시각이 확장되는 경험이 되길 바라봅니다.

혐오와 차별적 시선으로 성교육을 망가뜨리려고 하는 일부 세력들이 우리 사회에 존재하지만, 늘 그래왔듯이 결국 열정적 사랑은 혐오를 이기고, 소수자와 약자들의 연대는 차별을 무너뜨릴 것입니다. 이 책이 우리 사회와 교육이 직면한 혐오와 차별의 위기를 슬기롭게 치유할 수 있는 훌륭한 처방전이 되어주길 바랍니다.

— 홍의표(인권교육을 위한 교사모임, 서울초당초등학교 교사)

여는 말

결국 모든 것은 동의와 관계로 요약할 수 있습니다.

동의는 이제 더 이상 "응/아니" 혹은 "좋아/싫어"와 같은 단답형 대답을 뜻하지 않습니다. 대화를 통한 적극적인 협의를 만들어가는 것을 동의라고 합니다.

대화가 가능한 사람이 돼야 합니다. 대화가 가능하기 위해서는 무엇보다 자신에 대해서 알아야 합니다. 그러려면 자신이 어떤 사람인지, 무엇을 좋아하는지, 왜 그런지 등의 탐구가 필요하죠. 우리 모두는 자신에 대해 탐구할 수 있는 기회를 제공받아야 합니다. 가정에서, 학교에서, 사회에서 그 기회를 제공해야 하는 것이죠. 신체, 젠더, 섹슈얼리티에 대한 정확한 정보를 듣고 배우며 자신을 탐구하고 자신의 그것들을 인정하고 동의할 수 있어야 합니다. 자신의 신체, 젠더, 섹슈얼리티 그리고 생각과 감정이 소중하다는 것을 알아야 해요. 건강한 자기애와 자존감을 가진 사람이 되는 것이 중요합니다.

두 번째로 다른 사람들을 자기 자신처럼 존중할 수 있는 사람이 돼야 합니다. 나의 신체, 젠더, 섹슈얼리티가 중요한 만큼 다른 사람의 그것도 동일하게 중요하다는 사실을 인정하고 실천해야 합니다. 다른 사람들의 생각과 감정, 신체와 삶을 자신의 그것처럼 존중할 수 있다면, 다른 사람들과 평등한 관계를 맺을 수 있는 사람이 될 수 있습니다.

자기 자신과 그리고 다른 사람과 존중을 기반으로 한 대화가 가능한 사람이 되도록 돕는 것이 성(평등)교육입니다. 상상해보세요. 우리 모두가 그런 사람이 될 수 있다면, 지금보다 더 나은 세상에서 살 수 있지 않을까요?

2025년 1월
공동 저자를 대표하여, 지하크

Chapter

1

이제까지의 성교육,

무엇이 문제였을까요?

지하크 안녕하세요. 한국다양성연구소의 김지학입니다. '지하크'라고
불러주세요. 이번 대담을 통해 한국 사회에 성교육과 성폭력 예방
교육의 절대적인 양이 증가했음에도 불구하고 왜 여전히 젠더 기반
폭력이 끊임없이 일어나고 있는지, 왜 여전히 성평등 사회가 되고
있지 못한 건지, 왜 여전히 청소년들은 "우리가 알고 싶은 성교육을
받아본 적이 없어요"라고 말하는지 그 원인을 알아보려고 합니다.
그리고 우리가 가정과 학교와 일터 등 모든 곳에서 모두에게 제공
해야 하는 성교육은 어떤 것이어야 하는지 고민해보려고 합니다.
저와 함께 이야기를 나눠주실 세 분을 소개할게요. 용인시청소년
성문화센터의 박재성 님('개리'라고 불러주세요), 마을결합형 청소년
자치배움터 다가치학교의 안도희 님('앙꼬'라고 불러주세요), 여성주
의 현대미술가 이충열 님('화사'라고 불러주세요), 이렇게 세 분과 제
가 여러분을 성교육의 여정으로 초대합니다. 그럼 시작해볼까요?
세 분은 한국 사회에서 진행되고 있는 성교육, 성폭력 예방 교육의
가장 큰 문제점으로 어떤 것을 이야기하고 싶으세요?

앙꼬 저는 순결교육이요.

개리 저는 임신, 낙태, 성병으로 겁주는 성교육이요.

화사 저는 '안 돼요, 싫어요, 하지 마세요' 교육이요.

지하크 다 공감이 되네요. 정말 대표적으로 문제가 있는 교육들을 뽑아주셨어요. 각자 자신이 뽑은 주제에 어떤 문제가 있다고 생각하는지 조금 더 이야기해주시겠어요?

앙꼬 순결교육은 일단 무엇보다도 효과성이 떨어져요. '순결해라', 즉 '섹스하지 마라'라고 말한다고 섹스를 안 할까요? 언제까지 안 하게 할 수 있을까요? '혼전순결'이라는 말이 아직도 있는데요, 여성가족부가 발표한 〈통계로 보는 남녀의 삶〉 자료(2023년)에 따르면 평균적으로 결혼하는 나이가 여성은 31.3세, 남성은 33.7세로 나타나고 있거든요. 2차 성징이 시작되는 초등학교 고학년 정도부터 시작해서 30대 초중반까지 무작정 성욕을 참아야 한다고 가르치는 교육이 과연 실효성이 있을까요?

지하크 가능하지 않죠. 청소년기와 청년기에 섹스를 하게 됐을 때 죄책감에 시달릴 수도 있고, 섹스에 필요한 교육을 적절하게 받지 못해서 성병이나 임신을 예방하지 못하는 사례를 양산하기도 하죠.

개리 여성에게만 순결이 훨씬 더 심하게 강요된다는 점도 큰 문제입니다. 피해, 가해를 포함한 성 관련 내용의 상담을 해보면, 여성 청소년들은 연애를 한다는 사실이 알려지기만 해도 "쟤도 이제 섹스하고 다니겠네"라는 말을 듣는다거나 심지어 피해자가 됐는데도 "걸레"라고 불리기도 하는 현실을 보게 돼요. 여성에 대한 순결 담론이 만들어내는 피해가 엄청난 거죠.

지하크 맞습니다. 정말 심각해요. 남성 청소년들은 섹스를 해본 경험이 자랑이 되기도 하잖아요. 많이 해봤다고 허풍을 치기도 하고요.

화사 이제는 '질주름'이나 '질막'으로 많이들 고쳐 말하지만, 얼마 전까지만 해도 '처녀막'이라고 부르고 "성 경험을 처음 하는 여성은 피가 나야 한다"며 이것이 여성이 처녀인지 아닌지를 감별해줄 수 있는 어떤 증표처럼 이야기하기도 했었죠.

지하크 맞아요. 총각막 같은 건 없는데 말이죠.

앙꼬 '섹스를 하면 안 된다'라는 교육을 받다 보면 '섹스는 나쁜 것이다'가 되고, 그러다 보면 준비 없는 섹스를 하게 될 가능성이 커져요. 이제는 '섹스는 할 수 있는 것이다', '언젠가 할 수 있다'라고 가능성을 상상하게 하고, 더 나아가서 '섹스는 즐거운 것이다', '좋아하는 사람과 서로가 원할 때 한다면 즐거움을 얻을 수 있다'라고 생각하면서 계획할 수 있게끔 돕는 교육으로 변화해가야 해요.

지하크 맞습니다. 섹스를 '즐겁기 위해 하는 것'으로 이야기해야 합니다. 그때, 성적인 행동으로 인한 즐거움은 평등한 관계의 사람들 사이에 적극적인 합의를 통해서만 느낄 수 있는 것이라는 점을 꼭 함께 알려주어야 합니다. 평등하지 않은 관계나 적극적인 합의가 없었던 행동을 통해서는 즐거움을 누릴 수 없습니다. 그래서 '성 폭력하지 마라', '성관계하지 마라'가 아니라, 성관계는 즐거운 것 인데 이를 즐겁지 '못하게/않게' 하는 게 폭력이자 범죄가 된다는 것을 알려주는 게 중요합니다.

화사   맞아요. 무조건 '성관계는 나쁜 것'이라고 생각하게 만드는 것 은 누구에게도 도움이 되지 않습니다. '나도 성적인 행동을 하게 될 수 있다'라고 가정하고 구체적으로 상상도 해보고 계획해볼 수 있도록 하는 것이 중요해요.

지하크   '섹스(성적 행동) 계획표 만들기' 활동이라는 게 있는데요, 함께 해볼까요.

언제	어디서	누구와	무엇을	필요한 것

언제, 어디서, 누구와, 무엇을 하고 싶은지, 그리고 그것을 할 때 필 요한 것을 적어보며 자신이 원하는 것을 찾아보는 활동입니다. 이 활동은 두 가지 방법으로 할 수 있습니다. 하나는 '무엇을' 부분을

성관계(섹스)로 한정해놓고 하는 방법이고요, 다른 하나는 성관계는 성기 결합 섹스일 수도 있지만 그렇지 않고 손잡기, 껴안기 등이 포함된 모든 성적 행동을 의미하기 때문에 (섹스를 하고 싶지 않은 사람도 참여할 수 있도록) 다양한 성적 행동까지 모두 열어놓고 생각하는 방법도 있습니다.

개리 정말 좋네요. 청소년들에게선 어떤 답변들이 나오나요?

지하크 '연인과 함께 해변가를 손잡고 걷고 싶다'는 내용도 있고 '애인이 생기면 뽀송뽀송한 새하얀 침구가 있는 호텔방에서 쾌적하게 에어컨을 틀어놓고 재즈 음악을 들으며 서로의 몸을 쓰다듬고 싶다'는 내용도 있었어요. '필요한 것'에 꼭 동의와 콘돔을 적는 청소년들이 있기 때문에 섹스를 할 때 꼭 필요한 것이 동의와 콘돔이라는 걸 다시 한번 강조할 수 있는 기회가 되기도 합니다.

청소년들이 성관계를 하는 장소 1위가 집(자신의 집 혹은 상대방의 집)입니다. 2위가 룸카페, DVD방 등이고, 3위가 공중화장실, 비상구 계단 등이에요. 이런 활동을 통해 자신이 심리적 안정을 누리는 데 필요한 장소를 생각해본 청소년들이라면, 상대방이 아무리 졸라도 자신이 원치 않는 장소에서 불안감을 느끼면서 성관계에 동의(강요나 협박에 의한 순응)하지 않을 수 있겠죠. 그건 자신이 원한 게 아니니까요. 아까 이야기했던 성적 즐거움의 원칙(평등한 사람들의 적극적인 합의)에 맞지 않는 거죠.

화사 섹스 계획표를 작성해보면서 미리 상상해보고 계획해본 사람은 미리미리 성병 검사도 하고 콘돔도 준비할 수 있습니다. 무계획, 무방비로 섹스를 하게 되는 사람보다 훨씬 더 자신이 원하는 섹스를 자신이 원하는 사람과 안전하고 즐겁게 시작할 수 있겠죠.

앙꼬 맞아요. 그리고 자신이 원치 않는 행동을 자신에게 강압적으로 하려는 사람은 자신을 존중하지 않는 사람이라는 것을 분명히 인지할 수 있게 될 테고요.

겁주는 성교육은 이제 그만!

지하크 좋습니다. 그러면 개리가 이야기했던 '임신, 낙태, 성병으로 겁주는 성교육'은 무엇이 문제인지 이야기해볼까요?

개리 무엇보다도 임신, 낙태, 성병으로 겁주는 성교육은 임신, 낙태, 성병을 예방하지 못한다는 점이에요.

앙꼬 임신, 낙태, 성병으로 겁주는 성교육은 사실상 순결교육과 같은 거 아닌가요?

화사 임신과 낙태 예방으로 가장 유명한 영상자료가 있는데, 〈소리 없는 비명〉이라는 영상이에요. 1984년 미국에서 만들어진 영화로,

낙태 수술 중의 자궁을 초음파로 보여주며 한국에서도 '낙태 반대'용 영상으로 굉장히 많이 사용되었죠. 의학계에서는 이미 이 영상이 비판받은 지 오래지만, 한국에서는 최근까지도 학교에서 보여주었다가 논란이 되기도 했습니다.

지하크 심각하네요. 그건 임신 주차도 속이고 영상 자체도 조작했다는 게 드러난 자료인데 최근까지도 사용되었다니 충격적입니다.

앙꼬 낙태는 '절대 하지 마라'고 가르친다거나 처벌한다고 줄어들지 않습니다. 원치 않는 임신을 하지 않을 수 있도록 성교육, 성평등 교육, 콘돔 교육을 제대로 하고 콘돔을 학교, 보건소, 청소년단체 등에서 무료로 배포할 수 있도록 지원하는 등의 방법으로 줄일 수 있는 거죠.

개리 여성들에게 임신과 낙태에 대한 공포를 심어주는 교육을 주로 했을 시기에 남성들에게는 에이즈부터 시작해서 성병에 대한 공포와 두려움을 심어주는 '성병 교육'이 이루어졌죠.

화사 성병을 '별것 아니'라고 생각해서 일부러 걸리려고 하거나 감염된 후에 아무런 조치도 하지 않아서 악화시킬 필요는 없지만, 성병을 '죽을병'이라고 생각할 필요도 전혀 없거든요. 성병은 몸과 성기를 깨끗이 씻고 깨끗한 장소에서 반드시 콘돔을 착용하고 성관계를 함으로써 충분히 예방할 수 있습니다. 그리고 HPV 같은 경우에는 예방주사를 맞는 것으로 가능하고요. 예방을 했더라도 감염이 될 수는 있는데, 감염됐어도 병원에서 치료받으면 나을 수 있습니다. 절대 과도한 두려움을 가질 필요는 없습니다.

앙꼬 여성들이 병원을 쉽게 다닐 수 있는 문화가 필요합니다. 여성 청소년들이 병원을 방문하면 여전히 임신 때문에 왔을 거라고 생각하는 시선을 받곤 하는데, 병원의 문턱을 높게 만드는 이런 문화가 너무 만연해요.

지하크 맞아요. 정말 중요한 지적입니다. 질염 같은 경우에는 질에 생기는 감염증이나 염증을 말하는데요, 성접촉이 아닌 다른 원인으로도 쉽게 발생합니다. 외부에서 균이 들어왔다거나 질 내에 정상적으로 서식하는 균들의 균형이 깨져서 발생할 수도 있죠. 감기처럼 쉽게 걸릴 수 있는 감염이니 전혀 부끄러워할 필요가 없습니다. 여성들―특히 청소년, 청년 여성들―이 병원 방문을 자연스럽게 여길 수 있도록 정기적인 병원 방문의 필요성을 계속 언급할 필요가 있습니다.

다음으로 '안 돼요, 싫어요, 하지 마세요' 교육에 대해서 이야기해 볼까요? 이 교육의 문제점은 무엇인가요?

앙꼬 이 역시 '안 돼요, 싫어요, 하지 마세요'로는 성폭력이 예방되지 않는다는 점 아닐까요?

화사 '피해자 되지 않기' 교육이 되기 때문에 심각한 문제라고 생각해요.

지하크 맞습니다. 그런데 지금도 이런 교육이 시행되고 있어요. 어린이집에서부터 어린이들에게 알려주는 성폭력 예방 교육의 대표적인 방식이죠. 제가 지금 다섯 살짜리 딸아이와 함께 살고 있는데요, 아이가 세 살이었던 어느 날 양치를 시키려는데 입을 막으면서 "안 돼요, 싫어요, 하지 마세요"라고 하더라고요. "도와주세요!"까지 붙여서요. "안 돼요"를 외치라는 성폭력 예방 교육을 받고 온 날이었어요. 매우 귀엽기는 했지만, 문제죠. "안 된다, 하지 마라"라는 말이 문제가 아니라, 어린이들이 이렇게 외친다고 해서 성범죄를 저지르려고 마음먹은 사람들이 멈출까요?

화사 그렇지 않죠. 사실 어른들이 '우리는 할 일을 다 했다'고 여기게 만드는 교육일 뿐이라고 생각해요. 성폭력 예방에 도움이 안 되는 방식일 뿐 아니라 아주 어린 나이부터 성을 무섭고 두려운 것, 부정해야 하는 것으로 인식하게 한다는 점도 문제입니다. 이렇게 성을 처음부터 폭력과 연관 지어서만 배우게 되면 내 몸, 즉 내 욕구와 욕망에 대한 긍정적인 탐구 과정은 사라지게 됩니다. 내가 내 몸과 마음에 대해서 알아가고 나를 존중할 수 있는 사람이 될 때 다른 사람의 몸과 마음에 대해서도 존중하는 사람이 될 수 있는데, 그런 기회가 사라지는 거죠.

개리 맞아요. 내 몸과 마음에 대한 긍정적인 탐구를 거쳐 대화, 소통, 동의를 통한 '관계'를 배워가야 하는데 그런 교육이 거의 없어요.

앙꼬 저도 이 부분이 정말 중요한 문제라고 생각해요. 첫째로 긍정적인 성이 무엇인지 이해하고 나와 타인을 존중할 수 있는 사람이 될 수 있도록 돕고, 둘째로 그렇지 못한 것이 폭력이라는 것을 자연스럽게 연결해서 깨달을 수 있어야 하는데, 첫 번째 단계 없이 '폭력 예방 교육'만 하니까 성에 대한 인식도 왜곡되고 교육도 즐거운 마음으로 들을 수 없게 되는 것 같아요.

"성범죄는 권력의 차이를 악용하는 폭력"이라고 말씀드려도, 가해자 중에 남성 비율이 압도적으로 높다 보니, 남성들의 경우 "남성을 잠재적 가해자 취급하지 마라"는 반응을 보이는 경우가 많고, 여성들의 경우에는 마치 피해자가 아니면 성에 대해서는 이야기할 수 없는 것처럼 느낄 때가 많은 것 같아요.

개리 맞아요. 지금까지도 성범죄가 줄어들지 않기 때문에 성과 관련된 교육을 할 때 여전히 성폭력 예방 교육이 중심이 되고 있는데, 저는 조금 돌아가는 것처럼 보여도 성교육, 성평등 교육을 해야 성폭력이 줄어들 거라는 확신이 있어요. 앙꼬의 말처럼 성을 인정하고 긍정하며 좋은 성이 무엇인지 알아야 성폭력도 무엇인지 자연스럽게 알게 될 수 있어요.

지하크 네, 저도 그렇게 생각해요. 성폭력 예방 교육이라는 이름으로 교육을 하더라도 '이러이러한 상황에서 나라면 어떻게 행동할까?'를 고민하고 연습해보는 방식으로 한다면, 성평등 교육 시간으로 발전할 수 있을 겁니다. 사례를 하나 들어볼게요.

[활동지] 나의 반응은?

시나리오 1. 동아리에서 회식을 했다. 다 같이 술을 마셨다. 게임을 하면서 신나게 놀다 보니 분위기가 달아올랐다. 술을 많이 마셔서 취한 것처럼 보이는 사람들이 생겼다. 민수와 영희는 오늘 회식을 통해서 많이 가까워진 것 같다. 서로를 쳐다보면서 웃기도 하고 같이 손뼉을 치거나 어깨를 터치하기도 했다. 잠시 후 영희가 많이 취했는지 식탁에 엎드려서 잠을 자기 시작했다. 이때 민수가 자신이 영희를 집에 데려다주겠다고 하면서 일어났다. 그러면서 민수는 윙크를 하고 한마디를 덧붙였다. "얘들아, 고마워!" 다른 친구들은 무슨 의미인지 알겠다는 듯이 "좋겠다! 좋은 시간 보내라"라고 말했다.

지하크 이렇게 어떤 상황을 제시하고 다음의 공통 질문이 쓰여 있는 활동지를 나눠줘서 각자 작성한 후에 함께 대화를 나누는 시간을 가질 수 있습니다. 대화를 나눈 후에는 자신이 적은 내용을 가지고 상황극을 만들어 간단한 말이나 행동을 통해 개입할 수 있는 방법을 연습해볼 수 있겠죠.

[공통 질문]

① 어떤 상황인가요?

② 등장인물 중 옳지 않은 행동을 한 사람은 누구인가요?

③ 나, 민수, 영희 이외에 어떤 사람들이 등장했나요?

④ 이 글을 쓴 사람이 나라면, 이 이후에는 어떤 반응을 했을 것 같나요?

⑤ 이런 상황을 목격한다면 우리는 주변인으로서 어떤 행동을 해야 할 것 같나요?

⑥ 우리가 해야 할 행동을 하고자 할 때 망설일 가능성이 있다면, 어떤 이유 때문일까요?

⑦ 그럴 때는 어떻게 하면 좋을까요?

⑧ 주어진 관계와 상황에 맞는 전략을 세워보세요.

학습자의 목소리가 반영되는 성교육

지하크 이제는 '피해자가 되지 마라'라고 하는 교육은 많이 줄어들었고, '가해자가 되지 마라'라는 교육이 늘었는데요. 저는 여기서 한 발 더 나아가서 우리가 주변인일 때 전략적인 말과 행동을 통해 폭력적인 상황을 멈추고 방관자가 되지 않을 수 있도록 하는 교육을 해야 한다고 생각합니다.

사실 우리는 성폭력의 직접적인 가해자나 피해자가 될 확률보다 폭력의 상황을 보고도 아무 행동도 하지 않는 방관자가 될 확률이 훨씬 높습니다. 단순히 어떤 행동을 해야 할지 몰라서 가만히 있을 때도 있고 상황에 개입했다가 나에게 어떤 피해가 올까 봐 행동하기를 주저하게 될 때도 있죠. 그래서 어떤 상황을 제시한 다음 그 상황에서 '자신은 어떻게 반응할 것 같은지' 예상해보고 '어떤 반응을 해야 할 것 같은지' 아이디어를 나눠보는 시간을 가져보는 거예요. 직접 연습해보기도 하고요.

개리 정말 효과적일 것 같아요! 미리 연습해보면 실제로 그 일이 일어났을 때 훨씬 더 편하게 상황을 판단하고 반응할 수 있잖아요.

지하크 그렇죠. 정말 효과적이에요. 내가 직접 만들어가는 문화, 내가 개입하여 변화시키는 사회구조와 조직문화를 경험하면서, 공동체에 대한 인식을 향상시키고 적극적으로 실천하는 사람으로 나아가는 연습이 될 수 있죠.

화사 저는 특히 정답이 정해져 있지 않은 질문과 대화가 가능한 성교육이라는 점에서 정말 마음에 들어요. 어떤 교육이든 다 마찬가지지만, 저는 성교육 역시 반드시 학습자의 목소리가 반영되는 교육이 돼야 한다고 생각하거든요.

양꼬 한국 사회는 아직 성교육 시간에 어린이와 청소년들의 목소리를 들으려고 하지 않습니다. 어린이와 청소년을 무성적이고 미성숙한 존재로만 바라보는 보호주의적인 시각이 여전합니다. 그렇기 때문에 성교육은 시켜야겠는데 너무 많이 알지는 않았으면 좋겠다는 태도가 나오는 거죠. 그래서 교육을 하러 가면 관계자가 미리 "수위가 어떻게 되나요?" "콘돔이나 성관계하는 방법도 다루실 건가요?"와 같은 질문을 하세요. 성교육이 마치 성욕과 성적 호기심을 자극해서 성관계를 하게 만들 거라는 왜곡된 통념을 가진 까닭에, 어린이와 청소년들 스스로가 성적인 존재로 인식하지 못하게 부모나 교사들이 가로막는 상황을 자주 목격할 수 있습니다.

화사 학교의 인식이 그렇고 담당자들에게도 두려움이 있다 보니, 성교육 강사들이나 성평등 교육 활동가들 중에도 경계선 교육을 그저 조금 세련된 수준의 '안 돼요, 싫어요, 하지 마세요' 교육으로 진행하는 분들이 많은 상황입니다. 심지어 성교육조차 성별이분법적으로 '아들 교육, 딸 교육'으로 나누어 성 역할에 관한 고정관념을 심어주는 경우도 있고, 가해자/피해자 이분법을 강화하는 방식의 교육도 여전히 시행되고 있어요.

지하크 우리는 이제 자신을 탐구할 수 있는 기회를 제공하고 다른 사람과 평등한 관계를 맺을 수 있는 사람이 되도록, 그래서 성평등한 사회를 만들어갈 수 있는 시민이 되도록 돕는 교육을 해야 합니다. 이번 챕터에서는 활동지와 시나리오를 활용한 성교육 프로그램을 소개했는데요, 참여자들이 스스로 생각할 수 있게 돕는 교육이 필요하다는 것과 그 방향성에 대해 다음 챕터에서 본격적으로 이야기 나눠보겠습니다.

함께 이야기해보기!

1 현재 한국 사회의 성교육과 성폭력 예방 교육에서 가장 큰 문제점은 무 엇이며, 이를 어떻게 개선할 수 있을까요?

2 순결교육의 효과와 한계는 무엇이며, 이를 대체할 수 있는 성교육 방안 은 무엇인가요?

3 '겁주는 성교육'(임신, 낙태, 성병 중심)의 문제점은 무엇이며, 이를 보완할 수 있는 교육 방법은 어떤 것이 있을까요?

4 성폭력 예방 교육에서 '안 돼요, 싫어요, 하지 마세요'와 같은 방식의 한 계는 무엇이며, 대안적인 교육 모델은 무엇인가요?

5 어린이와 청소년이 자신의 성적 경험과 욕구를 건강하게 탐구하고 존 중하도록 돕는 성교육은 어떤 내용을 포함해야 하나요?

6 성교육에서 학습자의 목소리를 반영하는 것이 왜 중요하며, 이를 실현 하기 위해 어떤 접근법을 사용할 수 있을까요?

7 '방관자'가 아닌 '적극적 개입자'가 되기 위한 성교육의 구체적인 활동 이나 연습 방법에는 무엇이 있나요?

Chapter

2

앞으로의 성교육,

어떠해야 할까요?

지하크 앞서 우리 사회에는 성폭력 예방 교육만 있고, 성교육이 없다고 했잖아요. 저도 그렇다고 생각해요. 모든 성적 행동을 그저 금지하려고 할 뿐, 모든 사람이 건강하고 안전하게 성적인 주체가 될 수 있도록 하는 방법에 대한 논의는 많이 부족해요. 공교육 내에선 아직 시작조차 하지 못한 상황입니다.

개리 요즘 남성인 어린이들이나 청소년들을 만나서 이야기를 나눠 보면, 양육자 또는 학교 선생님에게 이런 말을 들어봤다는 경우가 많습니다. "여자애들하고 놀면 골치 아픈 일이 생기니까 따로 놀아라."

앙꼬 정말 슬프네요. 성폭력 예방 교육만 있는 세상의 결과로군요. 지금과 같은 사회가 지속되면 어느 누구도 건강하고 안전하게 자신의 삶을 풍성히 누리며 살지 못할 거예요.

화사 어린이와 청소년의 성에 대한 욕구와 관심이 중요하지 않은 것처럼 무관심과 방임으로 일관해서는 안 됩니다. 성범죄에 대해서도 처벌 중심으로만 생각해서도 안 되고요. 성범죄가 장려되고 용인되는 잘못된 문화를 바로잡아야 합니다. 이제는 자신에 대해서 탐구하고 다른 사람들과 평등하게 관계 맺는 사람이 될 수 있도록 하는 체계적인 성교육이 필요해요.

지하크 자신에 대해서 생각해보는 것이 성교육의 시작점이라는 점에서 저는 성교육이 성교육이면서 동시에 청소년 인권교육으로 진행되어야 한다고 생각해요.

한국의 청소년들에게 인권이 보장되고 있다고 당당하게 말할 수 있을까요? 한국에 사는 청소년들은 자기 자신이 누구인지, 자신이 무엇을 원하는지 몰라야 하는 것으로 여겨집니다. 오직 시험에서 높은 점수를 받는 것만이 중요하고, 자신은 그것을 위해서 태어났다고 믿고 따라야만 모범생이 될 수 있습니다. 자아를 없애는 교육을 하고 있습니다. 가정, 학교, 사회가 모두 나서서 그렇게 생각하게끔 만들고 있는 실정입니다.

앙꼬 맞아요. '학생의 본분은 공부'라며 오직 공부만 하는 기계처럼 살 것을 강요합니다. "화장하면 안 돼. 헤어스타일에 신경 쓰면 안 돼. 교복을 변형해서 입으면 안 돼. 연애하면 안 돼" 등등 공부 외에는 모든 것이 금지됩니다.

개리 한국 청소년들의 삶의 만족도는 전 세계 청소년 중 꼴찌입니다. 한국 청소년들의 사망 원인 1위가 자살입니다. 자살의 원인 중 1위는 학업, 성적, 공부입니다. 정말 끔찍하죠.

지하크 그렇습니다. 그런 상황인데도 여전히 많은 부모들이 그저 내 자녀가 공부 잘하는 아이가 되기를 바라고, 많은 학교가 그저 우리 학생들이 명문대에 갈 수 있도록 시험을 준비시키는 것이 해야 할 일이라고 생각하고 있어요.

화사 저는 그런 교육을 '교육 없는 교육, 입시만 남은 교육'이라고 표현합니다. 끊임없는 경쟁으로 1등만 살아남게 하는 교육제도 아래에서는 열등감, 좌절감, 무력감, 절망감으로 가득 찬 사람들이 넘쳐나는 것이 너무나 당연한 일이에요. 그런 감정들로 수단과 방법을 가리지 않고 남을 짓밟고 올라서는 것을 정당화할 수 있어요. 우리가 사는 사회를 정글로 인식하면 약육강식의 논리 안에서 생존을 위해 다른 사람을 해치는 것을 폭력으로 인식하지 못하게 되는 거죠.

앙꼬 교육이 아니라 폭력입니다. 폭력이 폭력인 줄 모르고, 오히려 그것이 성장을 위해서 당연히 필요한 경쟁이라고 여기게 되는 상황이 만들어지고 있어요.

개리 저는 남초 커뮤니티 속에서 차별, 폭력, 혐오가 놀이가 되는 현상도 이와 관련이 있다고 생각해요. 여성을, 장애인을, 이주민을, 성소수자를 비하하고 배제해야 나에게 조금 더 나은 상황이 만들어진다고 생각하는 거죠. 우리는 다른 사람을 짓밟고 일어나지 않아도 되는 세상, 모두가 사람답게, 평등하게, 안전하게 함께 살 수 있는 세상을 만들어야 합니다.

지하크 다른 사람과 나를 비교할 필요가 없어야 합니다. '나는 저 아이와 다르다. 내가 열등한 게 아니다' 그리고 '저 아이도 나와 다르다. 나보다 열등한 게 아니다', '우리 모두는 다른 존재다. 다르지만 또 평등한 존재다'라는 인식을 가질 수 있어야겠죠.

우리는 왕족, 귀족, 평민, 노예와 같은 계급이 있는 신분제 사회에 살고 있지 않습니다. 그런데 사실 계급이 있어요. 돈이 계급인 사회입니다. '헬조선'이라는 말은 '지옥'과 같은 '신분제 사회'라는 뜻이고 '금수저, 흙수저'를 이야기하는 수저론도 부모의 경제력에 따라 다른 계급, 다른 신분으로 태어난다는 뜻입니다. 일본에서는 '부모 뽑기'라고 한다고 해요. "이번 생은 부모 뽑기 망했다. 다음 생에 다시 태어나야 한다." 이런 식으로 말하는 거죠.

부모의 경제력으로 내 삶의 대부분이 결정되거나 크게 영향받지 않으려면 무엇이 필요할까요?

앙꼬 한 사람 한 사람을 모두 국가와 사회가 책임지는 제도가 있어야 할 것 같아요. 의료, 보육, 교육, 노동, 주거, 노후 등을 걱정하지 않아도 되는 사회가 된다면 가능하지 않을까요? 이 모든 것들이 개인의 책임으로 여겨지거나 가정에서 알아서 해결해야 하는 것이 아닌, 국가와 사회의 책임이라는 점이 분명한 사회가 돼야 한다고 생각해요.

지하크 저도 그렇게 생각해요. 우리가 흔히 "직업에 귀천이 없다"라고 말하지만, 실제로 그렇진 않잖아요. 직업으로 귀천을 판단하곤 하잖아요. 직업으로 인해서 누군가를 열등하다고 생각하지 않으려면 무엇이 필요할까요?

화사 무엇보다 임금의 차이가 없어야 할 것 같아요. 아예 없을 순 없더라도 큰 차이가 나지 않아야 해요. 어떤 노동을 하든지 사람답게 존엄하게 일할 수 있어야 합니다. 육체노동과 지식노동을 위계적으로 나눠서 생각하는 것부터 바꿔야 해요. 최저임금 인상, 최고임금 제한, 공공노동, 기본소득 등 다양한 방법들을 생각해볼 수 있을 것 같아요.

지하크 이런 이야기들을 더 많이 하면서 지금 우리 앞에 놓여 있는 경쟁적이고 폭력적인 세상이 아닌 다른 세상을 계속 상상하고 만들어 갈 수 있어야겠죠. 이렇게 자신과 타인 그리고 사회구조에 대해 성찰하고, 더 나은 평등을 위해 다른 사회구조와 문화에 대해서도 상상해볼 수 있게 하는 것이 바로 시민교육이고 인권교육이며 정치교육입니다. 그런 점에서 성교육 역시 자신과 타인과 사회에 대한 탐구를 시작할 수 있게 하기 때문에 시민교육, 인권교육, 정치교육이라고 부를 수 있습니다. 이런 일이 공교육에서 일어나야 해요. 그렇다면 성교육이 어떤 내용을 다뤄야 할지 함께 고민해보면 좋겠습니다. 개리는 수강명령을 받고 센터에 온 가해 청소년들을 많이 만나잖아요. 우리 사회에서 성폭력이 이토록 끊이지 않는 이유가 뭐라고 생각하세요?

<hr>

우리 사회에 성폭력이 끊이지 않는 진짜 이유

개리 폭력의 피해나 가해가 발생하더라도 인식하지 못하는 것은 '무엇이 폭력인지'를 배워본 적이 없기 때문이 아닐까 싶어요. 나는 무엇을 좋아하고 싫어하는지, 내가 싫어하는 행동으로 나를 불편하게 하는 사람에게 어떻게 표현해야 하는지, 다른 사람의 거절을 어떻게 받아들일지 등 가장 기본적인 권리에 관해 내가 할 수 있는 선택과 표현방법을 누구도 설명해주지 않으니까요.
궁극적으로 성폭력이 끊임없이 발생하는 근본적인 이유는 나에 대해 깊이 생각해볼 수 있는 기회를 갖지 못하고, 타인을 존중하는 방법을 배우지 못해서라고 생각해요.

화사 저도 동의해요. 그래서 자신에 대해 탐구해볼 수 있는 기회를 주는 것이 중요해요. 자신이 무엇을 좋아하는지, 무엇을 원하는지, 나는 어떤 사람인지를 잘 아는 사람이 되는 것이 중요합니다. '자아'를 찾는 거죠.

지하크 저도 가해자 대상 교육을 하거나 상담을 해보면 종종 자신이 왜 그런 행동을 했는지 모르겠다고 말하는 사람을 만나게 됩니다. '주변에서 부추겼다'는 거예요. 자아가 없는 거죠. 자아가 약하면 이런 일이 생길 수 있습니다. 정확한 가치관과 강한 자아를 확립하게 되면 자신이 원하는 것을 분명히 알고 스스로를 존중할 수 있습니다. 또한 다른 사람들 역시 모두 각자의 자아를 가진 독립된 인격체라는 것을 알 수 있게 되죠. 다른 사람의 감정과 의견을 존중하는 사람이 될 수 있는 거예요.

개리 저도 가해 청소년들을 만나면 그런 상황과 자주 마주하게 돼요. 수강명령을 받아 센터에서 교육받는 청소년들을 상담할 때, '문장완성검사(SCT : Sentence Complection Test)'라는 검사지를 통해 이야기를 나누는 과정이 있습니다. 그 검사지는 '나는 어떤 사람인가?', '내가 행복하기 위해서는 무엇이 필요한가?'와 같이 상담을 받는 청소년 본인에 대한 내용들로 구성되어 있어요.

간혹 검사지를 받아 든 청소년들이 이런 질문을 해요. "시간이 많이 있나요?" 시간이 많은지 궁금해하는 이유는 '나에 대해 질문을 해본 적도 없고 질문을 받아본 적도 없어서 생각할 시간이 필요할 것 같다'는 거죠. 그런데 수강명령을 받은 학생들만 이런 질문을 받아본 적이 없는 걸까요? 저는 그렇지 않다고 생각해요. 사실 저도 제게 그런 질문을 해온 사람이 없었거든요. 우리 모두가 처한 현실인 것 같아요. 그리고 이런 현실이 성폭력이 만연하고 있는 현상으로 이어지는 것이 아닌가 싶어요.

문장 완성하기

이름 : _____

아래 글을 읽으면서 가장 먼저 떠오르는 대로 뒤 문장을 완성해주세요.

1. 내가 생각하기에 **나는** _____

2. 내가 생각하기에 **어머니는** _____

3. 내가 생각하기에 **아버지는** _____

4. 내가 생각하기에 **나의 미래는** _____

5. 내가 생각하는 **좋은 친구는** _____

6. 내 생각에 **남자들은** _____

7. 내 생각에 **여자들은** _____

8. 내가 현재 **원하는 것은** _____

9. 내가 정말 **행복하기 위해서는** _____

10. 내가 가장 **잘못한 일은** _____

11. 내 삶에서 **잊고 싶은 기억은** _____

12. 나에게 **우리 가족은** _____

13. 내가 **잘하는 것은** _____

지하크 맞아요. 나에 대해서 그리고 나의 생각과 행동에 대해서 생각해볼 수 있는 기회를 갖는 것은 정말 중요해요. 저는 다섯 살인 딸아이가 제게 어린이집에서 있었던 일을 이야기해주면, "아, 그랬구나. 그런 말을 들었을 때 어떤 생각이 들었어?"와 같이 더 깊이 생각해볼 수 있도록 질문을 해요. 그림책을 같이 읽거나 유튜브, 애니메이션 영화 등을 함께 보고 나서도 "아까 그 장면을 봤을 때 어떤 느낌이었어?"와 같이 어떤 생각이나 기분이 들었는지 늘 물어봐요. 완벽한 언어로 정확하게 표현하지 못해도 괜찮아요. '아빠가(엄마가, 선생님이) 내 감정과 생각에 대해서 자꾸 물어보는 걸 보니, 내 감정과 생각은 중요한 거구나'라고 느끼는 것이 중요하죠.

아주 어릴 때부터 생각할 수 있는 기회, 자신의 생각을 표현할 수 있는 기회를 계속 주어야 합니다. 그래야 자기 자신의 생각과 감정 그리고 행동에 대해서 이해할 수 있어요. 나이가 몇 살이든, 자신이 지금 하는 행동을 왜 하는지 모르는 사람들이 정말 많거든요.

양꼬 맞아요. 가해자가 되는 청소년들뿐만 아니라 피해자가 되는 청소년들 그리고 비청소년들까지도 모두 마찬가지예요. 나의 감정과 생각, 행동에 대해서 질문을 해주는 사람도 없고 스스로도 깊게 들여다보지 못하는 것은 정말 우리 사회에 살고 있는 모두에게 일어나고 있는 일인 것 같아요.

화사 정말 그래요. 그럼에도 불구하고 여전히 성교육이라고 하면 2차 성징과 같은 몸에 대한 이야기 혹은 섹스와 같은 성적 행동에 대한 이야기로 한정해서 생각하는 경우가 많죠.

개리 성교육에서 몸과 섹스에 대한 이야기를 하는 것은 맞지만, 몸과 섹스에 대한 이야기가 성교육의 전부가 아니라는 사실을 기억하는 게 중요합니다. 유네스코의 '포괄적 성교육' 가이드를 보면 여덟 가지 핵심가치를 제시하고 있어요. 이 핵심가치들을 보면 '성'이라는 것은 나와 내 주변을 둘러싸고 있는 수많은 사람들, 그리고 그 사람들과 형성되는 다양한 관계들은 물론이고, 나와 그들의 권리, 내가 속한 공동체가 가지고 있는 가치 등의 다양한 내용들도 포함하고 있다는 걸 알 수 있어요.

지하크 몸과 섹스는 진공상태 속에 존재하지 않죠. 몸에 대한 인식과 섹스라는 행위도 결국은 우리가 속해 있는 공동체와 사회가 가지고 있는 가치, 규범, 문화 속에서 존재하고 발현되고 실천되기 때문에 우리는 나와 다른 사람들, 그리고 우리를 둘러싸고 있는 사회에 대해서 이해하는 것이 중요합니다. 그래서 나를 이해하고 너를 존중하고 나와 너를 둘러싸고 있는 사회 속에서 너와 내가 평등하게 존재할 수 있도록 만드는, 평등을 실천해 나아갈 수 있는 사람이 되는 것까지를 목표로 하는, 인권에 기반한 성교육, 성평등 교육이 필요합니다.

앙꼬 성교육이 인권교육이라는 말은 성교육을 꼭 인권에 대한 말로 시작해야 한다는 뜻은 아닙니다. 몸에 대한 이야기로 성교육을 시작할 수 있어요. 그런데 '성교육은 왜 몸에 대한 이야기를 하는 걸까?'라는 질문은 아예 생략하고 시작할 때가 많아요. 사람은 태어난 지 12개월만 지나도 자기 자신을 인식할 수 있다고 해요. 거울에 비치는 자신을 인식하고 자신의 몸을 느낄 수 있는 거죠. 그다음 나를 '나'로 인식하게 해주는 타인들 그리고 나와 타인의 경계와 관계, 그 사이에서 느껴지는 다양한 감정 등을 통해서 나에 대한 관심이 점점 더 너와 우리로 확장되어가는 거예요.

화사 그렇죠. 그래서 갑자기 성폭력 예방 교육을 하는 것이 아니라 나를 생각해보고 너를 생각해보고 사회 속에서 존재하는 나와 너의 관계를 생각해보는 교육이 병행되어야 해요. 그래야 폭력적이고 차별적인 행동을 하지 않는 사람이 될 수 있어요. 그런데 우리 사회에 익숙한 성폭력 예방 교육은 그런 과정 없이 갑자기 '폭력'만 하지 말라고 하는 식이죠. 어떤 상황에서 어떤 언행이 '폭력'이 되는지에 대해서 알려주지 않으면 아무 소용이 없는데도 말이에요.

개리 센터에 방문하거나 찾아가는 교육을 진행할 때 학년에 상관없이 질문하는 게 하나 있어요. "폭력이 나쁘다고 많이 이야기하는데 누구한테 들어봤어?"라고 물어보면 어린이와 청소년들의 대답은 "어른들"이었어요. 양육자, 학교 선생님, 아는 어른 등 다양한 어른들에게 폭력은 나쁘다는 이야기를 들어온 거죠. 그런데 또 어린이와 청소년들이 공통적으로 하는 이야기가 있어요. "폭력은 나쁘다"라고 말하는 사람들이 욕도 하고 폭력도 저지른다는 거예요. "공부해라, 게임하지 마라"와 같은 말들처럼 양육자들이 자신들에게 강압적으로 원하지 않는 것들을 시키는 것부터 시작해서 서로에게 심한 욕을 하기도 하고요. 뉴스를 통해서도 늘 어른들의 심각한 폭력을 접하죠. 결국 어린이들과 청소년들에게 일상에서부터 지속적으로 폭력을 노출시키고 있는 주체는 어른들이에요. "폭력은 나빠"라고 이야기하면서 폭력이 무엇인지 그리고 그게 나쁜 이유는 무엇인지 알려주지는 않고 정작 본인들은 폭력적인 모습을 보이고 있는 어른들 말이에요.

지하크 어린이들과 청소년들에게 평등한 관계를 형성하는 모습을 어른들이 먼저 보여줘야 한다고 생각해요. 먼저 의사를 물어 선택하게 하고, 그 선택에 대해 존중해주는 것, 나이와 성별 그리고 역할 등 다양한 조건들에도 불구하고 모두가 자신의 삶을 결정할 권리를 가진 동등한 사람이라는 것을 인식할 수 있는 환경을 조성하는 것이야말로 가장 빠르게 평등을 습득하도록 돕는 방법이라고 생각합니다.

앙꼬 그렇죠. 반대로 폭력적인 모습을 보이는 것은 가장 빠르게 '강압적이고 일방적인 관계가 권력을 가진 사람들에게는 더 편리하다'는 것을 학습시키는 거예요. 아빠 엄마가 나한테 "공부해라, 게임하지 마라"와 같은 말만 하면서 "다 너를 위해서 그러는 거야", "너를 사랑해서 하는 말이야"라는 식으로 잘 납득되지 않는 근거를 댄다거나, 말을 듣지 않으면 용돈을 주지 않는다거나 하는 방법으로 나를 통제하고 순응시키려고 한다는 것을 감각하게 되죠. 사랑이라는 이름으로 자신이 원하는 것을 상대방에게 강요하는 과정을 체득하게 되는 거예요.

화사 학교에서도 선생님들로부터 존중을 경험하는 것이 아니라 선생님이 자신의 권위를 내세우거나 생활기록부와 내신 점수 등을 이용해 오로지 시키는 대로 공부만 열심히 하는 '순종적인 학생'이 되게끔 통제하려고 하는 일방적인 관계를 겪게 되면 '아, 존중보다 강제가 더 편하구나', '나도 할 수 있다면 저렇게 해야겠다'라는 생각을 하게 되는 것 같아요. 그래서 부당한 강요를 거부하거나 일방적인 관계에서 벗어날 수 없는 사람에게 폭력적인 모습을 보이기 쉬운 사람이 됩니다.

지하크 그렇게 생각해보니 상당히 무섭네요. 아마 지금 이 책을 보시는 분들 중에도 '흠, 그렇게까지는 생각해보지는 않았는데, 내 행동에도 문제가 있었나?'라고 고개를 갸우뚱거리는 경우도 있을지 모르겠어요.

개리 맞아요. 우리 사회가 어린이와 청소년들을 하나의 독립적인 인격체로 인정하고 존중하는 문화를 가지고 있지 못하기 때문에 자신이 자녀나 학생들을 대하는 태도를 객관적으로 인지하지 못하고 계신 분들이 있을 수 있습니다. 또한 나이에 대한 차별뿐만 아니라 자본주의사회 역시 '경쟁해서 살아남는 사람이 돼야 한다'라는 생각을 품게 하기 때문에 '그럴 수 있도록 돕는 것이 우리(양육자나 교사)의 역할이야'라고 생각하기 쉽습니다.

<hr/>

평등한 관계를 경험하며 사는 것이 중요하다

지하크 정말 그렇겠네요. 그럼 내 자녀나 학생에게 평등한 관계를 보여주고 경험하게 해주는 방법이 무엇이냐고 물어보시는 분들께는 어떤 말씀을 드리면 좋을까요?

양꼬 어린이와 청소년들을 미성숙하고 내가 대신 선택해주어야 하는 존재라고 생각하지 말고, 그들의 의견을 묻고 경청하고 존중하는 것입니다. "어떻게 생각해?", "왜 그렇게 생각했는지 더 이야기 나눠볼까?", "지금 어떤 감정이 들어?"와 같은 질문을 많이 해주세요. 자신의 생각과 감정이 중요하다는 것을 알고 그것을 표현할 수 있어야 합니다.

성적인 행동에 적용해서 생각해보면 바로 이해가 될 거예요. 누가 나에게 원치 않는 접근을 할 때 내가 명확히 의사를 밝힐 수 있고, 그런 내 의사가 존중돼야만 한다는 것을 아는 사람과 '저 사람이 나를 좋아하고 사랑한다고 하니까 나는 싫어도 어쩔 수 없이 받아들여야 하나 보다'라고 생각하는 사람 중에 누가 더 폭력적인 관계에 빠지게 될 가능성이 클까요?

지하크 그렇군요. 그렇게 대입해서 생각해보니 훨씬 무겁게 다가오네요.

개리 그렇죠. 양육자와 교사처럼 신뢰하는 어른들에게 늘 "너를 사랑해서 그래", "너를 위해서 하는 말이야", "내 말대로 해"라는 이야기를 들어온 어린이와 청소년들은 강압적이고 일방적이고 폭력적인 관계를 자신들을 향한 관심과 사랑이라고 느끼는 사람이 될 수 있습니다.

화사 한 가지를 더 보태자면, 우리는 스스로 생각할 수 있는 힘을 길러주지 않는 사회에 살고 있기 때문에 그 과정을 시작해주는 것이 굉장히 중요합니다. 자기 자신에게 가장 좋은 것이 무엇인지, 그리고 우리 공동체를 위해 어떤 선택을 해야 하는지를 스스로 고민하고 다른 사람들과도 함께 생각을 모을 수 있는 역량을 키워가도록 도와주어야 해요. 그것이야말로 먼저 태어난 사람의 책임과 역할이라고 생각합니다.

지하크 그렇군요. 그 부분도 역시 성적인 행동에 대입해서 생각해볼 수 있겠네요. 자신을 성적인 존재로 인식하며 자신의 젠더, 섹슈얼리티와 관련된 모든 것들을 깊게 탐구해보고 자신의 삶에서 그것들을 스스로 결정할 수 있는 사람이 되는 것이 중요하잖아요. 그걸 우리가 '성적 자기결정권'이라고 부르는 것이고요.

개리 맞습니다. 어린이, 청소년, 노인 등 모든 연령대에서 그게 가능
해야 하고, 성별에 상관없이 가능해야 하며, 장애 유무와 상관없이
가능해야 하고, 성소수자와 비성소수자 상관없이 가능해야 합니
다. 앞서 언급했던 '유엔 유네스코의 포괄적 성교육 가이드라인'
에서도 강조하고 있는 부분입니다. 나에게 성적 자기결정권, 건강
권, 재생산권, 안전할 권리가 있듯이 다른 사람에게도 동일한 권리
가 있다는 것을 인식해야 한다고 강조하고 있습니다. 나뿐만이 아
니라 모두가 오롯이 자기 자신으로 살아갈 수 있는 사회를 함께 만
들어야 나도 나로 존재할 수 있다는 거죠.

화사 그렇게 되기 위해서는 금기시되는 영역 없이 정확한 정보를 제
공하는 성교육이 필요한데, 우리 사회는 현재 그렇지 못한 것 같아
요. 저는 우리 사회에서 '성'을 가장 많이 금기시하고 있는 장소가
학교라고 생각해요. 학생들의 궁금증과 관심은 다양해지고 있는
데, 학교 내부의 양육자들은 학생들의 궁금증에 대해 물어보지도
않고, 때로 학생들이 더 많은 지식을 갖는 것을 두려워하기까지 하
는 모습을 보이죠. 자신들이 잘 모르는 것을 학생들이 알면 통제하
지 못할 거라는 위협감을 느끼는 것 같아서 슬픕니다. 학생들을 주
체로서 존중하기보다 자신의 통제 아래 두려는 거잖아요.

앙꼬 2021년에 한국여성정책연구원에서 실시한 연구의 결과를 보면
남성 청소년 34.1%, 여성 청소년 46.8%가 학교 성교육이 성을 이
해하는 데 실질적인 도움이 되지 않는다고 대답했고, 청소년들이

원하는 성적 지식과 정보를 알려주지 않는다(남성 청소년 34.4%, 여성 청소년 47.3%)고 생각하는 것으로 나타났어요. 학교와 가정에서 실질적으로 자신이 알고 싶은 성 지식과 정보를 알 수 없는 상황인 거죠.

개리 한 가지 사례를 말씀드리면, 초등학생의 경우에(가끔 중학생도 있어요) 가장 많이 하는 질문 중 하나가 "선생님! 정자와 난자는 어디에 있어요?", "정자와 난자가 만나서 아기가 만들어진다고 하는데 도대체 어떻게 만나요?"와 같은 질문들이에요. 분명히 정자와 난자가 만나서 아기가 만들어진다고 하는데, 어디에 있는지 어떻게 만나는지는 알려주지 않는 거죠.

지하크 그래서 '손만 잡고 자도 임신이 된다'거나 '수영장이나 욕조에서 키스를 하면 정자가 남자의 몸에서 빠져나와 물속에서 헤엄을 쳐서 여자의 몸속으로 들어간다'는 식의 상당히 재미있는(?) 이야기가 많죠.

개리 맞아요. 정말 순수한 생각들에 저도 빵빵 터질 때가 있어요. 그런데 그런 시기에 정확한 사실을 가르쳐주지 않으면 마냥 언제까지나 순수하게 남는 게 아니라 결국 인터넷을 검색해서 정확하지 않은 정보를 얻게 되거나 포르노 등을 통해서 왜곡된 정보를 습득하게 돼요. 또 왜곡된 정보를 또래 그룹을 통해 친구들과 공유하며 서로 배우게 됩니다.

화사 맞아요. 알려주지 않으면 모를 것이라는 생각은 정말 위험합니다. 포르노에서 배운 걸 친구들끼리 서로 알려주다 보면 "여성들은 성폭행을 당해도 처음에는 싫어하고 저항하지만 나중에는 좋아하게 된대"와 같은 말을 서로 전파하고 결국은 비슷한 생각을 공유하게 되어버려요.

앙꼬 정말 끔찍한 일이 생기는 거죠. 거기서 이제 '우리 한번 시도해 보자'가 되면 성범죄자가 되는 거니까요. 우리가 한글이나 숫자를 배우듯이 '성'이라는 것도 정확한 정보를 하나하나 배워가는 과정이 있어야 한다고 생각해요. 정확한 정보를 제공해야 부적절한 정보에 무방비로 노출되는 것을 막을 수 있고, 스스로 생각해서 판단할 수 있는 사람이 될 수 있습니다.

지하크 그렇죠. 성에 대한 오해와 편견 없이 정확한 정보들을 하나씩 배울 수 있을 때 자기 자신에 대한 막연한 불안감도 없어지고 다른 사람에 대한 고정관념도 키우지 않을 수 있습니다.

개리 성교육은 사람 공부잖아요. 획일적이지 않은 인간에 대해 배우면서 사람마다 신체, 감정, 생각, 가치, 문화 등이 다르다는 걸 알게 되는 거죠. 다양한 사람들과 뒤섞여 살아가고 있는 사회에서 성교육은 서로의 삶의 경험과 가치를 존중하고 동등한 위치에서 대화할 수 있는 법을 연습하게 해주는 것이라고 생각해요.

지하크 맞아요. 그래서 좋은 성교육은 정확한 정보를 기반으로 주체적인 사고, 판단, 행동을 할 수 있는 사람, 모두와 평등한 관계를 맺을 수 있는 사람, 성평등 사회를 만드는 사람을 양성하는 교육이라고 생각해요.

이제 저와 한 분씩 각각의 주제에 대해서 더 깊은 이야기를 나눠보도록 하죠.

1 한국 사회에서 성폭력이 끊이지 않는 이유는 무엇이며, 이를 해결하기 위해 필요한 교육적 접근은 무엇인가요?

2 현재 공교육 내에서 성교육이 부족하거나 시작조차 하지 못한 원인은 무엇이며, 이를 개선하기 위한 방안은 무엇인가요?

3 어린이와 청소년의 성적 호기심과 욕구를 존중하고 건강하게 탐구할 수 있도록 돕는 교육의 핵심 요소는 무엇인가요?

4 성교육이 청소년 인권교육과 시민교육, 정치교육의 역할을 할 수 있는 이유는 무엇이며, 이를 실현하기 위한 방법은 무엇인가요?

5 우리 사회에서 성교육이 '정확한 정보 제공' 대신 금기와 금지로 치우쳐 있는 이유는 무엇이며, 이를 어떻게 변화시킬 수 있을까요?

6 성교육에서 양육자와 교사들이 어린이와 청소년에게 평등한 관계를 보여주고 경험하게 하려면 어떤 행동과 태도가 필요할까요?

7 어린이와 청소년이 왜곡된 성 정보를 배우지 않고 정확하고 건강한 성 지식을 습득할 수 있도록 하는 데 필요한 시스템과 자원은 무엇인가요?

Chapter

3

예뻐지고 싶은 욕망은
누구에게나 있다고요?

지하크　화사와 함께 획일적인 미적 기준에 대해서 이야기를 해볼까 합니다. 어떤 이야기로 시작하면 좋을까요?

화사　제가 질문 하나 하면서 시작해볼게요. 혹시 "예뻐지고 싶은 욕망은 누구에게나 있지 않나요?" 하는 말을 들어본 적이 있나요? 획일적인 미적 기준에 대해서, 또는 여성에게 강요되고 있는 외모 기준에 대해서 대화를 나누다 보면 이렇게 반응하는 분들이 꽤 있거든요. 지하크는 어떻게 생각하세요?

지하크　저는 동의하지 않지만, 충분히 그렇게 생각할 수 있을 것 같아요. 저는 사회가 '예쁨'이라는 것에 기준을 만들고 '예뻐지고 싶은 욕망'이라는 것을 부추기고 있다는 걸 깨닫는 게 중요하다고 생각해요. 우리 사회가 사람의 내면보다 겉모습을 많이 보다 보니까(심지어 더 중요하게 여기다 보니) 사회에서 인정받고 싶으면 어떤 특정한 형태의 외모를 가져야 하는 거죠.

화사　맞아요. 누구나 선망하게끔 하는 외모의 기준이 너무나 획일적이라는 것이 문제라는 이야기를 하고 싶어요. 게다가 그 획일적인 외모에 대한 기준 역시 성별화되어 있어서 여성이 기준으로 삼아야 하는 외모와 남성이 기준으로 삼아야 하는 외모가 뚜렷하게 구분되어 정해져 있죠.

사춘기의 중요한 변화 중 하나가 신체 변화입니다. 그런데 이때 성별에 따라 '바람직한 변화'를 강요받게 되죠. 성별이분법에 따라서 획일화된 미의 기준이 존재하는데, 그 기준에 맞춰야 한다고 여기게끔 만드는 거예요. 거기에 얼마나 영향받는가에 따라 보디이미지(Body Image)가 달라집니다. 성교육에서 보디이미지에 대해 생각해봐야 하는 이유는 자신의 외모에 대한 인식이 성별이분법, 성별 고정관념과 너무나 밀접하고, 성적 실천에도 영향을 미치기 때문이에요. 그래서 이번 시간에는 획일적인 미의 기준이 보디이미지에 미치는 영향에 대해 함께 이야기해보려고 합니다.

획일적인 미의 기준이 끼치는 폐해

지하크 '보디이미지'라는 단어가 생소하신 분들도 있을 것 같아요. 설명해주시겠어요?

화사 보디이미지는 한 개인이 자신의 신체를 어떻게 인식하고 있는가에 대한 것인데, 사회가 설정한 이상적인 외모와 신체 크기와 형태에 의해 정서적·정신적으로 영향을 받습니다. 보디이미지가 긍정적인지, 부정적인지에 따라 자존감이나 태도, 타인의 이야기를 해석하는 방식까지 달라질 수 있어요. 그래서 성적 관계를 맺는 방법에도 큰 영향을 미치게 되죠. 부정적인 보디이미지를 가지고 있으면 외모 꾸미기에 집착하거나 자신의 건강을 해치는 선택들을 하게 됩니다.

지하크 과도한 다이어트가 대표적인 사례가 될 수 있겠군요.

화사 맞아요. 자신의 몸을 감각하고 스스로 행위하는 주체로서 무언가를 선택하기보다, 가부장제 질서에 따라 성별이분법적으로 차이를 극대화한 몸을 만들기 위한 선택을 하게 되는 거죠. 그래도 남성의 다이어트는 대부분 운동을 병행해서 신체적 능력을 향상하는 방향이라면, 여성의 다이어트는 건강을 해쳐서 신체 허약과 질병을 유발하는 경우가 대다수이고 정신건강에 미치는 악영향도 큽니다.

지하크 요즘은 여성들도 근육 운동을 하는 것이 중요하다고 이야기하긴 해요. 하지만 당장 연예인만 생각해봐도 '몸짱'이라고 불리는 남성 연예인들은 근육질의 몸을 가진 경우가 많은 반면, 여성 연예인의 경우에는 걸그룹, 배우 등만 봐도 마치 최대한 마를수록 좋다는 인식이 강요되고 있는 것 같습니다. 얼마 전엔 길에서 받은 헬스장 광고지의 '남자는 근육만, 여자는 뼈만 남겨드립니다'라는 문구를 보고 기겁했던 적도 있었어요. 여자도 근육, 근력, 체력, 균형, 기초대사량 다 필요한데 말이죠. 너무 속상해요.

화사 여성 청소년의 섭식장애는 정말 심각한 상황이에요. 청소년과
청년 여성 사이에 '프로아나'와 '바프'가 유행을 넘어 문화로 정착
되고 있어서 상황은 계속 악화할 것 같습니다.

지하크 '프로아나'와 '바프'는 무슨 뜻인가요?

화사 '프로아나'는 pro(지향하다)와 정신병리 중 섭식장애로 분류된
Anorexia Nervosa(신경성 식욕부진증 혹은 거식증)의 합성어예요. 극도
의 마름을 추구하는 사람을 의미하는데, 거식증을 옹호하죠. 이런
프로아나 현상이 현재 X(구 트위터)나 카페 등 온라인 플랫폼을 통
해 청소년과 청년 여성들 사이에 문화로 자리 잡고 있다고 해요.
'바프'는 바디프로필 사진을 말하는 거예요. 남성들 사이에서도
유행이지만, 건강을 해친 사례는 여성들에게서 더 많이 들려오고
있어요.

지하크 맞아요. '다이어트 약', '살 빠지는 약'이라며 마약 성분이 포
함된 향정신성 의약품인 식욕억제제를 아무 진단도 없이 처방해
주는 병원들도 많고, 청소년들을 대상으로는 온라인에서도 많이
거래되고 있다고 해요.

화사 바프를 찍는 분들은 "우리는 프로아나와 달리 건강한 몸을 만

든다"고 이야기하지만, 실상은 크게 다르지 않은 경우가 많습니다. 보통 사람들은 일상을 유지해야 하기 때문에 직업 운동선수처럼 긴 시간을 들여 꾸준히 근육을 만들 수 없는 환경인데, 단기간에 억지로 근육이 선명하게 보이는 몸을 만들려다 보니 과도한 다이어트가 동반되고, 사진을 찍기 직전에는 수분 섭취조차 못 하는 상황이 되는 거죠. 그러니 식이장애와 면역력 감소에 생리불순과 탈모까지 경험하게 됩니다. 정말 심각한 자학행위가 아닐 수 없어요.

지하크 내 몸은 나의 것이고 삶을 잘 살아내기 위해서는 몸을 잘 돌봐야 하는데, 마치 내 몸이 나를 평가하는 사람들을 위해 존재하는 것인 양 외부의 기준에 맞춰 과도한 다이어트로 내몰리는 현실이 참 슬프네요.

화사 맞아요. 게다가 여성에 대한 미적 기준 때문에, 여성의 운동 목표는 바프든 프로아나든 결국 작은 몸을 만드는 게 되고 있어요. 근육이 있는가 없는가의 차이는 있지만, '여성스럽다', '여성적이다'라고 평가받는 몸은 일단 큰 몸이 아니잖아요. 그렇다 보니 여성에게는 작은 몸, 마른 몸이 기준이 되는 거죠.
성별이분법에 따른 획일적인 미의 기준이 너무나 강력하게 존재하고, 그게 성 역할 고정관념과 연결됩니다. 먼저, 여성에게는 남성보다 무조건 작은 몸이 기대되잖아요. 정확히 말하면 가느다란 몸이죠. 남성의 '보호 본능을 유발하는' 무력한 몸을 의미하는 거예요. 얼굴은 하얗고, 눈은 크고, 턱선은 갸름해야 합니다. 바로 아기 동물이나 초식동물을 연상시키는 얼굴이 선호되는 거예요.

이런 외모의 기준은 단지 외양의 문제가 아니라, 그런 몸의 능력이나 역할에 대한 문제입니다. 여성은 남성의 보호를 필요로 하는 종속적인 존재가 되어야 해요. 그래야 남성이라는 존재와 그 역할이 중요해지니까요. 여성이 신체적으로 무능해서 남성의 도움을 필요로 해야 남성의 능력이 돋보일 수 있으니까요.

지하크 맞아요. 반대로 남성은 여성을 보호할 수 있는, 여성이 의지할 수 있는, 의지하고 싶은 몸을 요구받습니다. 키가 크고, 어깨가 넓고, 뭐 이런 특징들이죠. 힘도 세야 해요. 그래서 어릴 때부터 팔씨름이나 오줌 멀리 싸기처럼 힘의 상징(또는 정력의 상징)으로 여겨지는 부분을 과시하고 경쟁하는 걸 놀이로 삼는 문화를 겪죠.

남성의 경우에는 외모 이외에도 '능력'이라고 불리는 경제력이나 성격, 유머, 위트 등 평가받을 수 있는 요소가 더 많고, 여러 외모도 비교적 다양한 개성으로 받아들여지는 것 같아요. 남자는 키가 커야 한다는 말이 만고불변의 진리처럼 여겨지는 등 남성들도 외모에 의한 억압을 받는 것이 사실이지만, 남성에게 받아들여지는 외모 스펙트럼은 여성에 비해서는 훨씬 넓은 편입니다.

화사 맞아요. 남성보다 여성이 획일적인 미의 기준에 자신의 몸을 맞추라는 강요를 더 많이 받는 것은 가부장적 질서가 강하기 때문입니다. 남성은 주체이고 여성은 종속된 존재처럼 여겨지기 때문에 남성적인 시각에서 만들어진 미적 기준이 여성에게 훨씬 더 위험하게 작동해요.

지하크 제가 또 흥미롭게 생각하는 한 가지는 대부분의 사람들이 "나
는 자발적으로 노력하는 거야"라고 말한다는 점이에요. 사회에서
도 '자기계발'이라는 논리로 몸과 얼굴을 특정한 기준에 맞추는
것을 미덕이자 자질로 보고 있죠.

화사 바로 우리 사회에 신자유주의의 속성인 무한경쟁이 극심하다
는 것을 보여주는 좋은 사례 중 하나예요. "결혼하려면 성형해야
한다", "취업하려면 성형해야 한다"는 이야기가 일상적으로 들려
옵니다. 그렇게 생각하지 않던 사람들조차 일이 너무 안 풀리면
'내 외모가 문제인 건가'라는 생각을 하게 돼요. 바늘구멍처럼 작
아져버린 기회를 향해 모두가 몰려들어 경쟁하고 있기 때문에 획
일적인 미의 기준도 '경쟁력이 있는 사람'이 되려면 갖추어야 할
조건으로 여겨지고 있는 상황입니다.

지하크 시장경제 구조의 성차별이, 여성들이 해로운 미적 기준을 수
행할 수밖에 없는 기제로 작동하고 있다고 보시는 거죠?

화사 맞아요. 사실 직업에 따라 담당 업무와는 상관없이 요구되는 외
양이 있습니다. 예를 들면 '승무원' 하면 떠오르는 이미지가 있죠.
날씬한(마른) 몸에 꽉 맞는 유니폼을 입고 구두를 신고 언제나 정
돈된 모습으로 환하게 웃는 이미지. 사실 승무원은 기내에서 발생

하는 모든 문제 상황을 다루어야 하잖아요? 짐을 옮기기도 하고, 위급상황 시 빠르고 편하게 움직일 수도 있어야 하는데, 여성 승무원의 경우 직업적 특성과는 별개로 위에서 이야기한 획일적인 미의 기준에만 맞추도록 강요받고 있어요. 최근에는 바지를 입는 경우도 있지만, 연령대도 체격도 헤어스타일도 다양한 외국 항공사에 비하면 아직 우리나라 승무원들은 너무나 젊고 날씬하고 헤어스타일도 비슷하고 풀메이크업을 하고 있죠.

외모가 빼어나다고 여겨지는 연예인이나 여성 인플루언서들을 보면 거의 평균보다 훨씬 마른 몸이잖아요? 여성은 말라야 사람들 앞에 나설 수 있고, 인기와 부를 누릴 수 있는 것으로 자연스럽게 학습됩니다. 여성은 자신의 욕구를 통제하고 소멸될 만큼 작아질수록 성공한다고 온 사회가 가르쳐주고 있어요. 그런데 마른 몸이라도 다 아름답다고 평가받지는 않습니다. 반드시 젊어야 해요. 사실은 10대의 몸에 가깝죠.

지하크 기준이 되는 외모의 특성이 '젊음'과도 연결되어 있네요. 누구도 평생 동안 그 기준에 맞을 수는 없다는 점을 인식하는 것도 중요하겠어요.

화사 맞아요. 우리는 아직도 누드화가 아름다운 몸을 표현한다고 생각하잖아요. 그런데 누드사를 공부해보면, 특정 시기에 누드화가 발달해왔어요. 바로 자본주의가 발달했을 때죠. 그때부터 모델이 점점 어려진다는 것도 알 수 있습니다. 대중매체가 발달하기 직전에 이르면, 누드화의 모델들이 대부분 10대 중반에 불과해요. 현재 여성 아이돌이나 SNS에서 각광받는 외모도 '소녀' 같은 모습이라는 것을 확인할 수 있죠. 실제 '소녀' 나이의 청소년 여성들은 자신들의 외모가 자원이 된다는 것을 학습하게 되는 거예요. 그러면서 스스로를 성적으로 상품화하는 것을 배우게 되죠.

미의 기준에 대한 맥락 이해하기

지하크   이런 모든 사회구조와 문화적인 맥락에 대해 무지하거나 무시하고자 할 때 "아름다움을 추구하는 것은 본성이다"라거나 "나는 스스로 원해서 꾸미는 것일 뿐이다" 같은 말을 하게 되는 것이군요.

화사   그렇습니다. 그리고 또 한 가지 말씀드리고 싶은 것은 우리가 아까 획일적인 미의 기준이 건강을 해친다고 이야기를 나눴는데요, 육체적 건강을 해치는 문제 외에도 심각한 문제가 또 있습니다. 우리 사회에 존재하는 획일적인 미의 기준은 서양에서 온 것이기 때문에 그것에 부합하는 경우가 거의 드뭅니다.

지하크   백인이 기준이다 보니 흰 피부, 작은 머리, 긴 다리 이런 것들이 나오는 거죠.

화사 네, 그렇게 불가능한 목표를 설정해두고 있으니 끝없이 노력하면서도 만족하지 못하는 거예요. 자괴감이 쌓이면 자신을 사랑하고 존중하기 어려워집니다. 몸이 상하면서 마음에도 상처를 입고, 부당한 대우를 당해도 '내가 못생겨서 그런 것'이라고 생각하며 문제를 제기하거나 대항하지 못하고 자신을 보호할 수 없게 됩니다. 이렇게 획일적인 기준으로 정형화된 보디이미지가 존재하는 사회에서는 비만, 나이 듦, 주름과 주근깨가 느는 것과 같은 자연스러운 변화를 더럽고 게으르거나 둔한 이미지로 연결 짓게 됩니다. 사회 기준에 부합되지 못한 채 자기 관리를 못 하는 낙오자로 생각하며 혐오의 대상이 되는 거죠. 자기 자신을 검열하고 더욱 치밀해지는 사회적 기준에 허덕이게 되는 이 모든 과정은 '폭력'입니다. 그렇게 폭력을 일상적으로 경험하면 무기력해지고, 그걸 아예 폭력으로 인지하지 못하게 됩니다. 또 자신의 감각이나 감정에 집중하기보다 타인의 인정에 의존하게 되어 평등한 관계를 맺을 수 없게 되죠. 작고 약한 몸으로 언제나 누군가의 도움을 필요로 하는 여성은 신체의 자기온전성을 갖기도 어렵습니다. 당연히 자신을 성적 주체로 인식하기도 어렵고, 성적 자기결정권을 행사하기도 어려워지죠.

지하크 맞아요. 그래서 "사회 전체가 여성들을 가스라이팅하고 있다"는 말이 나오는 거예요. 사회 전체가 여성들을 몸으로만 평가하면서 여성들이 스스로를 가치 없는 존재처럼 느끼게 만들어 자신을 긍정적으로 받아들이지 못하게 하고 있다는 뜻이죠. 정말 중요하고 무서운 이야기예요. 그렇게 길들여지면, 자신을 평가절하하고 폭력적으로 대하는 사람들이 주변에 있어도 그게 폭력인지 인식할 수 없게 됩니다. 그런 사람들이 심지어 자신의 양육자나 가족 그리고 애인이라도 말이죠.

화사 그래서 가정폭력이나 데이트폭력에 취약해지는 거죠. 가장 중요한 것은 누구나 부정적 보디이미지나 획일적인 미의 기준을 내면화할 수 있다는 점을 깨닫고, 너무 당연하게 믿어온 기준에 대해 계속 의심할 수 있도록 돕는 거예요. 외부의 기준에 자기 자신이나 다른 사람들을 맞추려고 하지는 않았는지 생각해보면 좋겠습니다.

외모지상주의의 또 다른 심각한 문제는 우리 사회가 획일적인 미의 기준을 맹목적으로 추구하도록 조장한 결과, 필수 의료 영역이 붕괴되는 기현상으로까지 이어진다는 거예요. 10년간 전문의 증가율이 가장 낮은 학과가 산부인과, 흉부외과, 외과, 소아청소년학과라고 해요. 최근 5년간 개원한 신규 개설 일반의 진료과목 신고 현황을 보면 성형외과와 피부과가 가장 많다고 합니다(2023년 보건복지부, 건강보험심사평가원).

지하크 모든 사람이 건강하고 안전하게 살 수 있는 공공보건의료 환경을 만드는 것에 국가의 가치와 방향성이 부족하다 보니, 돈이 되는 과만 살아남는 거죠. 성별이분법에 의한 성별 구분과 외모 구분 그리고 비현실적이고 획일적인 미적 기준이 여성을 폭력에 취약한 존재로 만든다는 걸 기억해야 할 것입니다. 뿐만 아니라 이것이 한 사회의 부실한 공공의료체계와 만나 여러 문제를 일으키고 있다는 점까지 함께 생각해보면 좋겠습니다.

함께 이야기해보기!

1 획일적인 미적 기준이 형성된 배경은 무엇이며, 개인과 사회에 어떤 영향을 미치고 있을까요?

2 청소년기 신체 변화와 보디이미지 형성이 성별 고정관념에 의해 어떻게 영향을 받을까요?

3 다이어트와 외모 기준이 개인의 신체적·정신적 건강에 미치는 부정적 영향은 무엇인가요? 이를 예방하려면 어떤 노력이 필요할까요?

4 미의 기준이 여성과 남성에게 다르게 작동하는 방식으로 인한 사회적 불평등을 어떻게 해소할 수 있을까요?

5 사회에서 미적 기준을 자발적 선택으로 느끼게 만드는 구조적 압박을 인식하고 이를 극복하기 위한 실질적인 방법은 무엇인가요?

6 획일적 미의 기준과 공공의료체계의 붕괴는 어떤 관계가 있을까요? 이를 해결하기 위한 국가 차원의 대안은 무엇일까요?

7 청소년들이 획일적인 미적 기준의 영향을 덜 받도록 돕기 위한 교육이나 사회적 지원 방안은 무엇인가요?

성적 자기결정권이
마음대로 성관계하겠다는
말일까요?

지하크 저는 '성적 자기결정권'이라고 하면, 가장 먼저 떠오르는 재미있는 질문이 "청소년들한테 성적 자기결정권을 가르치다니, 그럼 아이들보고 자유롭게 섹스하라는 거냐?"입니다.

앙꼬 맞아요. 그런 말씀을 하시는 분들이 있죠. 내가 원할 때 성적 행동을 할 수 있다는 말은 내가 원치 않을 때 성적 행동을 하지 않을 수 있다는 말과 같은 말이고, 동시에 나뿐만 아니라 다른 모든 사람에게 동일한 권리가 있어야 성립되는 말이기도 하죠.

지하크 그렇죠. 무조건 '하지 마라'고 하는 게 아니라, 나와 너에게 동일한 권리가 있다는 것을 인지하고 존중을 실천할 수 있는 사람이 되도록 하자는 거잖아요.

그래서 이번 챕터에서는 '성적 자기결정권'에 대해 자세히 다뤄보면 좋겠습니다. '성적 자기결정권'에 대해서는 수차례 들어보기도 했고 중요하다고도 이야기하지만, 정확하게 어떠한 권리인지 모르는 경우가 많은 것 같아요.

앙꼬 맞아요. 그래서 성적 자기결정권에 대한 정의부터 역사, 다양한 사례들을 함께 살펴보고, 성적 자기결정권을 존중해야 하는 이유와 존중할 수 있는 방법, 그리고 성적 자기결정권을 침해하는 성범죄에 대해 이야기를 나눠보면 좋겠습니다.

성적 자기결정권이란 무엇인가?

지하크 좋습니다. 먼저 '성적'이라는 단어는 떼고 '자기결정권'부터 한번 살펴볼까요? 자기결정권이 이야기하는 권리의 범위도 아주 넓습니다. 자기결정권에 포함되는 내용은 머리 모양, 복장, 취미생활, 흡연, 음주 등의 생활방식에 관한 부분들과 연명치료, 존엄사, 장기이식 등과 같이 생명과 관련된 부분들, 또 자신의 젠더 섹슈얼리티에 대한 탐구와 결혼, 이혼, 임신, 출산, 피임, 임신중단 등의 성과 관련한 삶에 대한 부분들까지 포함합니다. 그중에서도 우리가 '성적 자기결정권'이라고 할 때는 어떤 것들에 대해서 이야기하는 건지 앙꼬가 먼저 정의해주시겠어요?

앙꼬 저도 한 문장으로 어떻게 정리할 수 있을지 고민을 많이 했는데요, '자기 몸과 삶에 대해 스스로 생각하고 결정할 수 있는 권리'라고 설명하면 적합할 것 같습니다.

조금 더 풀어서 설명한다면, 첫째, 자신의 성적인 행동(자위, 연애, 섹스, 성적 상상, 임신 등)을 스스로 선택하고 표현할 권리, 둘째, 다양한 관계를 통해 원하는 사람을 만날 권리, 셋째, 성적인 행동에 대해 선택하고 결정할 수 있는 사회적 환경을 누릴 권리(이 말은 자신의 의사에 반하는 성적 행위를 강요당하지 않을 권리를 포함하겠지요), 넷째, 더 나아가 성생활의 가능성을 국가와 사회에 요구할 수 있는 권리라고도 할 수 있습니다. 이렇게 이야기하고 보니 정말 광범위하고 중요한 개념이라는 것이 새삼 느껴지네요.

지하크 헌법재판소는 이러한 맥락에서 성적 자기결정권을 헌법상 기본권으로 설명하기도 했는데요, 지금 앙꼬의 말을 들으면서 저는 성적 자기결정권이 '인권'의 개념과 그 발전의 역사가 비슷하다는 생각을 했습니다. 인권은 모든 인간이 가지고 있다고 하지만, 인간의 범주에 포함되지 못하는 사회적 소수자들이 존재하고, 그런 사회적 소수자들의 권리를 증진하는 것이 인권운동의 목적인 것처럼 성적 자기결정권도 모두가 가져야 할 권리라고 하지만 사실은 그렇지 못하잖아요.

앙꼬 그렇죠. 성적 자기결정권을 단순히 '자유'에 대한 권리라고 생각할 수 있지만, 무엇이 성적인 것인지, 또 나는 어떤 것을 욕망하는 사람이며 결정의 범위는 어디까지인지를 총망라하는 굉장히 복잡하고 어려운 문제 같기도 해요.

지하크 맞아요. 어려워요. 그렇다면 성적 자기결정권 논의가 어떻게 시작되었는지부터 알아볼까요?

미국에서는 시민권 운동에 이어서 1970년대 성 해방 운동이 시작됩니다. 성적으로 억압되어 있던 여성들과 성소수자들이 편견과 낙인으로부터의 해방을 외치며 나섰죠. 1978년 프랑스에서도 강간 사건의 피해자들이 재판 과정에서 강간범이 아니라 강간 자체를 고발한 일이 있었는데, 이후 집단적인 움직임으로 확산하면서 강간죄의 개념이 여성의 몸과 성적 자율권에 대한 범죄로 인식되기 시작했습니다. 그렇게 성 해방 운동이 본격적으로 시작되었어요.

앙꼬 한국에서는 1990년대 성폭력특별법 제정 운동에서 성적 자기결정권이 중요한 개념으로 등장합니다. 성폭력을 여성의 '순결을 빼앗는 것'으로 개념화하던 것에 저항해 '성적 자기결정권을 침해하는 것'으로 바꾸는 운동이 벌어진 거죠.

지하크 인권 중에서도 기본권에 해당하는 '신체의 자유'를 권력 관계상 약자인 사람들도 당연히 누릴 수 있어야 하는 권리로 생각하고, 그것을 보편적인 인권으로 인정받기 위한 운동이 시작된 것이라고 볼 수 있습니다.

앙꼬 '누구나 갖고 있다고 하는 것'을 '실제로 누구나 행사할 수 있게 하는 것'이 성적 자기결정권의 핵심입니다. 천부적으로 주어진 것이라는 선언을 넘어 우리 사회 속에 함께 사는 누구나 실제로 그렇게 살 수 있도록 나아가야 합니다.
성적 자기결정권의 정의에 대해 이야기했으니 지금부터는 그 범위에 대해서도 생각해볼까요? 성적 행동을 원하는 방식대로 실천하고 누리기 위한 첫 번째 단계이기도 할 것 같은데요, 바로 나의 신체, 젠더, 섹슈얼리티에 대해 충분히 탐구하고 실천하는 것입니다. 나의 섹슈얼리티를 탐구한다는 것은 우리가 스스로를 성적인 존재로 인정하고 받아들이는 것을 말해요. 성적 가치관, 타인과의 관계에서 느끼는 성적 감정, 관계 맺기를 모두 포괄하는 개념입니다.

지하크 그렇습니다. 외부 성기 모양에 의해 지정된 지정성별(sex assigned at birth)과 상관없이 내가 나를 어떤 성별로 인지하는가(성별 정체성, gender identity), 나를 어떻게 표현할 것인가(젠더 표현, gender expression), 그리고 누구에게 끌리는가(성적 지향, sexual orientation) 등이 모두 성적 자기결정권에 포함됩니다.

앙꼬 성적 자기결정권이라고 불린다고 해서 스스로 의지적으로 결정하거나 바꿀 수 있다는 의미는 아닙니다. 자신이 결정하거나 바꿀 수 있다면 성소수자에 대한 차별이 심한 사회에서 누가 스스로 성소수자가 되겠다고 결정하겠어요?

지하크 그렇습니다. '선택이냐 유전이냐'가 중요한 것이 아닙니다. 존재하는 사람에 대해 '찬성이냐 반대냐'를 논할 수 있는 문제도 아니며, 옳고 그름의 문제도 아닙니다. 한 사람의 '존엄성'이자 '존재 양식'이라고 할 수 있습니다.

앙꼬 나는 나의 성적 욕망을 알고 있는지, 그것을 인정하는지, 정확히 이야기할 수 있는지, 그리고 연애하고 싶은 상대가 생겼다면 상대에게 마음을 표현할 수 있는지, 거절도 잘 당할 수 있는지, 연애 중이라면 상대에게 내가 원하는 스킨십을 요구하거나 원치 않는 스킨십을 거절할 수 있는지 등이 모두 성적인 주체로 살아가기 위해 필요한 내용입니다. 이 책이 성적인 주체로 살아가는 방법과 다른 사람들을 성적인 주체로 존중하는 방법을 익히는 데 도움이 되면 좋겠습니다.

지하크 우리 모두에게 필요한 것은 결국 평등한 관계 속에서 당당하고 즐겁게, 그리고 안전하게 성을 알아가고 누리기 위한 성적 주체성을 길러가는 과정입니다.

지금까지 성적 주체로 성적 자기결정권을 갖는 첫 단계에 대해 이야기했다면, 성적인 행동을 선택하고 결정할 수 있는 사회적 환경이 조성되어야 한다는 두 번째 단계를 이야기해보도록 하겠습니다.

바로 '재생산권의 주체로서의 나'입니다. 한국에서 임신중단이 여성에게 범죄가 아니게 된 것은 얼마 되지 않은 일입니다. 그나마 다행이지만, 아무래도 너무 늦었다고 할 수 있습니다. 함께 임신을 한 남성에게도, 아기를 낳아서 기를 수 없는 사회를 만든 국가에게도 책임을 묻지 않고, 오롯이 여성에게만 죄를 물어 형사처벌까지 가능하게 했던 법이 '낙태죄'예요. 그렇기 때문에 친밀함을 가장한 폭력적인 관계로부터 여성이 벗어나지 못하도록 협박하는 데 자주 악용되기도 했죠.

이혼이나 이별을 원하는 여성에게 "네가 나를 떠나면 네가 낙태했던 것을 신고하겠다"라고 협박하는 일이 가능했던 거예요. 산모가 크게 다치거나 아기에게 장애가 있어야 임신중단을 할 수 있었기 때문에 높은 곳에서 뛰어내리거나 일부러 교통사고를 당하는 사례도 있었고, 약물을 복용한 사례도 있었습니다.

앙꼬 세탁소에서 쓰는 철사 옷걸이 아시죠? 그게 세계적으로 낙태죄 폐지 운동의 상징으로도 쓰이거든요. 그 옷걸이를 이용해서 아이를 떼어내려는 시도를 했다가 목숨을 잃은 여성들이 있었기 때문입니다.

저는 낙태죄가 폐지된 그날을 생생히 기억해요. 굉장히 기뻤습니다. 2019년 4월 11일 헌법재판소에서 '낙태죄'가 66년 만에 위헌 결정을 받았죠. '낙태죄'는 여성의 몸에 대한 '자기결정권'을 무력화했던 국가적인 폭력과 다름없다는 점에 대해 여성들이 꾸준히 목소리를 낸 끝에 얻어낸 결과였습니다. 임신중단은 단순히 '태아의 생명권'과 '여성의 성적 자기결정권' 사이에서 양자택일을 해야 하는 이분법적인 문제로만 다루어져 왔기에, 고스란히 여성에게 책임을 묻는 구조였습니다.

나의 동의 여부와 관계없이 사회적 제도와 교육 환경으로 당연하게 받아들여지는 감정을 '제도적 감정'이라고 하는데, 임신중단을 경험했던 여성들이 느껴왔던 죄책감과 수치심 등의 감정, 그리고 임신중단을 한 여성에 대한 낙인과 편견 같은 인식도 그렇게 형성되어 온 것입니다. 성적 자기결정권에 입각하여 '임신중단'을 고

찰해보면, '임신중단'을 누가 하고, 왜 하며, 어떤 상황에 처해 있는 지에 대해 보다 맥락적으로 생각할 수 있습니다.

지하크 낙태죄가 폐지됐다는 건 여성의 몸에서 일어나는 일을 더는 무시하지 않고 존중해야 한다는 선언처럼 들리기도 해요.

당시 법무부가 낙태죄 폐지를 요구하는 여성에 대해 '성교는 하되 책임은 지지 않는' 사람이라고 판단하는 인식을 담은 공개변론요지서를 헌법재판소에 제출했다는 사실이 알려져 큰 문제가 되기도 했습니다. 그 누구도 원치 않는 임신이나 임신중단을 하고 싶어 하지 않습니다.

임신중단이 가능해졌다는 것의 가장 큰 의미는 여성의 '성적 자기 결정권'과 건강한 '재생산권'의 보장입니다. 그리고 이 사회가 그 권리를 함께 보장하고 증진해갈 수 있도록 하겠다는 뜻입니다. 그렇게 하기 위해서는 제대로 된 성교육이 필요합니다. 성관계와 피임, 임신과 출산 그리고 임신중단에 대해서 모든 정보를 정확히 알려주어야 합니다. 어떤 선택을 하더라도 정확한 정보에 기반하여 자기 자신을 위한 선택을 할 수 있는 환경을 만들기 위해 최선의 노력을 다하는 것이 국가와 사회의 책임입니다. 그래서 이 책에서도 성관계와 피임, 임신과 출산 그리고 임신중단에 대한 주제를 가지고 다양한 정보를 전달해드리고 이야기를 나눠보고자 합니다.

앙꼬 지하크의 말을 들어보니 여성들의 몸이 '출산의 도구로서의 몸', '처벌받는 몸'에서 '마땅한 권리를 보장받고 존중받는 몸'으로 인식이 전환되고, 여성이 '성적인 주체'가 되어가고 있다는 사실이 감격스럽게 느껴지기도 합니다. 앞으로도 계속 이 방향으로 나아가도록 노력해야겠습니다.

이번에는 성적 자기결정권에 대한 오해와 진실에 대해서 다뤄보면 좋을 것 같습니다.

성적 자기결정권에 대한 오해와 진실

지하크 좋습니다. 저는 '성적 자기결정권'이라는 표현이 잘못 사용되고 있는 가장 대표적인 사례로, 성폭력 상황에서 피해자에게 "왜 성적 자기결정권을 발휘하지 않았느냐?"라고 질문하는 모습이 떠올라요.

앙꼬 구체적인 사례로 이야기해볼까요? 유력 대선 후보였던 한 광역지방자치단체장의 위력에 의한 수행비서 성폭력 성범죄 사건을 기억하실 겁니다. 가해자가 피해자를 여러 차례 성폭행했음에도 불구하고 1심 판사는 피해자에게 "왜 성적 자기결정권을 발휘하지 않았느냐?"라고 물었습니다.

지하크 질문의 대상과 내용이 모두 틀렸습니다. 가해자에게 "왜 상대방의 성적 자기결정권을 침해했습니까?"라고 물어야 했죠.

앙꼬 그런데 1심 판사는 피해자가 어린 나이도 아니고 장애가 있는 것도 아닌데 성적 자기결정권을 발휘하지 못했다는 게 말이 되지 않는다며 합의된 관계일 거라고 판단했습니다. 성폭력은 대다수가 가해자와 피해자가 아는 사이에서 일어나는데요. 아는 사이라면 그 안에 관계적인 맥락이 존재할 거예요. 특히나 이 사건처럼 위력이 존재하는 상황에서는 '분명한 의사 표현'이 어려워져요.

지하크 힘들죠. 한국 사회는 여전히 성범죄를 다룰 때, 평등한 관계 속에서 명확한 동의하에 이루어진 성관계인가 아닌가를 판단하는 게 아니라 폭행이나 협박이 있었는가, 피해자가 저항했는가, 얼마나 강하게 저항했는가를 살펴봅니다.
1953년 형법이 제정되면서 쓰인, 제297조는 지금까지도 "폭행 또는 협박으로 사람을 강간한 자는 3년 이상의 유기징역에 처한다"로 되어 있습니다. 지난 70년 동안 죄의 이름이 "정조에 관한 죄"에서 "강간과 추행의 죄"로 바뀌었고 폭력을 당할 수 있는 대상이 "부녀"에서 "사람"으로 바뀌었습니다. 그러나 여전히 '상대의 반항을 불가능하게 하거나 현저히 곤란하게 하는' "폭행 또는 협박"이 있어야만 강간죄가 성립된다는 사실은 변하지 않았습니다.

앙꼬 자신에게 성적 자기결정권이 있다는 것을 깨닫고 다른 사람들에게도 동일한 권리가 있음을 이해하고 존중하는 게 가장 중요해요. '동의 여부'로 폭력과 범죄를 판단해야 합니다. '비동의 간음죄' 도입이 필요한 이유입니다.

지하크 결국 이 사건의 가해자는 대법원에서 징역 3년 6개월을 선고받고 복역 후 출소했습니다.

앙꼬 1심 재판부와 2심 재판부의 판결이 판이하게 달랐습니다. 1심 재판부는 "업무상의 위력은 존재했지만, 그것을 행사하지 않았다"며 "피해자의 성적 자기결정권이 침해되었다고 볼만한 피해자의 행위나 태도 등을 발견할 수 없다"라고 하며 가해자에게 무죄를 선고했습니다. 그러나 2심 재판부는 "성폭행 피해자의 대처 양상은 피해자의 성정이나 가해자와의 관계, 구체적인 상황에 따라 다르게 나타날 수밖에 없다"며 유죄를 선언했고, 대법원에서도 하급심의 판단이 옳다고 봤습니다.

지하크 위력이란 '상대방의 의사를 제압할 정도의 유형력, 무형력'을 말합니다. 폭행, 협박뿐 아니라 지위와 권세를 이용하는 것까지 포함하는 개념이죠. 성적 자기결정권은 성적 행위를 할 것인지의 여

'위계'라 함은 행위자의 행위 목적을 달성하기 위하여 상대방에게 오인, 착각 또는 부지를 일으키게 하여 이를 이용하는 것.
'위력'이라 함은 사람의 자유의사를 제압, 혼란케 할 만한 일체의 세력으로서 폭행, 협박 및 사회적·경제적·정치적 지위와 권세에 의한 압박 등을 의미.

(대법원 2005. 3. 25. 선고 2003도5004 판결)

부와 그 상대방 및 방법을 스스로 온전하게 결정할 수 있는 권리잖아요. 이처럼 성적 침해 행위를 방어하고 배제할 권리를 뜻하는 만큼 위계가 작동했는지 하지 않았는지 그 관계성과 맥락성을 파악하는 것이 굉장히 중요한 지점이 됩니다. 모든 사람이 모든 관계와 모든 상황에서 성적 자기결정권을 실질적으로 행사할 수 있도록하는 것이 핵심이죠.

성적 자기결정권 존중하기

지하크 관계성과 맥락성 이야기가 나왔으니 자연스럽게 '성적 자기결정권 존중'으로 넘어가보겠습니다. 나 자신뿐 아니라 모든 사람을 의견과 감정이 있는 하나의 인격체로 존중하고, 꼭 성적인 행동뿐만 아니라 일상의 모든 행동에서 자기 결정권을 존중하는 것이 중요할 텐데요. 그 시작은 일상적인 '동의' 확인하기입니다.

앙꼬 어렵고 복잡했던 이야기에 비해서 '동의 확인하기'라니, 조금 맥이 빠질 수도 있겠지만, 정말 여기서부터 존중의 가능성이 달라집니다. 동의란 허락한다는 거죠. 성적인 행위에 대해 "좋다"라고 말하는 것인데, 누군가를 강압(강제)하지 않고 동의를 얻는 것이 핵심입니다.
제가 책에서 본 깨알 팁을 공유해드릴게요. '자알되 열매'*로 쉽게

---

* 《성교육이 끝나면 더 궁금한 성 이야기》, 플랜드 패런트후드 지음, 우아영 옮김, 휴머니스트, 2020.

외울 수 있는 방법입니다.

'자-자유.' 압력, 영향, 협박이 없어야 합니다. 압박감이 있거나 강제하거나 설득을 시도한다고 느껴지면 자유롭게 동의하는 것이 아닌 거예요. 성적 실천은 즐거운 것이고, 뭔가를 하려고 할 땐 신나서 해야지, 마지못한 감정이 들어서는 안 됩니다.

'알-알다.' 좋다고 말하기 전에 놓인 상황에 대한 모든 정보를 최대한 알아야 하고, 무엇에 동의하는지 서로 공유되어야 합니다. 상황적으로 보자면 취하지 않고 잠들지 않은 상태여야 하고, 어떤 일이 벌어질지 예측할 수 있어야 한다는 거죠. 원하거나 원하지 않는 것을 이야기할 수 있고, 중단을 알릴 수 있어야 한다는 뜻이기도 합니다.

'되-되돌릴 수 있다.' 어제 동의했다고 오늘도 동의한다는 것은 아니죠. 언제든 마음을 바꿀 수 있고, 그럴 때 서로의 의사를 존중해야만 한다는 의미입니다.

'열-열정.' 성적 동의는 행복하게 이루어져야 합니다. 열정적 동의일수록 좋죠.

'매-매번.' 개별 행위 각각에 대해 할 때마다 동의를 구해야 합니다. 결국 동의란 상대방이 편안하게 느끼고 있는지, 지금의 경험을 좋아하거나 참여하고 싶은지 알 수 있는 방법이기도 합니다. 매번 동의를 구하는 방식은 다를 수 있는데, 이 역시 함께 만들어가고 협의해나가야 하는 부분이죠. "이거 좋아? 느낌이 어때? 난 ○○하고 싶은데 네 생각은 어때?" 이 말에 자연스러워지는 것부터 시작해보면 좋겠네요.

지하크 '자알되 열매' 정말 좋네요! 이 원칙들이 일상 속에서 잘 지켜진다면, 동의하고 거절하는 과정들이 억압이나 폭력 없이 안전하고 평등하게 이루어지는 관계 맺기가 가능할 것 같습니다.

앙꼬 성적 자기결정권을 존중한다는 것은 다양한 관계와 욕구가 있음을 이해하는 것이 핵심입니다. 인간의 다양한 욕구, 관계, 사랑, 자유로서의 다양한 성적 자기결정권을 접하고 이해하고 존중해보는 경험을 누구나 가져야 하고 또 누려야 합니다. 청소년과 비청소년, 장애인과 비장애인, 노인과 비노인 등 누구에게나 성인권과 성적 자기결정권이 있다는 것을 잊어서는 안 되겠습니다. 그런데 실제로는 그렇지 못한 실정이지만요.

지하크 "공부에 전념하고 순종적이어야 한다"며 청소년은 성에 대한 권리를 가진 존재로 여기지 않죠. 이는 청소년들의 성적 자기결정권을 침해하는 행위입니다. '청소년을 보호한다'는 명분으로 "청소년은 너무 일찍 성에 눈을 뜨면 안 된다"라고 하지만, 인권을 보장하는 시작점이 바로 성적 자기결정권을 존중하는 거예요. 성적 권리를 보장하자는 것은 성에 대해 잘 알도록 정보를 공유하고 교육의 기회를 만들자는 뜻입니다. 또한 청소년들에게 "책임질 수 있을 때 하라"며 책임의 잣대만 들이밀 것이 아니라 사회가 그에 대한 부담을 함께 나누고 지원하자는 의미를 담고 있기도 합니다. 성적 권리를 비난하고 두려워하는 사회가 아니라, 누구나 평등하게 누릴 수 있는 자유롭고 좋은 사회가 되기 위해서는 다양한 주체들의 성적 주체성을 인정하는 것이 무척 중요합니다.

앙꼬 비슷한 예로 장애인을 단순히 '장애를 가진 사람'으로만 분류하고는 '성적인 실천을 하는 주체'로 여기지 않거나 '성적 요구가 과해 주체할 줄 모른다'는 이중적인 시선으로 바라보곤 하는 걸 들 수 있습니다. 2006년 채택된 UN장애인권리협약(CRPD)에서는 "장애는 점진적으로 변화하는 개념이며, 손상을 지닌 사람과 그들이 다른 사람과 동등하게 사회에 완전하고 효과적으로 참여하는 것을 저해하는 태도 및 환경적인 장벽 간의 상호작용으로부터 기인된다"라고 장애를 정의합니다.

장애를 바라보는 사람들의 태도에 따라 장애에 대한 개념과 의미가 달라진다는 뜻이죠. 장애를 가지고 있는 사람이라고 해서 성적 자기결정권이 다르게 적용될 필요가 없다는 점을 유추해볼 수 있습니다. 나의 몸과 타인의 몸에 대해 자유롭게 이야기할 수 있고, 몸이 할 수 있는 일에 대해서도 더욱 폭넓게 바라보고 상상하는 영역으로 접근하자는 의미예요.

지하크 장애인 성교육에 대해서 질문하거나 교육을 요청하는 분들 중 거의 대부분이 "다른 사람들 있는 곳에서 자위행위를 하지 않게 해주세요", "절대 다른 사람을 만지지 않게끔 해주세요" 혹은 "성폭력당하지 않을 수 있도록 해주세요" 정도를 바라십니다. 성적인 욕구를 가진 성적 주체로 상상하지 않기 때문에, 성범죄를 당하지 않고 성범죄자가 되지만 않으면, 혹은 그런 오해를 받지만 않으면 되는 것처럼 여기는 상황이 벌어지는 거죠.

앙꼬 결혼을 앞둔 장애인들은 "결혼을 꼭 해야겠냐"라거나 "자기 몸 하나 간수하기 힘든데 아이는 어떻게 키울 거냐"와 같은 말을 듣곤 해요. 결혼을 한다고 꼭 출산을 하는 것도 아니고, 육아가 오롯이 개인의 책임이 되는 것이 문제인데 말이죠. 출산을 앞둔 중증 장애인이 태아보험을 반려당한 경우도 있다고 합니다. 장애 산모는 안 된다고 조리원에서 거절당하기도 하고요. 이런 경우를 보면 우리 사회에서 받아들여지고 있는 '정상적인' 성적 주체, 성적 실천, 성적 욕구는 무엇인가 생각해볼 수도 있을 거예요. 그리고 누구나 갖고 있고, 사회적·문화적·맥락적으로 어떻게 발현되는지가 중요한 권리인 '성적 자기결정권'이 모두에게 평등하게 구성되어 있지 않다는 점을 생각해볼 수도 있고요. 이는 청소년과 장애인에게만 국한된 것이 아니라, 우리 모두에게 해당되는 이야기입니다.

지하크 그렇습니다. 이 시간이 나는 어떤 사람인지, 나는 무엇을 좋아하고 싫어하는지, 나의 성적 자기결정권이 침해된 경험은 없었는지, 또 내가 누군가의 성적 자기결정권을 침해한 적은 없었는지 등을 함께 고민해보는 기회였기를 바랍니다. 우리 사회를 구성하고 있는 사람들이 다채로운 만큼, 누구나 각기 다른 모양의 성적 자기결정권을 가지고 있다는 것을 인정하고 존중할 수 있는 우리가 되면 좋겠습니다.

함께 이야기해보기!

1 성적 자기결정권이란 무엇이며, 왜 모든 사람에게 보장되어야 하는 기본권인가요?

2 성적 자기결정권이 역사적으로 발전해온 과정과 그 사회적 의미는 무엇인가요?

3 청소년, 장애인 등 다양한 주체들에게 성적 자기결정권이 제대로 보장되지 않는 이유는 무엇이며, 이를 개선하기 위해 어떤 노력이 필요할까요?

4 성적 자기결정권을 침해하는 폭력과 범죄를 예방하기 위해 동의의 원칙('자알되 열매' 등)을 어떻게 실천할 수 있을까요?

5 낙태죄 폐지가 여성의 성적 자기결정권 보장에 미친 영향은 무엇이며, 앞으로 재생산권 보장을 위해 개선해야 할 점은 무엇인가요?

6 성적 자기결정권을 모든 사람이 평등하게 누릴 수 있도록 하기 위해 교육은 어떤 역할을 해야 하며, 사회적 지원은 어떤 방식으로 이루어져야 할까요?

7 우리 사회에서 성적 자기결정권을 인정하지 않는 태도가 개인과 공동체에 미치는 부정적 영향은 무엇인가요?

Chapter

5

'동의'에 대해

깊이 생각해본 적 있나요?

지하크   이번에는 평등한 관계 맺기의 가장 기본이라고 할 수 있는
'동의'에 대해 이야기해볼까요?

앙꼬   최소한 폭력을 예방하기 위해서, 그리고 더 나아가서는 즐겁고
안전하게 성을 누리고 실천하기 위해서 꼭 고민해보아야 할 내용
입니다. 동의란 단순히 "좋아, 싫어"로 의사 표현을 하는 것에서 그
치는 게 아니에요. 적극적으로 소통하고 합의를 만들어가는 과정
입니다.

지하크   네, 평등하고 안전한 관계를 만들어나가는 가장 기본적이면
서도 가장 중요한 내용이죠. 현재 통용되고 있는 '동의'에 대한 내
용이 단순히 "성관계할래?" 정도를 묻는 것에 초점이 맞춰져 있다
면, 훨씬 더 넓고 깊게 생각해보려고 합니다. 동의는 질문을 주고
받는 사람 사이의 관계, 성별, 나이, 장애, 질병, 문화 등에 따라 전
부 다 다르게 발현될 수 있으니까요.

앙꼬   누군가와 관계를 맺어갈 때, 특히 연인과의 관계는 '사적 관계'

라며 둘만의 문제로 취급되기 쉬운데요. 연인이든 친구든 가족이든 둘 이상의 누군가와 관계를 맺는다는 것 자체가 사회적 관계가 되는 거예요. '사적인 관계'라는 말 자체가 모순이라는 생각이 듭니다. 우리가 말하는 '동의'는 모두 사회적 관계, 공적 관계에서 이루어진다는 점을 생각해야죠.

지하크　네, 정말 그래요. 아직까지도 우리 사회에는 '남성의 성욕은 참을 수 없는 본능'이고, '여성은 방어적이고 수동적'이라는 고정관념이 존재합니다. 이는 자신의 욕구와 욕망에 대해서 깊게 탐구할 기회를 차단하고 서로가 그것에 대해 자유롭게 대화해가며 자신과 상대방 모두를 기쁘고 즐겁게 하는 성적 행동을 하는 것을 가로막는 걸림돌입니다. 남성은 적극적인 리드를 통해 '남성성'을 증명해야 하고, 여성의 성적 요구는 '문란함'으로 여겨지는 데다가 거부 의사를 표현하면 '비싸게 군다'거나 '내숭 떤다'고 치부되기 십상입니다.

앙꼬　모두가 다, 언제나, 누구하고든 성적 행동을 하고 싶어 할 것이라는 생각에서 벗어나야 '동의'를 실천하며 살 수 있어요. '인간은 원래 섹스를 좋아하고 본능적으로 즐기고 싶어 하지만 문란하게 살면 양심에 가책을 느끼고 아무하고나 할 수도 없는 노릇이니 이성으로 성욕을 억누르며 살아간다'는 생각을 은연중에 가지고 있는 경우가 많아요. 상대방의 의사를 정확히 묻지 않고 시도하고, 싫다고 대답하지 않으면(못하면) 동의한 것으로 받아들이는 '문화'

가 형성되는 거죠.

지하크 저는 성적 행동에 대한 동의에 관해서 이야기할 때, "상대방이 동의했다는 것을 어떻게 확인했나요?"라는 질문을 하는 걸 좋아합니다. "상대방이 눈을 감았다", "분위기가 이끌어가는 대로 했다", "원래 늘 하던 대로 한다. 딱히 확인할 필요는 없다"와 같은 답변이 가장 많습니다. 그러면 저는 "혹시 좀 더 구체적으로 확인해볼 필요는 없었을까요?"라고 질문합니다. 상대방과 나의 관계, 상대방의 몸과 마음의 상태, 성적 행동이 이루어지는 장소와 상황에 따라 다를 수 있거든요.

앙꼬 정말 중요해요. 적극적으로 소통하며 협의해가는 동의의 과정 없이 '원래 누구나 다 이렇게 하는 거지', '이 사람도 지금 이걸 하고 싶겠지'라고 생각하면 문제가 불거지곤 하니까요.
적극적인 동의를 만들어가는 과정에서 서로의 위치와 조건, 환경과 상황이 대화와 협의에 어떻게 작동하는지, 다양한 성적 주체가 적극적인 동의를 하는 데 필요한 것은 무엇인지 이야기해보면 좋겠어요.

〜〜〜

'동의'가 핵심이다

지하크 일단 동의를 조금 더 구체적으로 정의하면 '적극적 합의'라고도 할 수 있습니다. 또 '합의'란 '서로의 의견이 일치하는 것'이죠. 서로의 의견을 잘 일치시키려면 먼저 내가 가진 생각이 뚜렷해야 합니다. '나의 뜻은 무엇인가', '그것이 충분히 설명되는가'부터 시작해서 '상대의 뜻을 알고 있는가'로 이어지는 것이 가장 중요한 합의의 원칙입니다.

앙꼬 법적으로 '동의'를 다루는 것과 별개로, 무엇보다 일상의 차원에서 '합의'를 어떻게 이해하고 실천할지를 생각하는 태도가 중요합니다. 단순히 묻고 답하는 것이 '동의'가 아닙니다. 예를 들어 "밥 먹을래?"라고 물었을 때 "응"이라고 대답했다고 그사이에 합의가 끝난 걸까요? 무엇을 먹을지, 사 먹을 건지 만들어 먹을 건지, 누가 요리할 건지, 간은 싱겁게 만들지, 짜게 만들 건지 등 더 많은 합의의 과정이 남아 있는 거죠.

지하크 그러면 어떻게 해야 적극적 합의를 '잘' 할 수 있을지 얘기해 봅시다.

커플끼리도 동의가 필요하냐고 물어보시는 분들이 있는데 오히려 커플이라면 더 잘 할 수 있는 큰 장점이 있어요. 서로에 대해서 이미 잘 알고 있거나 알아가고 있는 사이라는 점입니다. 평상시에 상대방이 무엇을 좋아하는지 알아둘 수 있고, 기억해서 다양하게 시도해볼 수 있다는 거죠. 따라서 일상적인 '대화'가 중요합니다. 평소에 서로가 뭘 좋아하고 상상하고 원하는지 대화를 통해 서로의 욕망과 기준과 원칙들을 미리 설명하고 귀 기울일 수 있는 거예요.

앙꼬 대화만큼 중요한 것이 나의 일상을 점검하는 일 같아요. 평등한 성적 행동을 실천하고 싶다면 평소 평등한 관계란 무엇인지 고민하며 일상 자체가 평등해야 해요. 둘의 관계가, 일상이 평등하지 않은데 섹스만 평등할 순 없어요. 결국 나는 어떤 삶을 살아갈 것이고, 어떤 관계를 맺고 살아갈 것인지 나의 일상을 점검하는 게 필요합니다.

지하크 동의의 범주가 점점 커지고 있습니다. 흔히 '동의'가 필요 없다고 생각되기 쉬운 '친밀한 관계'에서도 동의는 필수입니다. 양육자가 자녀에게 일상적으로 의견을 묻고 경청하는 모습을 보인다면, 자녀한테는 그 경험이 쌓여 일상의 태도가 될 것입니다. 자신도 타인에게 그렇게 할 수 있는 사람이 되는 거죠. 또한 자신의 생각과 감정을 존중해주지 않는 사람을 무례한 사람으로 인식할 수 있기 때문에 폭력적인 관계를 시작하거나 유지하지 않을 수 있습니다.

앙꼬 맞아요. 가족들 사이에서 스킨십을 하는 경우에도 동의를 구하는 과정을 습관화하면 좋겠어요. 예를 들어, "안아줄까?", "안아줄 수 있어?" 하고 묻는 거죠. 그러면 자녀들도 '어른들도 나에게 동의를 구해야 하는구나' 생각하며 동등한 관계 맺기에 대한 감각을 익힐 수 있습니다.

그리고 거절을 잘하고 잘 받아들이는 것도 중요합니다. 친밀한 관계일수록 상처를 줄까 봐 거절하지 못하는 경우가 많습니다. 예를 들어, 배가 안 고픈데도 무언가를 먹으러 가자고 하면 거절을 못해서 따라 나가 먹게 되는 경우가 있습니다. 그냥 배가 고프지 않은 정도면 그나마 괜찮은데 속이 좋지 않거나 탈이 난 상태에서도 거절을 하지 못해 음식을 먹는다면 큰 문제가 되는 거죠. "나는 지금 배가 고프지 않아", "같이 나갈 수는 있는데 뭘 먹을 수는 없어", "너 먹고 싶은 거 먹어. 나는 너랑 이야기할게" 등 자신의 상태, 상황을 정확히 밝힐 수 있어야 합니다. 상대방이 원하는 것을 해주는 것만이 애정의 표현이라고 생각하지 않고, 얼마든지 거절하고 대화하고 협의해서 서로가 원하는 바에 동의할 수 있다는 것을 아는 게 중요합니다.

지하크 내가 하자는 대로 뭐든 다 하는 사람에 대해서는 점점 더 내 마음대로 할 수 있는 것처럼 여기게 될 가능성도 커집니다. 나의 상황, 생각, 마음, 감정을 잘 전달해야 해요. 그래야 서로가 상대방의 입장에서 생각해볼 수 있고, 자신의 태도를 성찰해볼 수 있습니다. 상대방의 입장을 배려하는 것도 동의와 적극적 합의를 만들어가는 데 중요한 태도입니다.

제가 친구들 몇 명과 합숙을 하면서 여행했던 적이 있거든요. 여행 중에 어떤 가정을 방문하게 됐는데, 그 집 어르신이 우리 일행에게 생강차를 주시겠다고 했어요. "다들 생강차 드시죠?" 이렇게 물어보셨어요. 다른 친구들은 다 먹겠다고 했는데, 저는 "혹시 커피 있으면 커피로 마셔도 될까요?" 이렇게 여쭤봤어요. 있다고 하시며 커피로 주셨습니다. 저녁때 숙소에 돌아왔는데 친구들이 다들 저

보고 놀랐다고 하더라고요. 어떻게 어르신이 권하는 것을 거절하고 다른 요청까지 할 수 있느냐면서요.

앙꼬 별것 아닌 것 같지만, 그런 제안을 거절하거나 다른 것을 요청할 수 있다는 생각을 해보지 않았던 사람들에게는 충격이었을 수 있을 것 같아요.

지하크 그분은 저희에게 '좋은 것'을 주려고 하신 거잖아요. 내가 좋아하지도 않는 것을 억지로 먹으면 그분의 의도에도 맞지 않는 거죠. 그 친구들과 또 다른 일도 있었어요. 일행 중에 한 명이 컵라면을 한 박스 사서 숙소에 갖다 두었어요. 그러면서 "너희들도 먹고 싶으면 먹어도 돼"라고 말했죠. 그러자 컵라면은 이틀 만에 다 없어졌고, 그 바람에 컵라면 주인은 기분이 상했습니다. 반면 저는 냉장고나 주방에 있는 제 음식에는 손대지 말라고 했어요. 이름도 써놨습니다. 몇 달을 합숙한 후에 친구들이 말하길 처음에는 제 태도가 너무 개인주의적이고 차갑게만 느껴졌는데, 시간이 지나고 보니 그게 서로에게 불편한 감정을 만들지 않으면서 서로를 존중하고 신뢰할 수 있는 방법이었다고 하더라고요.

앙꼬 한국 사회의 집단주의적인 문화가 서로의 경계를 존중하는 것을 이기적인 것과 헷갈리게 하는 면이 있는 것 같아요.
정리해보면, 동의란 그저 단답형의 "좋아, 싫어" 이상으로, 일상적으로 나와 상대가 무엇을 원하고 원하지 않는지, 지금 충분히 좋은지, 더 좋을 수 있는 방법이 있는지 등을 언어적/비언어적으로 소통하고자 하는 노력과 시도라고 할 수 있습니다. 다른 사람과 성적인 행동을 할 때는 누구와 언제, 어디서, 무엇을, 어떤 조건과 한계를 가지고, 어떻게 할 것인지 또는 하지 않을 것인지 상호 의사소통을 통해 구체적으로 합의해야 하는 거죠. 그 과정에서 먼저 나와 상대가 자유롭게 동의하거나 동의하지 않을 수 있는 상황인지 확인하는 것도 중요하고요.

~~~~~~

다양한 방식으로 관계 맺기

지하크 맞습니다. '동의'에서 관계와 소통의 중요성에 대해 짚어보았으니, 이제 이와 관련한 여러 가지 주제들에 관하여 이야기해보고자 합니다. 그동안 '비정상적'이라고 여겨지며 잘 이야기되지 않았던 성적 실천에 대해서도 말해보려고 해요. 이번 기회에 나와 상관없다고 생각했던 주제들이 나의 삶에 밀접한 이야기로 와닿을 수 있으면 좋겠습니다.

앙꼬 서로가 만족스러운 관계를 맺기 위해서는 가장 먼저 자기 자신과 상대방에 대해 적극적으로 탐색해야 해요. '연인 사이라면 당연히 이런 것들을 해야 해'라는 식으로 마치 누구나 똑같은 것들을 해야 한다고 생각하지 말고, 획일적인 '연애 각본'에 질문을 던져야 합니다.

'다양한 방식으로 관계 맺기'의 가능성을 이야기해보자는 거죠. 우리가 당연하게 생각했던 이성애 중심의, 혼인을 전제로 한, 일대일의 관계를 당연하게 생각하는, 여성의 역할과 남성의 역할이 정해져 있다고 생각하는 연애와 결혼의 각본에 얽매이지 말고 고민, 탐구, 시도, 실천을 해볼 수 있습니다.

지하크 헌법 제36조$^\bullet$와 민법 제779조$^{\bullet\bullet}$만 봐도 법적으로 문화적으로 '정상연애' 혹은 '정상가족'을 어떻게 구성하고 있는지 알 수 있어요. 동의의 기본 원칙은 '자유로운 상태'에서의 동의였는데, 우리의 사랑과 관계는 이미 사회제도 내에서 '이 관계만이 정상'이라는 자유롭지 못한 상태에 놓여 있다고 볼 수 있습니다. 대부분의 일대일 독점적 연애 관계 안에서는 '너는 내 거야', '나랑만 연락해야 해', '나랑만 놀아야 해', '늘 내가 1순위여야만 해'라는 생각으로 상대방의 연락 빈도와 행동을 통제할 권리가 있다고 여기곤 합니다. 둘만의 독점적이고 배타적인 관계를 유지하기 위해 상대를 계속 통제하고 감시하게 되고, 그렇기에 지극히 사적인 성격 안에서 정서적 폭력으로 이어지게 되는 경우도 생깁니다.

앙꼬 사실 우리는 '독점적인 관계를 맺을 거야'라고 합의하고 관계를 시작하지 않기에(그러나 자동으로 그렇게 가정되기에) 어떤 관계를 어떻게 만들어갈 것인지는 '동의'의 화두가 되지 못했던 것 같아

$\bullet$ https://www.law.go.kr/LSW//lsLinkProc.do?lsClsCd=L&lsNm=대한민국헌법&mode=4&joNo=003600&lnkJoNo=undefined&lsId=001444

$\bullet\bullet$ https://www.law.go.kr/법령/민법/제779조

요. 독점적 연애와 열린 관계에 대해서 깊게 탐구해보지 못했고, 심도 있는 대화와 소통을 통해 선택한 것은 아니지만, 질투하고 의심하고 단속하는 것이 곧 '사랑의 증거'로 여겨지는 문화 속에선 모두가 그렇게 행동해야만 하는 거죠. 우리 사회 속의 '낭만적인 연애'에 대한 서사를 다시 한번 생각해볼 필요가 있어요.

지하크 '열린 관계(open relationship)', '비독점적 연애'라고 하면 "바람 피우는 거 아니냐"라는 반응을 보이는 분들이 많아요. 바람과 다른 점은 무엇일까요?

앙꼬 '비독점 연애'는 바람을 피우는 것과는 완전히 다릅니다. 평등한 관계에서 적극적인 합의로 만들어가는 비독점인 관계라는 것이 핵심이에요. 이미 독점적인 관계만이 정상으로 정해져 있는 연애 각본을 따르는 것이 아니라, 나와 관계를 맺고 있는 상대방과 평등 및 신뢰를 바탕으로 더 많이 소통하고 노력하면서 새로운 각본을 만들어가는 과정이 되는 거죠. 서로를 연인, 짝꿍, 파트너 등으로 부르는 관계를 맺고 있어도 그 관계에 한정되지 않고 다른 사람들과 여러 가지 관계를 맺을 수 있습니다. 그건 다른 사람과 영화를 보거나 밥을 먹는 등의 행위가 될 수도 있죠.

지하크 우리는 연인만 사랑하며 살아가지는 않죠. 굉장히 다양한 형태의 감정을 가지고 다양한 관계를 맺으며 살고 있어요. 파트너, 가족, 친구, 동료, 지인, 반려동물, 반려식물, 나 자신, 라이프스타일

등등… 단순히 '설렘'을 느낄 때만 '사랑'이라고 명명하진 않죠. 깊은 신뢰가 공존할 때, 나에게 공감을 해줄 때, 서로 존중하며 마음을 나눌 때 등 이러한 감정은 그 어떠한 관계에서도 발생하니까요. 사랑을 배타적이고 독점적인 일대일의 연애에 한정하지 않고 나에게 드는 감정을 면밀히 관찰하고 자기 자신과 서로에게 솔직해지는 것이 더 멋지고 더 섹시한 방법이라는 생각이 듭니다. 열린 관계 안에서 둘의 관계를 더 안정적이고 건강한 관계로 유지할 수 있다고 말하는 사람들이 많습니다.

앙꼬　그렇습니다. 세계적으로 확대돼가고 있는 논의이자 실천이라고 볼 수 있을 것 같아요. 하지만 모든 사람이 다 열린 관계를 시도해야 하거나 모든 사람에게 다 좋은 것은 아닙니다. 그렇게 생각할 필요는 없습니다.

지하크　일상의 관계를 평등하게 만들어가기 위한 노력을 짚어보았는데요, 자신의 욕구를 점검하고 그것을 상대방과 일상적인 대화를 통해 서로가 함께 원하는 합의를 만들어나가야 한다는 것을 알았습니다. 친밀한 관계에서는 동의가 필요 없는 게 아니라, 오히려 더 적극적인 대화를 통한 합의가 필요하다는 점까지 함께 생각해보았습니다.

함께 이야기해보기!

1 '동의'를 단순한 "좋아, 싫어" 이상의 과정으로 이해해야 하는 이유는 무엇이며, 이를 일상에서 어떻게 실천할 수 있을까요?

2 성적 행동에서 동의를 확인하고 적극적 합의를 이루기 위해 필요한 태도와 대화 방식은 무엇인가요?

3 성 역할 고정관념(예: 남성은 적극적이고 여성은 수동적이다)이 평등한 관계를 기반으로 하는 동의를 만들어가는 데 어떤 장애물이 될까요?

4 가족, 친구, 연인 등 다양한 관계에서 동의의 중요성을 일상적으로 가르치고 실천하려면 어떤 방법이 효과적일까요?

5 독점적 관계와 열린 관계의 차이는 무엇이며, 각 관계 유형에서 동의와 평등이 어떤 방식으로 작동할 수 있을까요?

6 한국 사회의 집단주의적 문화가 동의와 개인의 경계 존중을 혼동하게 만드는 사례는 무엇이며, 이를 극복하기 위한 방법은 무엇일까요?

7 연애와 관계 맺기에서 전통적 서사(독점적 연애, 배타적 사랑 등)가 평등한 관계 형성에 어떤 영향을 미치며, 이를 재고할 필요가 있는 이유는 무엇인가요?

Chapter

6

보다 행복한 관계를 누리려면

어떻게 해야 할까요?

지하크　사람들이 보다 행복한 삶, 행복한 관계, 행복한 성적 행동을 누리며 살려면 어떤 사회가 돼야 할까요?

화사　'성관계'라고 하면 떠올리는 행동이나 감각이 오직 이성애 중심의 성기 결합 섹스만이 아니었으면 좋겠습니다. 몸으로 느끼는 다양한 감각을 체험해볼 수 있고 상상할 수 있을 때 훨씬 더 많은 것을 원할 수 있게 될 텐데, 우리는 그런 세상에 살고 있지 못해요. 맨몸으로 햇살이나 살랑살랑 부는 바람을 받았을 때의 감각이 그 어떠한 쾌감보다 훨씬 더 내가 원하는 감각일 수도 있어요. 늘 격렬한 감각만 원하는 건 아니니까요. "나는 반신욕을 좋아해." "귀에다 속삭이는 걸 좋아해." 이럴 수도 있죠. 누구나 더 자유롭게 자신이 원하는 감각과 자극을 탐구할 수 있었으면 좋겠어요. 여성들뿐만 아니라 남성들도 마찬가지고요.

지하크　감정과 감각을 중요하다고 생각하지 않는 사회이기 때문에 대다수의 사람들은 그런 걸 찾아보라는 이야기를 들어본 적이 별로 없죠. 성관계를 할 때도 성기 결합과 사정 이외에도 훨씬 더 많은 감각을 동원해, 느낄 수 있는 것들을 최대한 확장할 수 있습니다. 남성들도 오직 귀두만 성감대가 아니잖아요. 유두 자극이나 항문을 통한 전립선 자극도 성적 지향과 상관없이 남성들에게 엄청난 쾌감을 줄 수 있습니다. 귀를 핥거나 빤다든지 어깨나 등을 살짝 깨물 수도 있고요. 입과 손가락을 사용할 수도 있고 섹스토이를 이용한 다양한 자극을 좋아할 수도 있습니다.

개리 센터에서 교육을 받는 청소년들이 섹스에 대한 궁금증을 질문하는 경우가 종종 있는데, 그럴 때마다 "어떤 섹스가 좋은 섹스라고 생각하느냐?"고 물어보거든요. 그러면 다들 "모른다"고 답해요. 그럼 "섹스를 잘하는 게 뭐라고 생각하느냐?" 하고 다시 물어보면 "상대방을 만족시키는 섹스"라고 대답해요. "그러면 상대방은 어떻게 만족시키느냐?"고 되물어보면 포르노에서 본 것처럼 "성기가 크고 섹스 시간이 길고…" 이런 이야기를 합니다. 여성들이 막 비명을 지르며 눈을 뒤집고 소변과 같은 사정을 하는 걸 여성 오르가슴이라고 생각하고 있기도 해요.

지하크 포르노에서는 시각적으로 보여줘야 하기 때문에 하는 연출인데, 이런 장면을 실제 상황이라고 믿는 거죠. 그걸 내가 해내야 할 일이라고 생각하니까 내가 진짜 좋아하는 게 무엇인지, 상대방이 진짜 좋아하는 게 무엇인지는 알아볼 생각을 못 하는 거고요. 서로 좋아하는 것을 솔직히 이야기하고, 대화를 통해 어떤 행동을 해볼지 결정하고, 진짜 좋았는지 기대했던 것보다 별로였는지 말할 수 있는 관계인지에 대해서는 생각해보지 않습니다. 즐거움을 찾지 못하는 사람, 즐거움을 찾지 못하는 관계가 되고 마는 거죠.

화사 영상에서 본 것과 같은 퍼포먼스를 막 열심히 하는 남성들이 있어요. 일종의 자기 공연을 끝마치고 나서 "좋았어?"라고 물어보는 거죠. 상대방의 기가 죽을까 봐 "좋았다"고 말해주고 '가짜 오르가슴 연기'까지 하는 여성들이 많다는 것이 웃픈 현실입니다.

개리 서로에게 모두 안타까운 일이네요. 서로가 서로에게 무엇을 좋아하고 어떤 행동을 함께하고 싶은지 솔직하게 대화할 수 있는 관계라면 그럴 필요가 없을 텐데요. 이런 현상은 여성들에게만 고통이고 손해인 것처럼 여겨질 수도 있지만, 저는 결국 모두에게 손해라고 생각해요. 남성들도 자신이 무엇을 좋아하는지, 상대방과 정말 잘 소통하고 대화하고 서로를 느끼고 있는지 알 수 없으니까요. 여성을 성적으로 대상화하고 착취하는 사회적 현상도 마찬가지입니다. 대부분의 경우, 여성들이 디지털 성폭력의 피해자이기 때문에(피해를 경험하기 때문에) 여성에게만 무서운 범죄로 여겨지곤 하지만, 사실 사회의 모든 사람이 평등한 관계에서 즐겁고 안전한 '성'을 누릴 수 없게 만드는 심각한 폭력 행위예요.

화사 맞아요. 불법 촬영은 행위 자체로 치명적인 범죄이지만, 범죄의 피해자뿐만 아니라 결국 우리 사회 모두에게 해악을 끼칩니다. 불법 촬영에 대한 두려움이 커지면 커질수록 여성들이 원나잇처럼 캐주얼한 섹스는 물론이고, 상대가 누구든지 성적 행동 자체를 두려워하게 되니까요. 그러면 여성들뿐만 아니라 남성들을 포함한 모두에게 자유롭고 평등한, 그래서 안전하고 즐거운 성적 행동의 기회가 줄어들게 되죠. 한 사회에서 성관계와 성적 행동이 일방적이고 폭력적인 것, 위험한 것으로 인식될 때, 그 사회의 모든 사람이 즐거운 성적 관계와 성적 행동을 누릴 수 없는 거예요.

지하크 맞아요. 이성애자 여성들의 성적인 자유가 위축되고 그들이 성적인 행동을 두려워하게 될수록 이성애자 남성들에게도 좋지 않겠죠. 어리석은 거예요. 성관계 경험이 있는 여성을 멸칭으로 부르는 것도 마찬가지고요. 아주 황당한 거죠. 이성애자 남성들이 여성들은 '처녀'이길 바라면서 자신들은 많은 여성과 많은 성관계를 하길 바란다면, 대체 누구랑 섹스할 거냐고요. 지금 우리 사회에서 남성들이 원하는 섹스는 평등한 관계에서 하는 서로 즐거운 섹스는 아닌 것 같아요. 여성을 정복하고 통제하는 관계와 그걸 가능하게 하는 섹스를 원하는 것처럼 보입니다. 그건 결국 모두에게 즐겁고 자유로울 수 있는 세상이 아닐 텐데 말이죠.

〜〜〜

자기 몸의 감각을 온전히 이해하기

화사 저는 두 분께서 말씀해주신 여성에 대한 성적 대상화와 연결해서 몸의 변화에 대해서도 이야기해보고 싶어요. 인간의 몸에 대해서 이야기할 때 남성의 몸을 '표준의 몸'으로 생각하는 문화와 여성의 몸을 성애화하고 대상화시키는 억압 때문에, 2차 성징 때 가슴이 생긴다거나 엉덩이가 더 발달한다거나 월경을 하는 것을 부끄러워하는 상황이 발생해요. 신체의 변화가 부끄러운 것이 되면 그것이 알려지는 게 싫기 때문에 신체 활동을 덜 하게 되는 요인이 됩니다. 체육 시간에 가슴이 흔들리는 걸 보이는 게 부끄러워서 티셔츠를 붙잡고 달리기를 하고, 월경하는 것이 혹시라도 알려질까봐 몸의 움직임이 줄어들기도 해요. 그렇게 되면 근육 형성, 근력 발달, 신체 균형 등에 악영향을 미치고 자신의 몸을 느끼는 감각도 발달하지 못하게 되죠. 신체 활동을 해야 자신이 무엇을 어떻게 느끼는지, 어디를 어떻게 움직일 때 뭐가 좋고 즐거운지, 어떨 때 쾌락을 느끼고 어떤 느낌이 불쾌한지 자기 몸의 감각을 더 정확하게 알게 되잖아요. 신체 활동을 하지 않는 사람일수록 자기 몸의 감각을 느낄 수 있는 기회가 없어지기 때문에 자신이 어떤 감각을 좋아하는지 탐구해볼 기회를 갖지 못하게 됩니다.

개리   성욕은 정신적인 것만 있는 게 아니잖아요. 정신적으로 '성적인 행동을 하고 싶다'는 욕구가 생기는 부분도 있지만, 몸의 감각과 그로 인한 감정까지 느끼고 싶은 거예요. 성욕을 몸의 감각으로 이야기하지 않고 음란하고 방탕한 것으로만 여기게 만들 때 여성, 특히 여성 청소년의 성욕에 대해서 이야기하지 않는 사회가 되는 결과로 이어집니다. 여성의 몸 활동을 격려하지 않는 사회에서는, 여성은 성욕과 거리가 먼 존재처럼 여겨지는 것이 당연한 결과입니다.

지하크 자신이 육체적으로 어떤 감각을 좋아하는지 알아가는 경험이 없으면, 육체적·성적으로도 자신이 좋아하는 감각을 상상하기 어렵습니다. 그래서 성관계를 할 때도 이게 좋은 건지 싫은 건지 알 수가 없죠. 통증이 발생해도 이게 기분 좋은 통증인지 아프기만 한 기분 나쁜 통증인지 판단이 안 되는 거예요. 상대의 기분에 맞추는 데만 초점을 두니까 자기보다는 상대에게만 집중하게 되고, 자신이 만족하는 관계를 하기 어려워지는 거죠.

화사 저는 이 책을 통해 여성들이 자신의 신체를 움직이고 몸의 감각을 경험하기 위해 본인의 몸에 대한 탐구를 해야 한다는 점을 강조하고 싶어요. 남성 청소년들은 대부분 가르치지 않아도 자위를 하는 등 자신의 몸과 성에 대한 탐구를 어려움 없이 시작합니다. 그런데 여성은 자신의 성기를 들여다보거나 만지는 것조차 해보지 않은 사람들이 아주 많아요. 자위를 해보았더라도 죄책감을 느끼고 있는 경우가 많았고요.

지하크 음순도 신체의 일부인데, 자신의 신체로 여기지 못하게 하는 사회 분위기가 너무 강해요. 눈이나 목이 가려우면 병원에 가서 진찰을 받아야겠다는 생각을 쉽게 하지만, 음순이 가려울 때는 망설이게 된다는 거예요. 병원에 가서 약만 먹으면 쉽게 치료할 수 있는 질염으로 수개월이나 고통받았다는 이야기를 하는 분도 여럿 만나봤어요.
성기를 성스러운 곳으로만 생각하고, 또 성적 행동으로만 연결해서 생각하면, 자신의 성기를 들여다보거나 만져보거나 손가락을 넣어보는 것조차 꺼리게 되겠죠. 그러면 손가락이나 섹스토이를 이용해서 자위를 한다는 것은 아예 상상도 못 할 일이 돼요. 자위를 하는게 불순하거나 불결하고 음란하다는 생각이 들기 때문이죠.

특히 여성들에게 여성의 자위를 더 알려줘야 할 필요가 있어요. 내가 나를 어떻게 만져야 기분이 좋은지 알아야 다른 사람과 함께하는 성적 행동에서도 상대방이 어떻게 해야 내가 기분 좋은지 알 거 아니에요? "나를 기분 좋게 해주려면 이렇게 해야 한다"고 알려줄 수 있겠죠. 그런데 나 스스로가 나를 기분 좋게 만져본 적이 없다면, 다른 사람과 처음 성관계를 하게 될 경우 한 번도 해본 적이 없으니 상대방이 엄청 아프게 해도 '이게 맞는가 보다'라고밖에 생각하지 못하는 거예요.

화사 자신의 신체 구조에 대해서도 너무 모르는 경우가 많아요. 학교에서 형식적으로 성교육을 받기는 하지만, 성기 사진을 마치 음란물처럼 여기는 분위기가 사회적으로 너무 강하다 보니 성교육에서조차 성기 사진 혹은 그림을 보며 이야기하지 못하는 상황이 펼쳐져요. 학교에서 알려주지 않는데도 스스로 정확한 정보를 찾아보고 거울로 자신의 성기를 들여다보면서 공부하는 아이는 극히 드물겠죠. 월경과 소변이 같은 길로 나온다고 생각하는 청소년들이 정말 많더라고요. 10대뿐만 아니라 20대 중에도 꽤 있어서 놀란 적이 한두 번이 아니에요. 무지하도록 장려되고 몰라도 상관없는 것으로 만들고 있기 때문에 발생하는 현상이라고 생각해요.

개리 청소년성문화센터에 오는 아이들도 대부분 그래요. 이제 더는 성을 더럽거나 무섭다고 생각하게 만드는 방식의 '협박'을 교육이라고 부르지 말고, 성기를 포함한 신체에 대해서 그리고 성적 행동에 대해서 긍정적으로 사유하고 경험할 수 있도록 돕는 교육이 필요합니다.

지하크 공교육을 통해 그런 일들이 일어나길 바라봅니다.

함께 이야기해보기!

1 행복하고 평등한 성적 관계를 위해 사람들이 자기 몸의 감각과 욕구를 탐구하는 것이 왜 중요한가요?

2 성교육과 사회적 분위기가 여성들이 자신의 신체를 탐구하고 이해하는 데 어떤 영향을 미치며, 이를 개선하기 위해 어떤 변화가 필요할까요?

3 포르노와 같은 왜곡된 정보가 성적 행동에 미치는 부정적 영향은 무엇이며, 이를 극복하기 위해 어떤 교육과 대화가 필요할까요?

4 여성을 성적으로 대상화하고 착취하는 사회적 현상이 모든 사람에게 해악을 끼친다는 점을 이해하고 해결책을 마련하기 위해 무엇을 할 수 있을까요?

5 남성과 여성 모두가 자신의 신체적·성적 감각을 더 자유롭게 탐구할 수 있는 사회를 만들기 위해 어떤 환경과 제도가 필요할까요?

6 성관계에서 대화와 소통을 통해 서로의 욕구를 이해하고 합의하는 과정은 왜 중요한가요? 이를 어떻게 더 쉽게 실천할 수 있을까요?

7 학교 성교육에서 성기 구조와 자위 같은 주제에 대한 부정적 시각을 어떻게 개선할 수 있을까요? 보다 효과적인 성교육 방안은 무엇일까요?

Chapter

7

성 역할 고정관념에

깊이 빠져 있진 않나요?

지하크 어린이나 청소년들을 만나서 이야기 나눠보면 "우리 세대에는
성 역할 고정관념 같은 거 없다"는 말을 하곤 해요. 그렇다면 명백히
차별적으로 느껴지는 언행이 아니더라도 사회 속 뿌리 깊은 곳에서
성 역할 고정관념을 유지하고 있는 것들에는 무엇이 있을까요?

여성의 신체 활동을 막는 문화에 저항하자

화사 저는 성 역할 고정관념을 심어주는 과정이 여성에게 몸 활동을
격려하지 않는 것과 밀접하게 연결되어 있다고 생각해요. 우리는
획일적인 미적 기준에 부합하는 몸을 가져야 한다고 믿도록 조장
하는 사회에서 살고 있잖아요. 누구도 그 억압에서 벗어날 수 없는
데, 특히 여성들의 경우 울퉁불퉁한 근육 없이 날씬한(마른) 몸이
'아름다운 몸'이라고 여겨지고 심지어 힘이 없어 보이는(무기력한)
몸, 청순가련형의 몸, 아담한(체구가 작은) 몸이 좋다고 여겨지기 때
문에 몸을 발달시키는 신체 활동을 하기 어렵게 됩니다. 유치원생
이나 초등학생도 다이어트 이야기를 하는 세상이 되어버렸죠.

자신의 몸을 타인에게 보이기 위한 도구로만 여기면 그런 몸은 내가 움직이고 경험하고 느끼는 몸이 아니게 됩니다. 보기 좋은 몸을 가지는 것이 '자원'이자 '자본'으로 여겨지기 때문에, 나에게 좋은 몸이 아니라 남이 보기에 좋은 몸에 더 집중하게 됩니다. 이런 현상이 억압이자 폭력으로 인식되지 않도록 '자기 관리'와 '건강'이라는 이름으로 그렇게 하게 만들죠. 그러나 그건 그렇게 믿게 한 것일 뿐, 사실 보기 좋은 몸이 항상 건강한 몸인 것은 아닙니다.

개리   저도 신체 활동이 진짜 중요하다고 생각해요. 몸은 저마다 자신의 삶을 위해서 사용하는 건데, 스스로가 자신의 몸을 쓰지 못하면 애초에 본인을 인식하는 첫 단계부터 안 되는 거니까요. 그래서 저는 성별에 관계없이 신체 활동을 많이 하라고 강조해요. 특히 여성 청소년들에게 신체 활동의 중요성을 더 많이 이야기합니다. 요즘에는 여성 청소년들도 체육을 많이 한다고 얘기를 하는데요, 그럴 때마다 "그럼 체육 시간에 뭐 많이 하는데?"라고 물어보면 "피구… 음… 없네요"라고 말하는 경우가 많아요. 피구 말고 다른 것들도 많으니 몸을 움직일 수 있는 다양한 활동을 해보라고 하죠. 초등학교에서도 이미 여성과 남성의 체육이나 놀이문화가 많이 달라요. 중학교에 올라가면 더 심해지고 고등학교 때는 여고 같은 경우 체육을 포함해서 신체 활동이 거의 없는 학교도 있어요.

지하크   여성에게 신체 활동을 하지 못하게 하는(격려하지 않는), 심지어 저하시키는 작동은 사회 전체에서 전방위적으로 일어나고 있습니다. 여성의 신체 활동을 막는 문화와 제도 그리고 개인들의 인식에 저항하고 변화를 만들어가야 합니다.

화사   저는 여성들의 신체 활동을 저해하는 요소 중 옷차림도 큰 영향을 미친다고 생각해요. 어릴 때부터 치마나 머리띠, 밝은색의 옷을 입도록 강요받고 10~20대 혹은 그 이상의 나이에서도 작은 옷, 딱 달라붙는 옷, 신체 노출이 많은 옷, 하이힐 등 또래의 남성들과 비교해서 신체 활동에 제약이 생기는 옷차림을 하도록 요구받죠. 성욕을 비롯한 몸의 감각에 대해 이야기할 때 움직이는 몸, 느끼는 몸을 막는 사회문화적 조건들에 대해서 의견 나누는 게 중요합니다.

지하크   신체 활동을 못 하게 하고, 성욕은 표현해서는 안 되는 것처럼 만들어 성적 주체는 될 수 없게 하면서, 동시에 성적 대상으로 여겨지는 것을 '칭찬'으로 느끼게 만드는 것이 문제입니다. 그런데 가부장제 자본주의사회에서는 이런 점이 오히려 어린 여성이 가질 수 있는 자본처럼 여겨지기도 하죠.

화사   저는 초등학생 때 육상부였어요. 성적도 좋았는데, 생각해보면 제가 육상을 엄청 잘했다기보다 다른 애들이 열심히 안 뛰어서 제가 부각되었던 것 같기도 해요. 저는 신난다고 엄청 열심히 뛰는데 다른 애들은 가슴 흔들리는 거 보이고 싶지 않다고 티셔츠의 가슴 부분을 붙잡고 뛰기도 하고 그랬거든요. 그런 자세로는 전력으로 뛰지 못했겠죠.

지하크 그러고 보니 초등학생 때 여자아이들한테 육상, 계주 같은 운동에 대한 생각이나 경험을 물어보거나 얘기를 들어본 적이 없네요. 남성인 제 경험상으로는 학급 대표로 계주 선수를 하거나 농구 혹은 축구를 잘하는 친구들은 늘 부러움의 대상이 되곤 했거든요. 그래서 여성들에게는 그런 상황이 있을 수 있다는 걸 상상도 못 했던 것 같아요.

개리 저는 크로스핏이나 역도처럼 근력을 비롯한 몸의 기능을 다양하게 향상시키는 운동을 주로 해요. 이렇게 신체적 한계를 경험하는 운동을 할 때면 제가 가진 모든 근력과 기능을 끌어모아 힘을 쓸 때 나오는 포효하는 듯한 괴성을 지르거든요. 저는 그런 소리를 내는 경험도 정말 중요하다고 생각해요. 그런 순간에 몸이 어떤 기능을 하고 있는지 느껴지기 때문이죠. 자신의 한계를 도전해보고 그때 어떤 감정이 드는지 느껴보는 건 정말 기분 좋은 일이고 꼭 필요한 경험인 것 같아요. 저는 종종 제 동료들, 친구들, 학생들에게 자기가 가진 모든 힘을 다 써야 하는 상황에서 자신에게서 무슨 소리가 나오는지 들어본 적 있냐고 물어봐요. 하지만 그런 경험이 없는 사람들이 대부분이죠. 여성들이 남성들보다 그 경험이 현저히 더 적고요.

화사 애초에 그렇게까지 힘을 쓰는 건 여성이 할 일이 아니라고 여겨지거나 여성에게 어울리지 않는다고 생각하는 것 같아요. 그런 소리를 내는 것도 여성에게 주어진 행동 양식과 맞지 않다고 여겨지고요. 그런 '여성성'과 관련된 고정관념들이 계속 여성들의 적극적이고 자유로운 사회생활과 신체 활동을 억압하고, 동등한 주체가 될 수 있는 권리에 있어서도 여성들이 배제되도록 만듭니다. 햇빛에 피부가 오래 노출되면 "주근깨가 생긴다"고 하고, 근육이 발달할 수 있는 운동을 하면 "종아리에 알 생긴다", "어깨에 승모근 생긴다", "그러면 남자들이 안 좋아한다" 같은 말들로 신체 활동을 제한시키는 경우가 정말 많아요.

개리 하이힐도 여성의 신체를 제대로 기능하지 못하게 작동하는 것 같아요. 하이힐은 기본적인 움직임인 걷기, 뛰기, 앉기, 회전하기 등 다양한 움직임을 제한해요.

지하크 유아용 장난감으로도 팔더라고요. 저랑 같이 사는 어린이가 어느 날 어린이집에서 선물로 구두를 받아온 적이 있어요. 처음 신어보니까 발목이 꺾이면서 넘어지는 거예요. 저는 위험하다고 신지 말라고 했는데, 아이는 너무 좋아하더라고요. "안 넘어져! 이거 봐" 하면서 계속 연습해요. 근데 자꾸 발목이 꺾이는 거죠. "너무 위험해서 버려야겠다"고 아이에게 말하고 재활용통에 넣어두면 "알겠어"라고 하고는 잠시 후에 몰래 가져와 자기 방에 다시 갖다 놓더라고요. 그런 식으로 구두를 여러 번 구해줬어요.(웃음)

개리 슬프네요. 힐을 신고 걷는 걸 연습해서 '적응'하는 건 좋은 게 아니거든요. 발목부터 시작해 무릎과 골반은 물론 척추까지 다 틀어지니까요. 신체 활동에도 비효율적이고 신체 균형도 무너뜨리죠.

화사 오로지 모양만을 위한 거예요. 종아리를 더 길어 보이게 하고 허벅지를 더 가늘어 보이게 하고 엉덩이가 올라가는 모양을 만들기 위한 장치인 거죠. 신는 사람이 아닌 보는 사람을 위한 신발이에요. 신는 사람은 피로도가 아주 높아요. 저 같은 경우에는 몸의 감각이 엄청 예민해서 구두가 너무 불편해요. 그래서 1년에 몇 번 안 신는데, 적응을 잘한 경우에도 발과 몸에 피로도가 빨리 높아지니까 신체적인 활동을 제대로 하지 못하고 금세 무능력한 상태가 돼버려요. 여성들에게 힐, 치마, 화장, 렌즈 등 '외모'를 강조하면 할수록 실제로 해야 할 일에 집중할 수 없게 되는 셈입니다. 그렇게 외모에 대한 강조와 강요가 '고문'이 되면서 능력과 역량은 저하될 수밖에 없는 겁니다.

지하크 그런데 그걸 스스로는 '또각또각 당당하고 멋지게 걷는 모습'으로 믿게 해놨잖아요. 사회에서 규정해놓은 능력 있고 예쁜 전문직 여성의 모습에 자신이 딱 맞을 때 느끼는 자신감이 있어요. 단순히 외모만의 문제가 아니라, 미디어를 통해 외모가 능력과 함께 연상되도록 학습되는 식이죠.

화사 드라마에서 성공한 여성 캐릭터라면 꼭 화장대 앞에 앉아 메이크업을 받는 장면이 묘사되죠. 정해진 듯한 의상도 있고요. 마트 노동자, 식당 노동자, 청소 노동자 등의 역할을 맡은 인물이 화장대 앞에 앉아 있는 건 잘 보여주지 않죠.

지하크 얼마 전 '주체적 섹시'라는 용어가 화두였던 적이 있어요. "내가 나의 외모를 가꾸는 것은 누구한테 보이려는 게 아니다. 남자들에게 보여주기 위해서 꾸미는 게 아니라, 스스로 만족하고 자신감을 갖기 위해 내가 원하는 만큼만 꾸미는 것이다. 내가 좋아서 하는 건데 왜 대상화가 됐다고 하냐? 그 역시 나의 주체성과 욕구를 무시하는 처사 아니냐?" 이런 논의가 있는 거죠. 이런 주장의 연장선에서 '주체적 섹시'는 '가부장제 사회에서 남성들이 말하는 기준에 의한 섹시가 아니라 내가 정의하는 나의 섹시를 내가 드러내는 것이다. 내가 남성들에 의해서 대상이 되거나 도구가 되는 게아니라 내가 주체다'와 같은 이야기예요.

화사 당연히 그렇게 얘기하고 싶죠. 인정하는 게 어려운 것 같아요. 억지로 한 게 아니라는 의미에서 '스스로 선택했다'고 말할 수 있겠지만, 이미 기존에 있는 각본과 기준에 의해 불특정 다수들이 생각하는 어떤 코드가 있는데 그 코드에 나를 맞추는 것을 과연 주체적이라고 할 수 있는지 고민해봐야 합니다.

지하크 맞아요. 우리한테 강요되는 억압이 있다는 걸 인정해야, 오히려 내가 상황과 맥락에 따라 또 나의 기분에 따라 어느 정도로 할 것인지 선택할 수 있다고 생각합니다. 그걸 인정하지 않으면 주도권조차 없다고 봐야겠죠.

화사 그걸 인정하지 못해서 화장을 하지 않으면 집 밖으로 나가지 못하는 여성들도 무척 많습니다. 화장하지 않은 모습은 내가 아닌 거죠. 꾸밈 노동을 하지 않은 자신의 모습을 부정하는 건 그냥 자신을 부정하는 거예요. 그러다 점점 자기 자신을 온전히 받아들이지 못하게 되는 거죠. 온전히 나를 받아들일 수 없으니까 계속 다른 이들로부터 인정을 구걸해야 하는 상태가 됩니다. 자존감과 자기애를 형성하기 힘들죠.

지하크 화장을 억압이라고 생각하는 사람들 중에서는 "화장은 여성에게만 강요되는 코르셋(여성성 수행 억압)이다. 여성들은 코르셋으로부터 벗어나는 탈코(탈코르셋, 여성성 수행 거부)를 해야 한다. 나는 탈코를 실천하고 있는데 트랜스여성이라는 사람들은 탈코를 하지 않고 화장, 성형, 의상 등으로 오히려 여성성을 강화한다"고 말하며 트랜스여성들이 시스여성들의 탈코와 페미니즘에 방해가 되는 사람들이라고 주장하는 이들도 있습니다. 성별 정체성, 젠더 표현 등에 상관없이 누구나 존엄하게 존재할 수 있는 사회가 돼야 하는데, 그건 고치지 않고 "너는 왜 자꾸 여성으로 보이고 싶어 하냐"라고 공격하는 것은 어느 누구도 해방시킬 수 없습니다.

〜〜〜

젠더 체제의 억압에서 벗어나야 한다

화사 코르셋을 억압, 탈코르셋을 해방이라고 해석한다면, 누군가에게는 머리를 기르는 것이 해방이고, 누군가에게는 머리를 자르는 것이 해방일 수 있습니다. 마찬가지로 누구에게는 치마를 입는 것이 해방이고, 누군가에게는 바지를 입는 것이 해방일 수 있습니다. 한 가지 모습만이 탈코한 모습(해방된 모습)이라고 주장하며 모두에게 그 모습을 갖추도록 강요하는 것은 어느 누구도 해방시킬 수 없는 일입니다.

사실 우리 모두는 젠더 체제의 억압에서 벗어나야 합니다. 우리는 성별을 오직 여성과 남성 둘로만 나누는 성별이분법 사회에 살고 있습니다. 이 사회에서는 외부 성기 모양만을 가지고 여성으로 지정된 지정성별 여성은 모두 스스로도 여성으로 정체화하는 시스젠더 여성이어야 하고, 지정성별 남성은 모두 스스로도 남성으로 정체화하는 시스젠더 남성이어야 합니다. 시스여성은 '여성성'에 맞는 성격, 외모, 직업을 가져야 하고, 시스남성은 '남성성'에 맞는 성격, 외모, 직업을 가져야 해요. 시스여성과 시스남성은 모두 이성애자여야 하고요. 이들은 서로에게 끌려야 하고 반드시 결혼을 하고 출산을 해야 합니다. 4인 가구를 만들어 '정상가족'을 이루고 살아야 하죠. 이를 '젠더 체제'라고 합니다. 젠더 체제는 사회문화적으로 규정되어 있는 젠더에서 벗어난 사람들에게 불이익을 주며, 남성이 여성보다, 시스젠더가 트랜스젠더보다, 이성애자가 다른 성적 지향을 가진 사람들보다, '정상가족'을 이루고 있는 사람들을 그렇지 않은 사람들보다 유리한 위치에 있는 상태를 유지시킵니다.

개리 맞아요. '가부장제 자본주의사회의 젠더 체제가 시스여성과 트랜스여성을 억압하고 있구나. 우린 모두 젠더 체제의 억압과 폭력으로부터 해방돼야 할 사람들이구나' 이렇게 생각해야 하는데, '트랜스여성이 시스여성의 해방을 방해하고 있다'라고 생각하는 거죠. 문제의 근본적인 원인을 파악하지 못하고 있다는 점에서, 마치 남성들이 군대 문제의 해결책을 국가에 제시하라고 요구하는 대신 여성들을 괴롭히는 것과 같습니다. "남자가 여자보다 살기 힘든 세상이 됐다"고 말하는 남성들이 많아졌는데, 노동문제와 군대 문제를 자신을 착취하고 있는 자본가와 국가에게 제기하는 게 아니라, 엉뚱하게 여성을 비난하는 것입니다. 자신이 경험하고 있는 억압이 어디서부터 오는지 파악이 안 되는 거죠. 진짜 문제가 무엇인지 정확히 알지 못하고 오히려 자신보다 더 취약한 위치에 있는 사람에게 비난의 화살을 돌리고 있는 상황입니다.

지하크 몸부터 시작해서 성 역할 고정관념과 젠더 체제까지 이야기해보았습니다. 젠더 체제는 모두를 동일하게 살게 만드는 하나의 틀을 제공하고 거기서 벗어나는 사람들을 '처벌'함으로써 사람들과 사회를 통제합니다. 억압적인 사회구조와 문화를 인식하는 것이 가장 먼저입니다. 인식하고 인정해야 그것에 대해 질문하고 균열을 내고 해체할 수 있는 사람이 될 수 있을 테니까요.

함께 이야기해보기!

1 사회 속에서 여전히 존재하는 성 역할 고정관념과 젠더 체제는 어떤 방식으로 사람들의 삶과 선택을 제한하고 있나요?

2 여성들의 자유로운 신체 활동을 막는 문화적·사회적 요소는 무엇이며, 이를 극복하기 위해 어떤 변화가 필요할까요?

3 '주체적 섹시'와 같은 개념이 젠더 체제 속에서 어떻게 기능하며, 이를 진정한 해방으로 보기 어려운 이유는 무엇인가요?

4 젠더 체제가 트랜스여성과 시스여성 모두를 억압하는 방식은 무엇이며, 이러한 억압에 공동으로 대응하기 위해 필요한 자세는 무엇인가요?

5 어린 시절부터 신체 활동을 억제당하는 여성들이 자신의 신체를 온전히 느끼고 활용하도록 돕기 위해 어떤 사회적 노력이 필요할까요?

6 한국 사회에서 '정상가족'이라는 젠더 체제가 유지되는 방식은 무엇이며, 이로 인해 배제되거나 억압받는 사람들은 누구인가요?

7 사회적 억압과 폭력의 원인을 잘못 파악하고 더 약한 사람을 공격하는 현상(여성에 대한 남성의 비난, 트랜스여성에 대한 시스여성의 비판 등)을 해결하기 위한 방안은 무엇인가요?

Chapter

8

여성성의 또 다른 이름을

아시나요?

지하크 이번에는 화사와 함께 '여성성'에 대한 이야기를 나눠보고자
합니다. 여성성은 유전적·생물학적·본질적인 것이 아니라, 가부
장제 안에서 형성된 문화라는 점을 먼저 밝혀둡니다.
우선, 소위 '여성은 질투를 하는 성향과 다른 사람을 조종하려는
성향이 강하다'고 여겨지는 것에 대해서 생각해보고 싶은데요, 어
떤 이야기를 해볼까요?

남성의 연애, 여성의 연애

화사 저는 《소녀들의 심리학》[•]이라는 책을 읽으며 많이 공감했는데,
그 얘기부터 할게요. 가부장제 사회는 여성들에게 '착한 소녀'로
인정받는 것을 제일 중요하게 여기도록 만드는데, 그렇게 여성들
이 자신의 욕망이나 공격성을 드러내지 못하게 함으로써 서로의
정서적 관계에 의존하면서도 서로를 조종하고 괴롭히는 관계로
만든다는 게 이 책의 논지예요. 이분법적으로만 성별을 구분하고

• 《소녀들의 심리학》, 레이철 시먼스 지음, 정연희 옮김, 양철북, 2011.

성 역할 고정관념을 강화한다는 비판을 받는 책이기도 합니다. 저도 그 부분을 인정하지만 제게 준 인사이트를 나누고 싶어 공유합니다. 저는 이 책에서 다루는 소위 '여성 문화'로 불리는 것들에 의해 좋지 않은 경험을 여러 번 했기에 더 잘 와닿는 측면이 있는 것 같아요. 물론 저와 다른 경험을 하신 분들도 있을 수 있습니다.

남성 문화 안에서도 인정을 받는 것은 중요한데 남성 사회에서는 무리에서 강한 사람(육체적으로든 경제적으로든)이 인정을 받을 수 있다면, 여성 사회에서는 '얼마만큼 사랑받는가'가 인정의 지표가 되는 거죠. 그래서 서로에게 정서적으로 의존하게 됩니다. 친한 친구가 있는 게 중요하고 몇 명의 무리가 집단을 이루고 있는 게 중요한데, 그 그룹 안에서 공격성을 드러내지는 않으면서도 가장 사랑받는 사람이 돼야 하기 때문에 타인들을 심리적으로 조종하려 듭니다.

지하크 예를 들어주실 수 있을까요?

화사 세 사람이 친한 경우를 예로 들어볼게요. 권력을 독점하고 싶은 A는, 자신에게 더 우호적인 B를 챙기면서 C는 조금씩 소외시켜요. C는 다른 여성들처럼 '여성은 관계가 중요하다'고 배웠기 때문에 관계가 틀어질까 봐 두려워 '나한테 왜 그러냐'고 묻지 못하고 둘을 더 따르게 되죠. 그럼 무리 내 서열이 생기고, 권력이 가장 많아진 A는 그 무리를 자기 뜻대로 움직일 수 있게 되는 거예요. 물리적 폭력은 아니지만 다른 사람을 자기 뜻대로 움직이려고 하는 정서적 폭력이고, 심리적 지배를 할 수 있게 돼요.

그리고 우리 사회에는 공통점을 확인하고 상대와 동일시하면서 친해지는 경향이 있잖아요. 이성애 중심 사회에서 사춘기부터는 이성에게 호기심을 가지는 것을 '정상'으로 여기기 때문에 누군가가 연애를 시작하면 선망의 대상이 됩니다. 그러면서 자신도 연애가 하고 싶어지는 거죠. 사실은 아직 연애에 관심이 없어도 주변 친구가 연애를 하면 자신도 연애를 해야 한다고 여기기도 하고요. 그래서 연애가 전염된다는 표현도 있어요.

지하크 제가 작년 1년 동안 한 중학교에서 중1 청소년들을 만났어요. 그때 지금 말씀하신 이야기 속 아이들과 완전히 똑같은 청소년들이 있었어요. 주변에 고백을 하는 친구, 차이는 친구, 연애를 시작하는 친구, 선물을 주고받는 친구들이 있다 보니 "선생님, 저는 연애에 별로 관심 없는데 애들이 한두 명씩 연애를 하니까 저도 하고 싶어졌어요"라고 하더라고요. "누구랑 연애를 해야 하는지, 어떻게 해야 하는지 궁금해요"라면서 연애에 대해 묻더군요.

화사 연애에 대한 관심이 높아지는 이유가 성별에 따라 다르기도 한데, 남성 청소년들 같은 경우에는 '연애를 해봤는지, 스킨십 진도가 얼마나 나갔는지, 성관계는 해봤는지' 등 성적 경험을 성과나 성취로서 여기는 경우가 많아요. 반면 여성 중에는 친한 친구가 연애를 해서 그 친구에게 자신 외의 다른 친밀한 관계가 만들어지자 외로움을 느낀 나머지 자신도 또 다른 애착 관계가 필요해지는 경우가 왕왕 있습니다. '친밀한 관계'에 의존하는 게 당연한 문화에서는 자신이 어떤 사람인지, 어떤 관계를 맺고 싶은지 고민하는 것이 중요하지 않겠죠. 이성애 로맨스라는 연애 각본이 기준이 되어 남자친구가 나를 얼마나 잘 챙겨주고 공주같이 대하는가가 자신의 가치이자 '성공적 연애'의 성취가 됩니다. 이런 상황에서는 동등한 관계를 형성하기 어려워요. 얼마나 사랑받고 보호받고 선물받고 떠받들어지는가에 따라서 자신의 가치가 정해지니까, 그걸 이끌어내기 위해서 꾸밈과 애교를 연마하고 상대의 심기를 살피면서 맞춰줘야 해요. 남성들은 관계를 이끌어가는 리더가 돼야 능력 있다는 말을 듣다 보니 남자친구가 그런 말을 듣고 기분이 좋아질 수 있게끔 칭찬해주고 치켜세워주기도 해야 하죠. 그럴수록 자신은 보호와 예쁨을 받는 불평등한 관계를 유지하게 되는 거고요.

지하크   그런 상황에서는 자신의 성적/관계적 욕망을 중심에 두기보다 성별에 따라 정해진 각본대로 행동하게 될 것 같아요. 애인이 성적 행동을 요구했을 때 잘 거절하지 못하기도 하죠. 제가 수업이나 상담으로 만나는 여성 청소년 중 성관계를 해본 경우에 그 이유를 물어보면 "애인이 졸라서", "안 하면 헤어지게 될까 봐" 등이 가장 높은 순위에 있었어요. 만약 내가 성관계를 거절해서 헤어지면 친밀했던 관계가 사라지게 되고, 그러면 나는 외로운 존재가 되어버리니까 헤어져서는 안 되는 거예요. 헤어지는 게 아니라 버림받을까 봐 두렵다는 이야기도 하더라고요.

화사 내가 선택하는 주체가 아니라 선택당하는 대상이기 때문에 버림받는다는 느낌을 받는 거겠죠. 이런 심각한 힘의 불균형 상태에서의 연애 관계에서는 버림받지 않기 위해서 상대방의 요구를 들어주고 맞춰주는 것이 여성의 기본 역할이 됩니다. 물론 일부 인기가 많은, 그러니까 자신에게 선택권이 있다고 느끼는 여성도 있어요. 하지만 가부장제 자본주의사회에서는 여성의 '성적 매력'이 '자원'이 되기 때문에 성적 대상화되는 것에 불쾌해하기보다 인정받았다고 느낀다는 점을 생각하면, 과연 연애 관계에서 여성이 주도권을 가지는 것이 얼마나 어려운 일인지 알 수 있습니다. 그게 너무 당연하다고 여겨지는 사회니까 성폭력, 성 착취와 같은 범죄에 취약한 상태가 되어버리는 거죠.

지하크 또 하나 '연애' 하면 쉽게 이야기되는 부분이 있습니다. "여성들은 자신을 좋아하는 남성을 만나야 하고, 남성들은 자신이 좋아하는 여성을 만나야 한다"는 얘기입니다.

화사 누가 누구를 더 좋아하고 덜 좋아하는 게 경쟁도 아니고 승부도 아닌데, 왜 그래야 하는지 모르겠어요. 서로가 서로에게 필요하고 만족감을 줄 수 있는 사람을 만나야죠. 너무나도 성별이분법적이고 이성애 중심적인 표현이자 '남성에게 사랑받는 여성' 프레임의 하나라고 할 수 있어요.

지하크 방송을 보면 아직도 출연자들에게 '이상형'을 묻곤 하는데요,

그럴 때 남성 출연자들은 외모를 중심으로 답변하는 경우가 많고, 여성 출연자들은 자신을 얼마나 사랑해주는 사람인지를 말하는 경우가 많은 것 같아요. "나만 좋아해주는 사람", "내가 보고 싶다고 하면 어디든 달려오는 사람", "운전을 대여섯 시간 해서라도 오는 사람", "나만 바라보는 사람" 이런 답변이 꽤 많죠. 내가 원하는 사람이 그저 '나를 많이 좋아하는 사람'이어도 될까요?

게다가 나를 많이 좋아한다는 증거가 '내가 보고 싶다고 하면 운전을 대여섯 시간 해서라도 오는 것'이라면 연애 초반에는 상대방이 그런 모습을 보일 수도 있겠지만, 곧 그러지 않게 되면 쉽게 실망하겠죠. '더 이상 날 사랑하지 않나 봐'라고 생각하며 상처를 받을 수도 있고요.

화사   저는 '사랑을 받는다' 또는 '사랑을 한다'는 것에 대한 표현의 기준이 잘못된 경우가 많다고 생각해요. '연애, 관계, 사랑' 등의 단어와 그 기준이 변질돼 있어서 폭력을 폭력으로 인지하지 못하는 상황도 상당히 많더라고요. 전화를 받지 않는다고 부재중 전화와 문자를 서른 개씩 남긴다든지, 입어야 할 옷과 입지 말아야 할 옷을 정해준다든지, 다른 사람에게는 웃지도 못하게 하는 등 과도한 통제는 폭력으로 인식해야 하는데, 이런 상황들을 '로맨틱'한 모습으로 생각하는 경우도 많아요.

지하크   가족이나 연인 사이처럼 친밀한 관계에서, 서로 가까운 사이라는 이유만으로 상대방이 '내 것'이라고 생각해선 안 돼요. 친밀한 관계에서도 다른 모든 관계와 마찬가지로 상대방을 독립된 하나의 인격체로 존중하는 것이 가장 중요합니다. 성적 행동은 그렇게 평등하고 존중하는 관계 속에서 서로가 준비됐을 때 함께 원하는 행동을 서로에게 하는 것이라는 점을 명확히 알아야 해요. 그걸 알려주지 않는 사회에서는 강요에 의해 어쩔 수 없이 하게 되는 성관계가 많이 생겨요. 적극적 합의가 없는 성관계가 많아지는 거죠. 남성은 상대를 통제해야 권력이 있는 사람으로 여겨져요. 내가 말하는 걸 다른 사람이 듣게끔 하는 것이 권력이죠. 남성들 사이에서도 다른 남성을 견제하고 통제하는 것이 힘이 되고, 이성애 중심주의 사회에서의 연애도 여성을 통제할 수 있는 남성이 되어야만 하는 거예요. 그래서 남성들의 제일 큰 불안과 두려움이 '거절'과 '무시'라는 이야기가 나오는 거고요. 고백했는데 거절을 당하거나, 사귀고 있는데 내 말을 안 듣거나, 연애가 내 마음대로 안 되거나 헤어지거나…. 이런 것들은 통제권을 상실하는 것이고 무시당하는 거니까 기분이 나쁜 겁니다. 나의 마음만 있는 게 아니라 상대방에게도 마음이 있다는 걸 알아야 하는데 그게 잘 안 되는 거예요.

화사 맞아요. 어떠한 제안에 대해 거절당했을 때, 나의 존재를 거부하고 무시하는 것이 아니라는 걸 이해하고 잘 받아들이는 것이 중요합니다. 대중매체에서는 여성들이 돌려 말해서 남성들이 못 알아듣는 에피소드가 많이 나와요. 여성들이 불쾌한 제안을 하는 남성들에게 직접화법으로 정확하게 거절하지 못하는 이유 중에는 상대방을 기분 나쁘게 했다는 이유로 폭력을 당할까 봐, 버릇없다는 말을 들을까 봐, 욕먹을까 봐 등의 이유가 있잖아요. 여성들이 자신의 생각과 감정을 직접적으로 표현하는 훈련이 개인적으로도 필요하겠지만, 수동적으로 자신을 드러내게끔 만드는 사회문화적인 영향이 있기 때문에 그것을 함께 바꿔가지 않는 한, 여성이 직접화법을 쓰며 명확하게 의사 전달을 하는 건 계속해서 어려울 수도 있어요.

지하크 남성의 입장에서 여성의 말이 수수께끼라고 말하는 사람들도 있죠. 그런 말을 하기 전에, 먼저 여성이 돌려 말하는 완곡화법을 써야만 하는 상황과 문화에 놓여 있는 건 아닌지부터 이야기해야 해요. 그리고 상대방이 나의 제안이나 요구를 거절해서는 안 된다는 생각, 상대방이 내 마음대로 됐으면 좋겠다는 생각 자체를 점검하고, 상대방의 의사를 확인하고 존중하는 법을 연습해야 합니다.

성별뿐만 아니라 다른 권력 관계에서도 불편한 점을 직접 말하지 못하게 하는 것들이 있잖아요. 남성들도 군대나 직장에서 상사에게 부당함을 이야기하지 못하는 상황에 대해서는 공감을 잘하거든요. 남성 중에도 직접적으로 자신의 생각과 감정을 말하지 못하는 사람이 있을 수 있죠. 억압적인 가정환경이나 사회 분위기에서 자랐을 수도 있고, 나와 상대방이 속해 있는 조직이 위계적이거나 억압적인 분위기를 가지고 있다면 말하기 어려울 수도 있고요.

화사 상대방이 처한 상황과 맥락을 고려해서 그의 처지에 공감할 수 있는 능력은 모두가 키워나가야 하는 역량입니다. 결국 성별이나 처한 상황이나 문화와 제도, 정체성과 상관없이 평등하고 안전하게 말할 수 있는 사람이 되는 것, 다른 사람의 언어적/비언어적 표현을 알아듣고 평등한 의사소통이 가능한 사람이 되고자 노력하는 것은 누구에게나 중요해요. 이것은 그저 성격이나 성향이 아니라 역량입니다. 개발될 수 있어요. 상대가 가진 맥락을 고려하고 경청하며 대화하는 기술은 훈련할 수 있는 부분이기 때문입니다. 저는 '협상'이라는 말을 좋아하는데, 협상을 할 수 있는 사람들의 사회가 되면 좋겠어요. 힘으로 밀어붙이거나, 돌려 말하며 감정 노동을 하거나, 숨은 의미를 찾아내야 하는 이중 메시지를 사용하지 않아도 되는 협상. 협상이라는 단어가 다소 계산적으로 느껴진다면, 더 좋은 표현을 함께 고민해보는 것도 좋겠어요.

지하크 저는 지금 우리가 계속 쓰고 있는 표현 중에 '적극적 합의'가 그러한 뜻이라고 생각해요. 평등한 관계에서 서로의 생각과 감정을 나누고 대화를 통해 함께 정해갈 수 있는 사람이 되는 것 말이죠. 나와 상대방은 동등한 인격체라는 인식을 가지고 서로의 생각과 감정을 존중해야 합니다.

화사 그게 안 될 때, "내가 이렇게 잘해주는데 왜 나를 만나주지 않냐" 혹은 "내가 이렇게 잘해줬는데 왜 헤어지자고 하냐" 하는 원망이나 분노가 생기는 거잖아요. 연인과 관계를 마무리하고 싶을 때, 많은 여성이 '어떻게 하면 안전하게 헤어질 수 있을까' 하고 '안전한 이별'을 걱정한다는 점은 시사하는 바가 크죠.

'좋은 이별'이라는 건 힘들겠지만, 적어도 건강한 이별이 되려면 건강한 관계를 맺고 있어야 하는데, 그렇지 못했기 때문에 관계의 종결인 이별이 건강하게 이루어지기 어려운 거예요. 대화가 일상적으로 잘되고 있어야 이별도 대화를 통해서 할 수 있습니다.

지하크 맞아요. 평소 평등한 관계에서 적극적 합의를 통해 서로 뜻을 맞춰가고 협상할 수 있었던 관계라면 이별도 대화를 통해서 합의할 수 있겠죠. 그런데 그저 연인 사이에서 해야 한다고 정해져 있는 '연애 각본'을 수행하는 관계였다면 어떨까요? 자신의 감정과 생각을 솔직하게 나눌 수 있는 관계가 아니었다면, 이별의 상황에서도 서로의 생각과 감정을 나누는 것은 불가능할 거예요. 대화를 통해 이별할 수 없으니 잠수를 타거나 문자로 통보하는 등 '최악의 이별 방법'들이 나오는 거죠.

화사 맞아요. 이별도 일종의 거절인데, 그 거절에 대해 존중하는 거잖아요. 거절에 대한 존중은 연인 관계에서뿐만 아니라, 어려서부터 주 양육자들과 함께 훈련돼야 한다고 생각해요. 우리 사회에서는 대부분 어린이, 청소년 시기에 자신의 생각과 감정을 존중받으며 살지 못하는 경우가 많아요. 원하지 않아도 어쩔 수 없이 학원에 다녀야 하는 등 내 의견과 감정을 존중받아본 경험이 없는 경우가 많죠. 그런데 그걸 심지어 '널 위해서' 혹은 '사랑'이라는 이름으로 강요당하기까지 해요. 양육자들이 날 위해서, 날 사랑해서 했던 지원들을 거절할 수 없었던 것처럼 연인 관계에서도 저 사람이 날 사랑해서 하는 행동에 대해 거절하기 어려워지는 겁니다. 하지만 우리가 분명히 기억해야 할 것은, 사랑하는 사이란 상대방의 생각과 감정을 존중하는 관계여야 한다는 거예요.

거절에 대한 존중과 연습

지하크 제가 '거절하기'와 '거절 받기'를 연습할 수 있는 간단한 활동을 하나 소개할게요. 스티커로 간단히 할 수 있는 활동입니다. 활동에 참여하는 모든 사람은 스티커를 가지고 있습니다. 참여자들은 다른 사람에게 "내가 당신의 어깨에 이 스티커를 붙여도 될까요?"와 같이 신체 부위를 언급하며 스티커를 상대방의 몸에 붙여도 되는지 허락을 구합니다. 이마 한가운데, 오른쪽 볼, 턱, 왼손 손등, 무릎 등 다양한 곳을 물어볼 수 있습니다. 질문을 받은 사람은 허락을 하거나 거절을 할 수 있습니다. 질문을 한 사람은 반드시 대답한 사람의 뜻을 존중해야 합니다. 상대방이 거절하면 그 거절을 그대로 존중해야 해요. 답변할 때, 절반 정도는 거절해볼 수 있도록 합니다. 이 활동은 '거절하기'와 '거절 받기'를 연습하는 활동이기 때문입니다. 참여자들이 스티커를 미리 자신의 몸 가운데 여러 곳에 붙여놓고 시작할 수도 있습니다. 그러면 "붙여도 되나요?"와 "떼도 되나요?" 둘 중 하나를 자유롭게 물어보는 활동으로 진행할 수 있습니다. 스티커를 붙이거나 떼는 것은 별것 아니지만, 이런 별것 아닌 질문에 거절을 당하는 것마저 정말 묘하게 기분이

나쁩니다. 신기해요. 이 활동을 마치고 나선 거절할 때의 감정, 거절당할 때의 감정 등에 대해 서로 대화를 나눠봐야 합니다.

[참고]

연애 초반에는 뇌에서 도파민(Dopamine)과 페닐에틸아민(Phenylethylamine) 등의 자극과 흥분을 통제하는 호르몬을 분비하기 때문에 '열정적'인 모습을 보일 수 있지만, 시간이 지나면(보통 2~4년) 각성을 시키는 호르몬의 분비가 줄어듭니다. 대신 사랑 호르몬이라고 불리는 옥시토신(Oxytocin)이 분비되기 시작하면서 행복 호르몬이라고 불리는 세로토닌(Serotonin)의 분비량을 늘려주죠. 스트레스 호르몬인 코르티솔(Cortisol)의 분비를 줄여줘 긴장을 풀어주고 안정감이 느껴지게 합니다. 열정적인 모습만이 사랑이며 그런 모습을 더 이상 보이지 않을 때 '사랑이 식었다'거나 '권태기인가 보다'라고 느낄 필요가 없습니다. 서로를 향한 신뢰를 바탕으로 더 안정적인 관계로 성숙할 수 있으니까요.

함께 이야기해보기!

1 여성들이 관계에서 느끼는 정서적 의존과 심리적 조종의 관계는 어떤 방식으로 형성되며, 이를 극복하기 위해 필요한 변화는 무엇인가요?

2 가부장제 사회에서 연애 각본이 여성과 남성에게 서로 다른 역할을 강요하는 방식은 어떠하며, 이로 인해 어떤 불평등이 발생하나요?

3 '거절에 대한 존중'이 연애와 이별 관계에서 중요한 이유는 무엇이며, 이를 일상에서 어떻게 연습하고 내면화할 수 있을까요?

4 '적극적 합의'와 평등한 관계가 연애와 성적 행동에서 왜 중요한가요? 이를 형성하기 위해 개인과 사회는 무엇을 해야 할까요?

5 '남성성'과 '여성성'이라는 고정된 프레임이 연애와 관계 맺기에 미치는 영향은 무엇이며, 이를 해체하기 위한 방법은 무엇인가요?

6 왜곡된 연애 각본에 의한 문화(상대방의 통제를 사랑으로 착각하는 문화 등)가 어떻게 폭력을 정당화하며, 이를 방지하기 위해 필요한 교육은 무엇인가요?

7 연애와 관계에서 개인의 욕망과 감정을 자유롭게 표현하기 위해 필요한 문화적, 제도적 변화는 무엇일까요?

Chapter

9

해로운 남성성이란

무엇일까요?

지하크 이번에는 남성 청소년들의 성 관념이 무엇에 영향을 받고 있는지 알아보고자 합니다. 남성 청소년에게 왜 성교육이 필요한지, 어떻게 왜곡된 남성 문화를 넘어설 수 있도록 도울 수 있는지 이야기를 나눠보려 합니다.

개리는 '남성 청소년의 성교육'에 대해서 우리가 별도로 이야기해야 하는 이유가 뭐라고 생각하세요? 사실 성별이 둘 중 하나로 나누어지는 것도 아니고, 여성이나 남성 할 것 없이 모든 사람이 자신을 포함한 모든 사람에 대해서 알아야 하는 거잖아요. 그럼에도 요즘 '남성 청소년 성교육'이 화두가 되는 이유는 무엇일까요?

남성 청소년들의 성교육 문제

개리 저의 청소년기를 생각해보면 성에 대해 거의 무지했던 것 같아요. 대학에 들어가서야 성에 대해서 좀 알게 됐어요. 운이 좋게 반反성매매/반反성 착취 운동을 알게 됐고, 가부장제 사회에서 제가 가진 성별 권력도 알게 됐으며, 젠더, 섹슈얼리티 같은 단어의 의미를 배우게 되었거든요. 그 전까지는 '성' 하면 그저 포르노, 섹스, 정자, 난자 이 정도만 생각하는 수준이었죠.

남성 청소년들이 성적 행동에 대해 이야기할 때 가장 관심을 두는 것은 무엇보다도 '성관계를 해봤느냐' 하는 것입니다. 여기서 성관계는 아주 획일적으로 이성애 중심의 성기 결합 섹스를 말합니다. 누군가 애인이 있다고 하면 '진도'에 대해 물어보는 거죠. "어디까지 해봤냐?"가 가장 흔한 질문입니다. 성관계를 해봤다는 친구가 있으면, 모두가 그 경험에 대해 물어보기 때문에 입이 아플 정도로 그 얘기를 계속해야 하는 상황이 됩니다. 일종의 무용담이 되는 거죠. 이런 일은 청소년기에만 일어나는 게 아니라 20대 때도, 군대에서도 일어납니다. 상대방을 술에 취하게 한 후에 성관계를 했다거나 콘돔을 사용하지 않고 성관계를 했다거나 하는 식의 폭력적이고 위험한 이야기를 하더라도 그게 문제라는 것을 서로 발견하지 못하기 때문에 그저 부러워하고 넘어가는 경우가 많습니다.

지하크 그런 문화 속에서는 성관계를 한 것 자체가 자랑이 되기 때문에 데이트, 연애, 성관계를 사람과 사람의 만남이자 관계로 생각하지 못하죠. 그래서 여성을 음식으로 표현하며 '맛있겠다', '따먹었다' 같은 표현을 쓰는 등 성관계가 '관계'라기보단 '정복'인 것처럼 말하곤 합니다.

개리 맞습니다. 성관계라는 게 꼭 서로 엄청나게 아끼고 사랑하는 사람끼리만 해야 하는 것은 아니지만, 상대방에 대한 기본적인 예의와 인간적인 존중이 필요하다는 점을 교육해야만 합니다. 상대방이 나와 성관계하는 것에 동의했다고 해서, 우리가 성관계를 했다는 사실과 성관계 중에 있었던 일 그리고 몸매 등의 외모를 평가하고 말하고 다니라고 허락해준 건 아니죠. 너무나도 당연한 이야기 같지만, 상대방을 감정을 가진 하나의 인격체로 생각하지 않을 때는 손쉽게 무시되는 일이기도 합니다.

지하크 모든 남성이 다 그런 것은 아니지만, 대화를 어려워하는 남성들이 꽤 많잖아요. 특히 자신의 감정을 표현하는 걸 힘들어하는 사람들이 많은 것 같아요. 감정에 대해서 이야기하고 표현하는 것을 억압당하기 때문입니다. 남자들끼리의 대화는 돈을 벌기 위해서 자신이 하는 일이나 연봉에 관한 것이 아니라면, 게임, 스포츠, 여성에 대한 이야기가 주를 이루죠.

개리 맞아요. 남성들끼리 감정에 대한 깊은 얘기를 나누는 경우를 많이 보진 못했습니다. 사실, 거의 보지 못한 것 같아요. 자신의 고민을 이야기하고 상대방에게 위로를 받거나 조언을 듣는 그런 모습도 찾아보기 힘들고요.

지하크 말씀하신 것처럼 "남자는 우는 거 아니다"와 같이 감정을 억제하고 표현하지 못하게 하는 문화가 여전하죠. 감정을 표현하는 것은 약한 모습을 드러내는 것이기 때문에 하지 말아야 할 행동으로 학습시키는 문화가 여전히 존재합니다. 가부장제 자본주의사회가 만드는 그러한 해로운 남성 문화 속에서는 자신의 감정도, 타인의 감정도, 관계 속에서 느껴지는 감정도 그리 중요하지 않은 것으로, 좀 더 세게 말하자면 하찮은 것으로 여겨집니다.

개리 그렇죠. 감정에 대해서 말하는 것은 '약한 것'이기 때문에 하지 않게 되고 성공, 성취, 정복, 군림, 통제 등 가부장제 자본주의사회가 인정하는 욕망에 대해 이야기하는 것이 장려되죠. 남성 문화 안에서 인정을 받을 수 있는 사례가 계속 쌓여야 권력을 가지게 되다 보니 자신을 인정받게 해주는 것들에 대해 선망하게 됩니다. 실제로 자신이 돈이나 섹스 등을 통해 얼마나 큰 만족감을 느끼는지보다 주변으로부터 인정받는 사람이 되기 위해 그것을 추구하는 모습도 많이 보여요.

제가 센터에서 주로 만나는 가해 청소년들도, 상담하다 보면 대부분 인정에 대한 욕구가 강한 친구들인 경우가 많아요. 일상에서 인정에 대한 욕구가 충족되지 못했던 경험들은 온/오프라인의 남성 커뮤니티에서 친구나 또래 그룹으로부터 인정받을 수 있는 왜곡된 방법으로 재생산되어 나타납니다. 운동을 잘하는 것이나 게임을 잘하는 것도 있지만, 성 착취물을 공유하고 여성에 대한 성적 대상화나 사회적 소수자들에 대한 혐오를 양산해내는 형태가 되기도 합니다. 또한 돈이 필요해서 성 착취물을 팔기도 하지만 그저 '영웅' 대우를 받기 위해서 성 착취물을 공유하기도 하고요.

성 착취물에서 본 것을 자신의 가족, 친구, 파트너, 지인 등 주변 사람들을 대상으로 실행하다 신고를 당해 재판을 받고 교육 이수 명령을 받는 경우도 있습니다. 성 착취물에 등장한 여성을 비롯한 취약성을 가지고 있는 소수자들을 주변에서 찾아내 자신의 호기심이나 욕구를 해소하기 위한 도구적 요소로 삼은 거죠.

지하크 그런 문화가 일상적인 그룹에 속해 있으면 그런 행위에 동참하지 않거나 멈추라고 말하기 힘든 상황이 벌어지기도 합니다. 온라인에서든 오프라인에서든 "그런 영상 공유하지 말자. 불편하다"라고 말하면, "게이냐?", "계집애냐?", "선비충이냐?"와 같은 말들을 듣게 되거나 앞으로 다시는 그 그룹에서 어울리지 못하게 될 가능성이 커지죠.

개리 그렇게 서로에게 성폭력을 조장하는 관계가 형성되는 거예요. "남자답지 못하게 왜 그러냐"는 말이나 분위기로 성폭력, 폭력, 폭음, 마약, 도박 등을 조장하거나 성급히 결정하게 만들기도 합니다.

지하크 획일적인 틀에 갇혀 있는 '남성성'에 부합하지 않으면 비난, 비하, 조롱을 당할 수 있기 때문에 그런 대우를 피하기 위해선 위험하고 해로운 행동도 마다하지 않아야 하는 상황이 만들어지는 거죠.

여성과 남성 동성애자를 비하하는 표현인 '계집애'나 '호모' 같은 표현들이 남성들에게 듣고 싶지 않은 욕이 된다는 것은 여성과 남성 동성애자의 사회적 위치가 이성애자 남성보다 아래라는 것을 명확히 보여주는 사례이기도 합니다.

개리 그런 표현들을 통해서 자신의 권력을 더 높일 수 있기 때문에 사용하는 것 같습니다.

지하크 통계를 보면 가해 행위자의 대부분이 남성이에요. 불법 성 착취물, 포르노, 남성 커뮤니티 등을 중심으로 퍼져가는 성에 대한 왜곡된 통념이 큰 이유 중 하나입니다. 성에 대해 모두가 정확한 정보를 가지고 안전한 환경 속에서 대화할 수 있어야 합니다. 특히 가부장적인 자본주의사회에 살고 있는 남성들에게는 성교육, 성평등 교육이 반드시 필요합니다.

개리 맞습니다. 성이라는 것이 결국은 모두와 대화할 수 있는 일종의 '언어'인 셈인데, 우리는 지금까지 왜곡된 통념에 익숙해져서 대화를 회피하고 있었던 게 아닌가 생각돼요. 따라서 모두와 대화할 수 있는 사람이 되기 위해 성교육, 성평등 교육이 필요합니다.

~~~~~~

남성성이라는 틀을 깨라

지하크 '남성성'이라는 틀 안에 갇혀 권력 중심적으로 다양성을 고려하지 않으며 살아온 남성들에게 필요한 성교육이라는 것은, 결국 폭력적인 방식으로 살도록 강요하는 바로 그 '남성성'이라는 틀을 깨고 대화로 이끌어내는 것이라고 할 수 있습니다. 실제로 그것이 남성들에게도 해방이자 행복이라는 걸 알려줘야 해요.

교육을 진행하면서 많은 남성 청소년들의 대화 주제가 섹스, 군대, 혐오, 게임 등인 경우를 자주 보았고, 가부장적인 자본주의에서 경쟁, 권력적 우위를 점하려는 사회적인 모습들이 어쩌면 남성들의 대화 속에서 낱낱이 드러나는 듯해 씁쓸하기도 했습니다.

개리 지하크는 남성 청소년들과 이야기를 나눌 때 어떻게 접근하는 게 효과적이었나요?

지하크 저 같은 경우에는 청소년들 사이에서 이미 이야기되고 있는 섹스, 남성성, 차별과 혐오, 게임 등의 대화 주제로 성교육을 시작하고 진행할 때 효과적이었어요.

아하서울시립청소년성문화센터에서 진행한 설문 결과예요. 남녀 청소년들이 각각 성교육에서 알고 싶은 내용을 조사한 것인데, 남성 청소년의 경우 성관계 준비, 성적 욕구와 조절, 피임법 등에 대해 가장 많이 궁금해한다는 걸 알 수 있죠.

그만큼 궁금증에 비해 이야기할 수 있는 공간과 나눌 수 있는 사람이 적다는 것을 의미하기도 합니다. 나누더라도 친구들 사이에서 정확하지 않은 정보를 공유하다 보니 왜곡된 상태를 강화시키는 결과로 이어지기도 합니다. 성 착취물, 포르노, 유튜버, BJ, 스트리머, 남성 커뮤니티 등에서 얻게 되는 성에 대한 왜곡된 정보와 혐오들은 타인에 대해 권리를 가진 사람이 아니라 대상화시키고 상

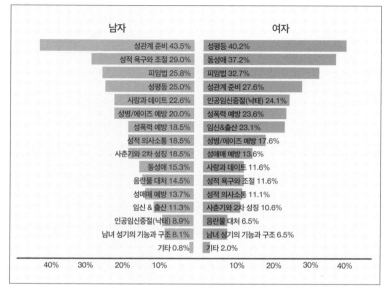

| 남녀 청소년들이 성교육에서 알고 싶은 내용 |

남자

성관계 준비 43.5%
성적 욕구와 조절 29.0%
피임법 25.8%
성평등 25.0%
사랑과 데이트 22.6%
성병/에이즈 예방 20.0%
성폭력 예방 18.5%
성적 의사소통 18.5%
사춘기와 2차 성징 18.5%
동성애 15.3%
음란물 대처 14.5%
성매매 예방 13.7%
임신 & 출산 11.3%
인공임신중절(낙태) 8.9%
남녀 성기의 기능과 구조 8.1%
기타 0.8%

여자

성평등 40.2%
동성애 37.2%
피임법 32.7%
성관계 준비 27.6%
인공임신중절(낙태) 24.1%
성폭력 예방 23.6%
임신&출산 23.1%
성병/에이즈 예방 17.6%
성매매 예방 13.6%
사랑과 데이트 11.6%
성적 욕구와 조절 11.6%
성적 의사소통 11.1%
사춘기와 2차 성징 10.6%
음란물 대처 6.5%
남녀 성기의 기능과 구조 6.5%
기타 2.0%

40%　30%　20%　10%　　　10%　20%　30%　40%

출처 : 아하서울시립청소년성문화센터, 2018

품화하여 왜곡된 인식을 가질 수밖에 없게 만들곤 하죠.

개리 맞습니다. 궁금한 것에 대해 대화할 수 없는 환경이 지속되고, 성에 대한 정확한 개념 없이 혐오를 중심으로 미디어에서 발생되는 온라인 따돌림(사이버 불링), 혐오를 통한 수익화(사이버 렉카), 혐오 표현, 허위·과장 정보, 성 착취물의 상업화 등의 문제들이 대두되는 상황에서 인터넷 접근성이 높은 10대, 20대, 30대에게는 혐오라는 주제가 너무나도 일상적인 것일 수밖에 없습니다.

누군가를 조롱하고 비난함으로써 돈을 버는 사이버 렉카 스트리머들에 의해 자살에까지 내몰리는 사람들이 생기고 있습니다. 유명

연예인들만이 아니라 미디어 활동을 하는 누구나 대상이 될 수 있는 상황입니다. 혐오, 낙인, 비난, 조롱은 놀이로 일상화되었습니다.

지하크 그렇다면 이러한 혐오와 폭력은 어디에서 기인한다고 생각하시나요?

개리 어릴 때부터 교육받아온 '남성성'과 관련되어 있다고 생각해요. 대표적으로 양육자뿐만 아니라 많은 사람이 이야기하곤 하는 "남자애들은 원래 그래"라는 말이 있죠. 남성들에게 폭력성을 폭넓게 허용하는 문화가 현재의 성차별적이고 폭력적인 남성을 만드는 데 기여하고 있다고 봅니다.

지하크 그런 면이 분명히 있는 것 같습니다. 《허프포스트》에서 게시한 〈남성들의 듣고 싶지 않은 말〉이라는 영상을 보면서 비슷하게 느낀 적이 있습니다. 남성에게 경쟁에서 이길 수 있는 강한 힘을 요구하고, 성욕의 과시와 여성에 대한 성적 대상화를 자연스러운 것으로 여기게 하며, 여성을 비롯한 사회적 소수자들에게 폭력적으로 대하는 것을 '남성적인 것'으로 인식하게 한다는 점을 알 수 있어요.

개리 예능 프로그램이나 영화, 드라마만 보더라도 남성과 여성 이분법적으로 역할을 구분하고 성 착취를 남성 문화의 자연적이고 당연한 요소로 소비하고 있어요. 이런 모습들은 갑자기 나타난 게 아

| 온라인 혐오 표현 인식 조사 |

(N=1, 200, %)

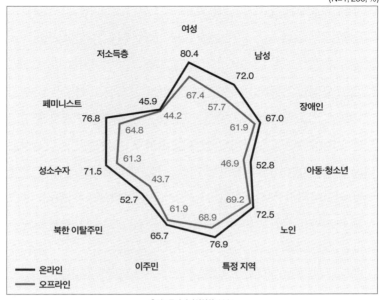

출처 : 국가인권위원회, 2021

니라 지속적으로 이어져온 폭력의 굴레라고 생각합니다.

여성을 대상화·상품화한 사진들이 가득한 '성인 잡지'를 돌려보
고, 성 착취물을 친구들과 공유하고, 불법 촬영이나 사진 합성 등
의 가해행위가 연령대를 떠나 모두에게 연결되어 있다는 점들이
사례가 될 수 있겠죠.

지하크 남성성을 흔히 세 가지로 구분합니다. 첫 번째는 한 사회체제
내 젠더 관계의 양상에서 지배집단의 패권적 위치를 차지하는 '헤
게모니적 남성성'입니다. 이는 그 사회체제의 문화 내에서 남자다

운 성격의 이상적인 형태를 의미하죠. 두 번째는 헤게모니적 남성성의 지배 아래 놓이는 '종속적 남성성'입니다. 세 번째는 '공모적 남성성'으로 헤게모니적 남성성의 지배에 공모하는 관계를 의미합니다.

이 남성성들은 가부장제를 중심으로 한 성차별을 바탕으로 형성되었고, 기준에 부합되지 않은 사람들은 주변화되어 피지배 집단으로 억압당하는 구조적인 형태를 띠어요. 헤게모니적 남성성을 실제 적용하는 사람은 소수이지만, 이상적인 모델로 동경하고 지지하는 사회적 분위기는 앞서 이야기한 "남자애들은 원래 다 그래"라거나 "남자가 ○○쯤은 해야지"와 같은 말들로 쉽게 모델링하게 만듭니다. 성격, 성향, 외모, 직업, 경제력, 인맥, 힘, 정력, 운동, 섹스 등 거의 모든 영역에서 그런 힘이 작용합니다.

개리 이야기를 듣고 보니, 저도 남성 청소년 집단을 교육할 때 '남자라서 듣는 말들'에 대해 질문한 경험이 떠오르네요. 앞서 이야기한 대로, "감정을 드러내면 안 된다", "뭐든지 잘해야 한다"는 등의 답이 나오는데, 남성성에 대한 이야기 말고는 정작 자기 자신에 대한 질문에는 대답을 잘 하지 못합니다. 또한 타인과 대화하며 즐거움을 공유하는 관계보다는 경쟁을 통한 권력의 쟁취 또는 왜곡된 남성 문화를 공유하는 것을 우선시하는 모습이 강했어요. 남성 청소년들에게 정말 필요한 것은 '관계'에 대한 이야기라고 생각해요. 평등한 관계를 상상하고 시도하고 연습해야 합니다.

사회가 요구하는 권력적 남성성에 대해서만 알고 정작 본인이 어떤 사람인지, 나와 관계 맺고 있는 사람은 어떤 사람인지에 대해 이야기하지 않는다면, 헤게모니적 남성성을 동경하는 남성들의 사회가 유지될 것입니다.

지하크 최근 들어 이렇게 정체된 남성성의 틀을 넘어 구조적인 차별을 인지하고 그것을 폭력이라고 이야기하는 남성들이 등장하고 있습니다. 성희롱 단톡방이 "하나도 자랑스럽지 않다"는 남학생들, 불편한 말이나 행동을 보고 이제는 더 이상 가만히 있지 않고 불편하다고 이야기하는 사람들, 오랫동안 지속되어 온 가부장적 체계에 균열을 내고 해방될 수 있는 주체로서의 가능성을 보여주는 성평등 사회를 지향하는 남성들이 많아지고 있어요. 이렇게 우리가 계속 서로에게 작은 롤모델이 될 수 있으면 좋겠습니다.
개리는 남성 청소년들과 상담할 때 어떤 이야기부터 시작하는 편이에요?

<hr/>

남성 청소년들을 위한 성교육

개리 저는 운동 이야기를 많이 하다 보니, 몸에 대한 주제로 시작할 때가 많아요. 운동과 근육에 관심을 보이면 그런 이야기를 하다가 신체의 명칭부터 몸의 변화, 보디이미지 등을 이야기하고 내가 원하는 섹스, 자위, 건강, 질병, 재생산권 등 청소년들이 실제로 알고 싶어 하는 주제로 이어가요. 궁금한 것을 알려주지 않는 성교육은 재미도 없고 필요도 없거든요.

지하크 너무 좋네요. 그다음으로는 '감정'에 대한 이야기를 나누면 좋겠어요. 남성들에게 "남자는 울지 않는다. 남자는 평생 세 번만 운다"와 같은 이야기로 감정을 드러내지 못하게 하는 것은 자기감 정을 스스로 느끼지 못하게 함으로써 자신이 누구인지 알지 못하게 하고 타인의 감정에도 공감하지 못하는 사람으로 만듭니다. 이는 타인들과 관계를 맺지 못하는 사람이 되는 지름길이에요. 개인에게도 사회에게도 아주 큰 악영향을 미치죠.

내가 기분 좋거나, 불편하거나, 화가 나는 다양한 상황에서의 감정을 이야기하면서 나의 감정뿐만 아니라 타인의 감정까지도 같이 대화해보는 거예요. 나뿐만 아니라 타인과도 같이 살고 있음을 인지하고 공감하는 과정이니까요. 그렇게 되면 자연스럽게 상대방에게 하는 말과 행동이 바뀌어서 상대의 의견을 물어보고 대답을 듣는 가장 기본적인 존중이 가능해집니다.

개리 이어서 '관계'에 대한 이야기가 필요합니다. 관계 안에는 다양한 주제가 파생될 수 있습니다. 동의와 거절, 연애, 친구, 가족, 온라인에서의 관계 등 나와 관계를 맺고 있는 사람들에 대한 이야기이기 때문에 다양성에 대해 포괄적으로 접근하기 용이해지죠. 또한 내가 맺은 관계 안에서 경험하고 있는 교차적인 권력들에 대한 대화를 통해 나와 관계 맺고 있는 주변인들뿐만 아니라 모든 사람이 경험하고 있는 권력들을 이해할 수 있게 됩니다.

지하크 그리고 '사회구조적 접근'이 필요합니다. 우리가 속해 있는 국가, 사회, 집단은 우리의 말과 행동에 영향을 준다는 걸 깨달아야 해요. 혐오, 차별, 폭력, 성적 대상화 등 성에 대한 왜곡된 통념들을 하나하나 살펴보며, 구조적으로 발생되는 폭력들에 대해 무시하고 방관하는 게 아니라, 나 자신이 수많은 폭력과 차별을 멈출 수 있는 주체가 되어가는 과정들에 대해 이야기를 나눌 수 있어야 합니다. 지금 당장 실천할 수 있는 일들을 함께 모색해보는 거예요.

저는 남성 청소년들이 '해로운 남성성'에 얽매이지 않고 해방되어 자유롭게 본인의 정체성을 찾고 다양성을 누릴 수 있는 사회가 되었으면 좋겠습니다. 또한 사람과 사람의 관계 속에서 존중을 누리며 살 수 있는 사회가 되길 바랍니다. 모든 사람이 그렇게 살 수 있는 사회가 되기를 바라봅니다.

함께 이야기해보기!

1 남성 청소년들에게 '남성성'이라는 틀이 왜곡된 성 관념과 행동을 조장 하는 이유는 무엇인가요? 이를 해체하기 위한 효과적인 방법은 무엇일 까요?

2 포르노, 남성 커뮤니티, 성 착취물 등이 남성 청소년의 성 관념에 미치 는 부정적인 영향은 무엇이며, 이를 극복하기 위한 대화와 교육의 방법 은 무엇일까요?

3 감정 표현을 억압받는 남성 청소년들에게 감정을 이야기하고 공감하는 법을 가르치는 것이 왜 중요한가요? 이를 어떻게 실천할 수 있을까요?

4 '남자다움'이라는 고정관념이 남성 청소년의 행동과 관계 맺기에 미치 는 구체적인 영향의 사례를 찾아보세요. 이를 바꾸기 위한 교육적 접근 은 어떠해야 할까요?

5 남성 청소년이 성적 행동과 관계를 권력과 정복의 관점이 아닌, 존중과 평등의 관점에서 바라볼 수 있게 하려면 어떤 변화가 필요할까요?

6 남성들의 관심과 대화가 게임, 스포츠, 돈, 섹스와 같은 주제에 한정되 지 않고 자기 자신과 타인에 대한 존중에 기반한 평등한 사회로 확장되 기 위해서는 어떠한 사회적·교육적 노력이 필요할까요?

7 헤게모니적 남성성의 영향력을 낮추고 남성 청소년들에게 평등한 관계 와 자기 이해를 강조하는 교육이 가져올 장기적인 변화는 무엇일까요?

Chapter

10

'여성성'과 '남성성'이 재생산되는 곳이
가정일 수 있다고요?

지하크 지금부터는 가족에 대해서 이야기를 나눠보려고 해요. 성교육에서 가족에 대한 이야기를 다루는 이유가 뭐라고 생각하세요?

화사 가족에 관해 이야기하면 우리가 앞서 언급했던 외모, 성적 자기 결정권, 동의, 성 역할 고정관념, 여성성과 남성성 등 모든 걸 다룰 수 있거든요. 가족 안에서 그런 일들이 전부 일어나니까요. 그리고 가족을 통해서 성을 이야기하면 그것이 나와 밀접한 연관이 있는 것으로 이해하기 쉬워요.

지하크 그렇겠네요. 누구와 함께 가족을 이루고 싶은지, 어떤 가족이 되고 싶은지 등을 고민하고 계획해볼 수도 있고요. 영유아 시기부터, 어린이/청소년 시기, 청년 시기, 중장년 시기, 노년 시기까지 각 때마다의 성에 대한 이슈와 그 이슈들이 가족 안에서 어떻게 다루어지는지도 알아볼 수 있을 테고요.

화사 맞아요. 정말 끝없이 펼쳐나갈 수 있을 정도로 풍부한 이야기를 나눌 수 있을 거예요. 노년기의 성 이야기부터 해볼까요? 우리 모두는 누구나 노인이 되잖아요. 물론 어떤 이유로 그 전에 죽을 수도 있지만요. 그런데 그만큼 노인의 삶에 대해서는 이야기되지 않는 것 같아요. 한국 사회에서 노인의 성은 어떻게 인식되고 있다고 생각하세요?

노년기의 성

지하크 '노년기의 사람들은 성관계를 하지 않을 것'이라는 생각을 많이 하는 것 같아요. 노년의 사람들이 '성욕이 있다'라고 하면 주책이라고 보는 경향도 있고요.

화사 그렇죠. 그런데 사실은 전혀 그렇지 않다고 해요. 국립재활원에 따르면 사회적 통념과 다르게 60대는 절반 이상이, 80대는 20~30%가 성생활을 한다고 해요.

지하크 '나에게도 노인의 성에 대한 고정관념이 있나 보다'라는 생각이 들 정도로 꽤 높은 비율이네요.
부부관계 내에서의 성관계에 대해 이야기해보자면 대화와 소통 그리고 공감과 교감이 잘되는 부부가 상호 만족스러운 성관계를 한다고 알려져 있습니다.
한국 사회에 섹스리스 부부가 많다고 알려지면서, 섹스리스 자체에 대한 걱정이 많아진 것 같아요.

화사 섹스리스 자체가 문제는 아님에도 그렇게 여겨지는 것 같습니다. 서로 아끼고 대화가 잘 통하는 부부도 성적 행동에 대한 욕구는 낮아져서 성관계를 하지 않는 경우가 있을 수 있죠. 그런 경우라면 '문제가 있다'고 볼 수 없겠죠. 섹스리스 극복을 위해 의무적으로 섹스를 할 필요는 없어요. 반면 성욕이 있고 섹스를 하고 싶은데 상대방이 꼴도 보기 싫어 섹스리스 부부가 된 부부들도 있어요. 이런 경우에는 관계 개선이 필요하죠. 상대방의 마음이 닫힌 이유를 깊이 들여다보고 서로 대화를 나눠볼 필요가 있는 거예요. 둘이서 대화를 나누는 게 어렵거나 불가능하다면 상담사와 함께 대화를 해보는 것도 좋습니다.

지하크 제 수업 중에 자신의 이야기를 나눠주신 분의 사례인데요, 맞벌이인데도 불구하고 가사노동, 육아노동은 일절 하지 않고, 평소에 감정교류도 없는 자신의 배우자가 성관계를 요구할 때 "정말 죽여버리고 싶다"고 말씀하셨어요. 게다가 정확히 "싫다"고 표현했는데도 반강제로 성관계를 하게 만들 때는 "성폭행을 당하는 느낌"이라고도 하셨고요. 명확히 말씀드리면 충격받으실 것 같았지만, 그래도 정확히 아시는 게 옳을 것 같아서 "그건 성폭행이다. 선생님의 감각이 맞다"고 말씀드렸어요.

화사 그렇죠. 부부관계나 연인관계처럼 친밀한 관계 사이에서도 성폭행을 포함한 성폭력이 일어나요. '사랑한다'는 이유 혹은 '친밀한 관계'라는 이유로 폭력이 폭력이 아니게 되는 게 아닙니다. 이

전에 했던 합의가 '앞으로, 매번, 영원히 성관계에 합의하겠다'는 의미는 아니니까요.

건강한 가족이란?

지하크 이렇게 '가족'이라는 주제 하나만 가지고도 할 수 있는 이야기가 무궁무진할 것 같습니다. 저는 특히 '다양한 가족의 형태', 그리고 평등한 관계에서 대화와 소통이 잘되는 '건강한 가족'에 대한 이야기를 나눠보고 싶어요.

"가족이라는 단어만 들어도 마음이 따뜻해진다"라고 말씀하시는 분들도 있습니다. 그리고 그렇게 느껴야만 한다는 사회적 분위기도 상당히 강하죠. 하지만 매우 많은 사람들이 자신의 가족을 생각하면 '따뜻함' 외에도 '답답함', '우울함' 등 다양한 감정을 느끼고 있습니다. '무서움'이라는 감정이 가장 먼저 떠오르는 사람들도 많고요. 더 적나라하게 말하면, 가족 구성원 중에 어떤 사람은 "우리 가족은 따뜻한 가족이다"라고 말하는데, 다른 가족 구성원은 '우리 가족으로부터 탈출하고 싶다'고 생각하는 경우도 있을 수 있습니다.

화사 맞아요. 그래서 혈연으로 묶인, 내가 선택할 수 없는 운명 또는 십자가로까지 받아들여야 하는 가족을 넘어서, "나는 어떤 사람과 어떤 관계를 맺으며 살고 싶은가?"라는 질문을 통해 가족을 새롭게 구성하거나, 기존의 가족과 어떤 관계를 맺기 위해 노력할 것인가를 생각하는 것이 중요해요. 여러 가지 이야기를 나누겠지만, 이번 논의에서 가장 중요한 부분은 '건강한 가족'과 그렇지 않은 가족이 있다는 것을 알고, 보다 건강한 가족이 될 수 있는 방법을 찾아보는 것입니다.

지하크 '건강한 가족'이 될 수 있다고 하니 벌써 신나는데요!
'건강한 가족'에 대한 이야기를 시작하기 전에, 부적절한 정의로 흔히 사용되고 있는 '건강한 가족'이라는 용어에 대해 짚고 넘어가면 좋겠습니다. '건강한 가족'이라는 용어를 여성 한 명과 남성 한 명이 결혼해서 자녀(들)를 낳은 혈연 중심의 핵가족을 이룬 중산층 가족의 모습으로, 그리고 '이혼하지 않은 상태'로 정의하는 경우가 있습니다. 이런 모습을 '정상 가족'이라는 개념으로 말씀하시는 분들은 '정상 가족'이 '건강한 가족'이고, 그렇지 않은 가족들을 건강하지 않은 가족, 깨진 가족, 결손가정 등으로 표현하기도 합니다.

화사 맞아요. 특정 시기에 자본주의국가 통치를 위해 만들어진 획일적인 가족의 모습만 '정상'으로 두고, 그에 맞지 않은 가족의 모습은 '결핍'으로 표현하는 거죠.
행복하지 않고 건강하지 않아서 행복해지려고 건강해지려고 이혼을 선택한 건데, 이혼을 했다는 것만으로 비난하고 낙인찍는 사람들이 아직도 있어요. 결혼은 반드시 해야만 하고, 처음 한 결혼은 무슨 일이 있어도 유지해야 한다는 맹목적인 믿음으로, 자신이나 가족 구성원의 고통을 외면하고 방치하면서 윤리적 우위를 차지하려고 하는 분들도 더러 있고요. 운명대로 살아야 한다고 믿었던 신분제 사회와 달리 현대에는 개인의 행복을 추구하는 것이 헌법에 명시된 우리 모두의 권리예요. 그러니 서로 함께 행복한 관계를 고민하는 것이 필요합니다.

지하크 앞에서 얘기한 '성 역할 고정관념'이 '가족'이라는 공적 관계에도 고스란히 담겨 있어요. 아빠는 우선 돈을 잘 벌어와야 하고, 엄마는 집안을 잘 관리하고 아빠와 자녀들의 돌봄을 전담하며, 심지어 날씬하고 예쁘기까지 해야 하죠. 자녀들은 자신을 위해 희생하는 부모의 말에 순종하면서 아들은 아빠를, 딸은 엄마를 본받고 싶어 하는 식으로 역할이 분담되어야 화목한 가족이라고 보는 관점이 있습니다. 옳고 그름을 논하기 전에, 현실적으로도 매우 구현하기 어려운 모습 아닌가요? 모든 아빠가 돈을 잘 벌 수는 없죠. 어떤 엄마는 가사노동이 적성에 맞지 않을 수 있어요. 돈 벌기 힘든 아빠가 힘겹게 가사노동을 하는 엄마에게 화풀이를 하거나, 반대로 가사노동을 하느라 지친 엄마가 아빠를 원망할 수도 있죠.

화사 자신에게 더 잘 맞는 역할을 찾으면 됩니다. 하지만 가부장적 자본주의 체제는 성별이분법과 성 역할 고정관념이 공고해요. 여성이 여전히 더 많은 돌봄노동을 해야 하는 것으로 여겨지고 있으며, 이는 임금노동과 같은 경제활동에 제약이 됩니다. 남성은 마치 돌봄노동에서 해방된 듯 돌봄에 무지하고 무관심해지기 쉬워요. 그러니 어쩔 수 없이 꾸역꾸역 자신에게 주어진 아빠의 역할, 엄마의 역할을 수행합니다. 자녀(들)도 엄마, 아빠가 힘들어하고 있다는 것을 압니다.

그런데 만약 아빠는 돈을 잘 벌고 엄마는 돌봄노동이 너무 잘 맞고, 둘의 사이도 너무 좋은 경우라면 어떨까요?

지하크 가부장제 사회가 '이상적'이라고 여기는 가족의 모습인 거죠.

화사 그런 경우에 자녀들은 성 역할 고정관념을 더 잘 받아들일 가능성이 있어요. '아, 이렇게 우리 집처럼 남자는 돈을 잘 벌고 여자는 집 안에서 살림을 잘하면 행복한 거구나'라고 느낄 수 있기 때문이죠.

지하크 그럴 수 있겠네요. 자신의 가정에서 심리적으로 행복했고 경제적으로도 풍요로웠다면 양육자들이 보여준 그 모습이 그대로 자신의 롤모델이자 이상형이 될 수도 있겠어요.

화사 맞아요. 그런데 갈등이나 싸움이 전혀 없는 가족이 있을 수 있을까요? 실제로 아무도 아무런 불만이 없다기보다는, 불편한 점이 있어도 말하지 못하고 있는 가족 구성원이 있지 않을까요? 정말 민주적인 가족이라고 해도 갈등이 없을 수는 없어요.

하지만 갈등을 조율하는 모습조차 본 적 없이 마냥 화목하기만 하다는 것은 자녀가 부모의 뜻을 거스르지 않기 위해서 자신의 뜻을 숨기고 그냥 순종하고 있을 가능성이 커요. 자신의 의견이나 욕구를 자유롭게 표현하기보다 인정받고 사랑받기 위해 부모에게 자신을 맞추는 식이죠.

그렇게 자신보다 힘이 강한 이에게 맞추어가는 것, 또 그 권력이 기준이 되는 것을 가정에서 학습하면 성적인 관계에서도 고스란히 적용됩니다. 그래서 가부장적인 가정에서 순종하며 성장한 여성은 수동성이 크고, 남성은 폭력적으로 자신의 욕구를 강요하게 되기 쉬워요. 성교육에서 가족이라는 개념을 고민해야 하는 이유는 가족관계가 성적인 건강에 미치는 영향이 크기 때문입니다.

지하크 제 부모님은 싸우시는 일이 전혀 없었는데, 나중에 알고 보니 어머니가 늘 참으신 거였어요. 저도 반항할 줄 모르고 사춘기도 없었던 아이였어요. 돌이켜보니 스스로 생각하고 느끼고 결정하는 기회를 누리고 살지 못했던 거더라고요.

말씀하신 것처럼 성 역할에 대한 것이든, 권력의 작동 방식이든 우리가 일상적으로 체험을 통해서 배운 것은 쉽게 변하지 않잖아요. 어려서부터 가정에서 보고 배운 것들이 앞으로 경험하게 될 다양한 관계, 즉 우정, 연애, 결혼 등에 깊은 영향을 미칩니다.

저는 지금도 계속 스스로의 생각과 감정을 들여다보려고 노력하고 있고, 주변 사람들의 생각과 감정을 존중하며 평등한 관계를 맺으려고 부단히 애쓰고 있습니다.

화사 정말 좋습니다. 지하크의 자녀는 아빠의 그런 모습을 보고 배울 테니까요. 많은 양육자분들이 자신이 자녀에게 가장 훌륭한 본보기가 된다는 것을 꼭 기억하고 그렇게 노력해주시면 좋겠습니다. "성은 평등한 것이다"라거나 "폭력을 사용하면 안 된다"라는 것을 단순히 말로만 가르치기보다 가정에서 가족 구성원들이 성별, 나이, 경제력 그리고 질병이나 장애 유무 등과 상관없이 평등한 관계를 맺는 모습을 보면서 자랄 수 있도록 하는 게 가장 좋습니다. 물론 말로만 알려주는 것보다 훨씬 어려운 일이겠지만요. 말뿐이 아닌 삶으로 보여주는 것은 어려운 만큼 더 큰 교육 효과를 보장합니다.

지하크 그럼 이 시점에서 '가족'을 뭐라고 정의할 것인지도 생각해볼까요? 사회가 변화하면서 가족의 개념도 변화하는데요, '가족'은 이제 혈연이나 혼인 관계만을 뜻하지는 않아요. 이미 한국 사회의 가족 형태도 급변하고 있습니다.

화사 맞아요. 오른쪽의 그래프를 보면, 이미 한국 사회 전체 인구의 3분의 1 정도 되는 사람들이 1인 가구로 살고 있습니다. 흔히들 가족 하면, 엄마, 아빠, 아들, 딸의 이미지를 떠올리곤 하는데, 그런 4인 가족은 1인 가구의 절반도 안 돼요. 이미 1인 가구와 2인 가구 수의 합이 우리가 흔히 생각하는 3인 가구나 4인 가구인 핵가족으로 구성된 가구보다 많아졌고, 이런 상황은 가속화될 것으로 예상됩니다.

지하크   그럼에도 불구하고 한국 사회는 여전히 이성애자 부부와 자녀들로 구성된 4인 가구 중심의 정책을 유지하고 있습니다. 그 결과 많은 사람이 인구 및 가족 정책에서 배제되고 있죠. 한국 사회에는 1인 가족, 동거 커플 가족, 혼인 무자녀 가족, 혼인 유자녀 가

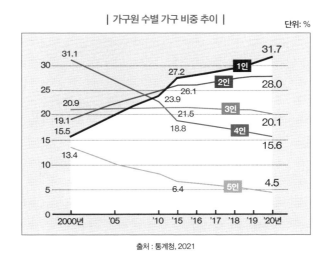

| 가구원 수별 가구 비중 추이 |

단위: %

출처 : 통계청, 2021

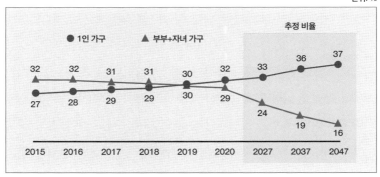

| 1인 가구 비율 추이 및 추계 |

단위: %

출처 : 통계청 인구주택총조사, 2021

족, 한부모 가족, 조부모 가족, 재혼 가족, 동성 커플 가족, 입양 가족, 이주 배경 가족, 공동체 가족 등 다양한 형태의 가족들이 존재합니다. 아동 양육시설에서 성장하는 어린이, 청소년도 많습니다. 하지만 현재 한국 사회의 제도와 인식은 실제 개개인이 당면한 삶의 모습을 따라가지 못하고 있습니다. 내 삶의 모습이 내가 살아가는 사회의 제도에 포함되지 않고 사회 구성원들이 나의 삶을 인정하고 받아들여주지 않는다면, 그 삶은 불안하고 고통스러울 수밖에 없겠죠.

화사 맞아요. 사람들의 삶의 모습을 잘 반영하는 제도가 필요합니다. 사람들의 삶은 다양해지고 있는데 사회제도와 교육의 변화는 느리다 보니, 사람들이 다양한 가족의 형태를 배우지 못하고, 특정한 삶을 선망하거나 그와 다른 모습은 문제가 있다고 보는 편협한 사고가 생기기 쉬운 것 같아요.

〰〰〰

가족에 대한 관점을 넓혀줄 그림책

지하크 그렇습니다. 관점의 확장이 정말 중요합니다. 저는 여기서 우리의 관점을 넓혀주고 다양한 가족의 형태에 대해 이야기 나눌 때도 활용해볼 수 있는 그림책을 몇 권 소개해드리고 싶어요.
첫 번째로 소개할 그림책은《모든 가족은 특별해요》[*]입니다. 다양

• 《모든 가족은 특별해요》, 토드 파 지음, 원선화 옮김, 문학동네, 2005.

한 가족의 형태를 자연스럽게 소개하면서 '어떤 가족이든 가족은 함께 기뻐하고 슬퍼하고 안아주는 존재'라는 내용을 담고 있죠. 그리고 가족의 형태보다는 관계가 핵심이라는 중요한 메시지를 전해줍니다. 그림이 간결하고 색상이 알록달록해서 어린이와 함께 읽기에도 좋아요.

화사 저는 《가족 백과사전》*이라는 책을 소개해드리고 싶어요. 다양한 가족의 구성방식과 구성원에 대해서 보다 구체적으로 알려주는 책이에요. 그리고 가족은 무조건 화목해야 한다기보다 가족 사이에도 다양한 감정이 존재한다는 걸 보여준다는 점에서 유익한 책이라고 할 수 있어요. 가부장제 사회에서 가족이 화목하려면 모두 아빠의 말에 순종해야 하잖아요. 아빠와 엄마 사이의 위계가 분명하고, 자녀의 태어난 순서와 젠더 위계를 가족관계 내에서 학습한다면 각자 자신의 감정을 알아차리거나 의견을 표현하기 어렵게 되겠죠. 그렇게 되면 성적 주체로서 성장하기 어려워요.

지하크 맞아요. 저도 이 책에서 가족사진처럼 가족들이 모여 있는 그림에 혼자만 화난 표정을 하고 있다든지 표정이 다른 사람이 있는 게 좋았어요. 가족 중에 표정이 안 좋은 사람에게 "무슨 일 있어? 표정이 안 좋네" 하고 말을 걸어볼 수 있는 거잖아요. "이야기 나누고 싶으면 말해" 하고 나와 대화할 수 있다고 알려주면 좋겠죠. "눈이 피곤해 보이네. 과로했나 봐"라고 가볍게 인사하며 신경 써줄

● 《가족 백과사전》, 메리 호프만 글, 로스 애스퀴스 그림, 신애라 차정민 옮김, 밝은미래, 2010.

수도 있을 거고요.

이 그림책을 활용한다면 단순히 "다양한 가족의 형태가 있죠?" 하고 끝내는 게 아니라, "여기 혼자 뾰로통해 있는 사람에게 뭐라고 말하고 싶나요?"와 같은 질문을 던져볼 수 있습니다. 다른 사람의 감정과 생각을 궁금해하고 그것을 표현하는 방법을 익히는 거죠. 그런데 이 책이 한편으로 아주 씁쓸한 면을 가지고 있는데요, 원래는 배우자의 성별이 같은 동성 부부가 있었다고 해요. 그런데 "동성 커플 때문에 수업시간에 활용할 수가 없다. 동성 커플은 빼달라"와 같은 항의와 요구를 받은 후 동성 커플을 삭제했다고 합니다. 다양한 가족에 대해서 배우는 게 주제인 책인데, 그 안에서조차 삭제된 사람들이 있다는 게 정말 안타깝습니다.

화사 정말 슬픈 일이네요. 화도 나고요.

그리고 또《스텔라네 가족》*이라는 책과《누가 진짜 엄마야?》**라는 책을 소개하고 싶습니다. 가족이란 특정한 형태를 갖추는 것이 중요한 게 아니라 사랑과 이해와 관심이 중요하다는 이야기를 전하면서 다양한 가족의 모습을 보여주는 책이에요. 이 두 책은 정말 유쾌해요.《가족 백과사전》에서 동성 커플이 삭제된 사건이 우리가 처한 현재의 상황이라면, 이 두 책은 다양한 가족이 인정받는, 가까운 미래에 충분히 현실화될 수 있는 모습을 보여줘요.

---

* 《스텔라네 가족》, 미리엄 비. 쉬퍼 글, 홀리 클리프턴-브라운 그림, 김보람 옮김, 불의여우, 2018.
** 《누가 진짜 엄마야?》, 버나뎃 그린 글, 애나 조벨 그림, 노지양 옮김, 원더박스, 2021.

지하크 맞아요. 사실 이미 30개 이상의 국가에서 동성 결혼을 법제화하고 있죠.

화사 꼭 결혼이라는 제도에 들어가지 않아도 다양한 관계가 '가족으로서의 권리'를 누릴 수 있도록 하는 법안들이 마련되는 추세예요. 1989년 덴마크를 시작으로 영국의 시민동반자법(Civil Partnerships), 호주의 사실혼(De Facto Mateship), 프랑스의 시민연대협약(PACS) 등이 있어요. 우리나라도 다양한 관계가 존중받고, 사회 구성원으로서 권리를 보장받을 수 있는 성숙한 사회가 되기를 희망합니다.

지하크 다양한 가족의 형태에 대해서 이야기해보았는데요. 자신의 가족은 너무나 평범하고 '정상'적인데, 굳이 다른 가족의 형태에 대해서 알 필요가 없다고 생각하는 분들도 있어요. 이런 분들께는 어떤 이야기가 필요할까요?

화사 그런 분들과도 나눌 수 있는 이야기가 정말 많습니다. 내 가족의 모습, 그리고 가족 구성원들이 어떤 역할을 하고 있는지, 서로 어떤 관계를 맺고 있는지 분석해보고 모두에게 더 평등하고 편안한 가족이 되려면 어떤 방향으로 나아가야 할지, 무엇이 필요할지 이야기를 나눠보자고 권하고 싶습니다.

지하크 정말 좋고 꼭 필요한 사고와 대화의 방향이네요.
이번 챕터에서는 우리가 '건강한 가족'이라는 통념에 질문을 던지

고 '다양한 가족의 형태'에 대해 그림책으로 상상력을 넓혀보았는
데요, 건강한 가족의 특징을 정리해보고 마치면 좋겠습니다.

화사   네, 좋습니다. 건강한 가족은 가족 구성원 한 사람 한 사람이 자
기 자신의 모습 그대로 존재할 수 있는 가족이라고 정의할 수 있을
것 같아요.

지하크   그러기 위해서는 성별이분법적인 구분이나 성 역할 고정관념
에 얽매이지 않고 모든 가족 구성원의 (성적) 자기결정권을 존중하
는 가족이어야겠죠.

화사   성적, 외모, 소득 등 사회적인 기준을 가지고 서로를 판단하지
않는 가족이어야 하고요.

지하크   서로의 생각과 감정에 관심을 가진 가족이 돼야겠습니다.

화사   그러려면 대화가 가능한 가족이어야 하겠고요.

지하크   서로의 필요나 욕구에 귀 기울이고 서로가 서로를 돌보는 가족
이 되어야겠죠.

화사   그리고 우리 가족뿐만 아니라 이웃을 비롯한 모든 사람들과 인간
이외의 생명들까지도 관심을 가질 수 있는 가족이 되면 좋겠습니다.

지하크 와, 정말 좋네요! 우리 모두가 이런 가족 속에서 살아갈 수 있는 사회가 되길 바라봅니다.

1 가족의 형태가 다양해지고 있는 현대 사회에서, '건강한 가족'이란 무엇일까요? 이를 실현하기 위해 필요한 요소는 무엇인가요?

2 가부장적 성 역할 고정관념이 가족 내 갈등과 역할 분담에 미치는 영향은 무엇이며, 이를 해소하기 위한 방법은 무엇인가요?

3 노년의 성적 자기결정권을 존중하는 사회를 만들기 위해 노년기의 성생활과 관련된 고정관념을 극복하는 방법에는 어떤 것들이 있을까요?

4 가족 구성원이 서로 평등하고 존중하는 관계를 형성하기 위해 필요한 대화와 소통의 기술은 무엇일까요?

5 다양한 가족의 형태(한부모 가족, 동성 커플 가족, 입양 가족 등)가 사회적으로 받아들여지기 위해 필요한 제도적·문화적 변화는 무엇인가요?

6 가족 내 성적 자기결정권과 동의의 중요성을 어떻게 이해하고 실천할 수 있을까요?

7 가족과 같은 친밀한 관계에서 발생하는 폭력이나 불평등을 예방하기 위한 성교육의 역할은 무엇인가요?

경계선은

비눗방울이 아니라고요?

지하크 이제부터는 경계에 대한 이야기를 해보려고 합니다. 교육 프로
그램으로 부를 때는 흔히 '경계선 교육' 혹은 '경계 존중 교육'이라
고 합니다.

개리 우리가 관계 맺고 있는 가족, 친구, 연인 그리고 그 밖의 다양한
사람들과의 사이에서 경계와 존중에 대해 알고 실천할 것이 많습
니다. 어린이와 청소년뿐만 아니라 모든 연령대의 사람들에게 필
요한 내용이죠.

지하크 청소년성문화센터에서 나온 강의안 중에 경계선을 비눗방울
로 비유해서 설명하는 자료가 있어요. 비눗방울을 좋아하는 어린
아이들과 이야기하기 좋은 비유라고 생각합니다. 그리고 거기에
멈춰서는 안 된다고 생각해요. 비눗방울은 너무 쉽게 터지죠. 경계
선은 사람마다, 관계마다, 상황마다 다 달라질 수 있기 때문에 모
든 경계가 모양도 탄력성도 다 달라요. 그냥 '다른 사람을 동의 없
이 만지면 안 된다'라는 정도에서 멈출 게 아니라, 수없이 많은 다
양한 상황을 가정하고 연습해볼 수 있는 교육이 필요해요.

교사들이 교실에서 학생을 대하는 태도, 양육자들이 집에서 자녀를 대하는 태도, 노인들이 길거리에서 청소년을 대하는 태도 역시 경계 존중의 범주에서 생각해볼 수 있습니다. 어린이·청소년들과 가정, 학교, 사회에서 관계를 맺는 양육자들과 교사, 비청소년(성인)들이 경계 존중을 먼저 알고 실천해야 어린이·청소년들에게 지식뿐만 아니라 삶의 모습으로 교육이 될 수 있겠죠.

개리 그렇습니다. 경계 존중 교육은 성폭력과 관련해서만 이야기될 때가 많은데요. 물론 성폭력과 밀접한 연관성이 있기 때문에 그렇긴 하지만, 경계와 존중에 대한 교육이 성폭력을 설명하기 위해서만 존재하는 건 아닙니다.

나와 타인의 경계에 대해 생각하고 어떤 방식으로 서로를 인격적으로 존중하며 사회 속에서 함께 존재할 수 있는지를 공동체 안에서 배우는 것, 그리고 나와 타인과 사회를 연결시키는 교육이 경계 존중 교육의 핵심입니다.

<hr>

경계 존중 교육은 안전 교육에서부터

지하크 경계란 눈에는 보이지 않지만, 누구나 존중받아야 하는 물리적·신체적·언어적·정서적·시각적·공간적 개인 영역을 의미합니다. 이는 곧 '나 – 너 – 우리' 모두의 경계를 이해하고 존중하는 방향성을 가진 교육입니다.

개리는 청소년성문화센터에 방문하는 사람들과 경계에 대해서 대화를 나누고 있을 텐데 어떤 이야기들을 주로 하나요?

개리 모든 연령대의 어린이·청소년들과 같은 내용의 경계 존중을 이야기할 수는 없어요. 그래서 어린이집이나 유치원에 다니는 영유아와 8~9세까지의 어린이들과는 경계 존중을 중심으로 내 주변에서 볼 수 있는 경계에는 무엇이 있는지(인도와 차도의 경계 등), 가족 내에서 혹은 친구들이나 선생님과의 관계에서 발생했던 불편했던 경험과 좋았던 경험들을 이야기하죠. 나아가 '동의'와 '거절'까지 연결하여 같이 다룹니다.

'경계'라는 단어가 어려울 수 있기 때문에 '안전 교육'과 내 주변의 경계선을 찾아보는 것으로 이야기를 시작합니다. 대부분의 학교에서 안전 교육을 필수로 배우고 있어 접근하기 훨씬 수월합니다. 안전 교육의 목적은 나와 우리 모두가 안전할 수 있는 방법에 대해서 배우는 거잖아요. 사람들이 안전할 수 있도록 인도와 차도를 나누고, 운동장에는 공이 넘어가 다치지 않도록 울타리가 쳐져 있죠. 이런 것들이 우리가 생활 속에서 발견할 수 있는 경계라는 걸 쉽게 이해하더라고요. 이렇게 내가 주변에서 본 경계선에 대해 이야기하다 보면 자연스럽게 내가 가지고 있는 나의 신체적·언어적·정서적·성적 경계선까지 범위를 넓혀나가는 흐름을 만들 수 있습니다.

지하크 안전 교육으로 시작해서 경계선을 비유적으로 설명하며 이야기를 시작하는 방법이 실제로 효과적일 것 같네요. 눈에 보이는 경계선부터 시작해 눈에 보이지 않는 나와 상대방의 경계를 이해하고 그 중요성을 느낄 수 있을 것 같습니다.

개리 맞아요. 10세 이후부터는 가족, 또래, 연애, 폭력, 온라인 공간 등의 주제를 상이하게 정해서 예시를 통해 연습할 수 있도록 교육을 진행하고 있습니다.

지하크 좋군요. 경계와 존중을 나로부터 시작해 나와 가까운 가족, 친구, 선생님 등으로 확장하고, 연애 상대나 온라인 공간에서 만나는 사람들과의 관계로도 확장해나가는 것이 필요합니다.
나만 갖는 권리라는 건 없기 때문에 경계라는 것은 나에게도 있지만 타인에게도 있고, 이제 점점 더 온라인과 오프라인의 경계가 사라지고 있는 세상이므로 인터넷 화면 너머의 타인에게도 있다는 것을 배우는 게 굉장히 중요해요.

개리 일상생활을 하다 보면 의도를 했든 하지 않았든 서로의 경계를 넘나들게 되는 상황들이 생길 수 있거든요. 나의 관점에서는 장난이라고 생각했지만, 타인의 관점에서는 그 말과 행동이 폭력으로 다가오는 상황이 있을 수도 있고요.

지하크 몇 년 전 친구와 있었던 사례를 하나 들어볼게요. 저는 친구들 몇 명과 보드게임을 하고 있었어요. 제 맞은편에 앉은 친구의 차례가 됐을 때, 그 친구가 하면 좋을 것 같은 수가 생각나서 말을 옮기며 "이렇게 하면 어때?"라고 이야기했어요. 그러자 그 친구는 "왜 내 말을 네가 옮겨? 조금 기분 나쁘네"라고 하더군요. 그래서 저는 "아, 그랬구나. 미안해"라고 말하고 그 친구의 말을 원래 자리로 돌려놓았어요.

이런 이야기를 나눌 수 있는 관계가 되는 게 중요합니다. 꼭 심하게 폭력적이라고 여겨지는 언어적·육체적·성적 폭력이 아니더라도, 자신의 경계를 침범당했다고 느끼는 순간에 자신의 감정을 드러낼 수 있는 게 중요해요. 또한 그 이야기를 듣는 사람이 '나에 대한 공격'으로 받아들이거나 기분 나빠하지 않고 "그랬구나" 하고 인정하면서 상대방의 감정을 존중하는 자세를 가지는 것도 중요합니다. 그래야 다음에도 또 서로의 감정을 쉽게 나눌 수 있는 관계가 형성될 수 있거든요.

개리 우리가 경계를 형성하고 일상화해야 하는 이유는 서로가 자신과 상대방이 좋아하고 싫어하는 것에 대해 온전한 인정이 필요하기 때문이에요. 초능력을 가지고 있지 않은 이상, 상대방이 현재 어떤 것을 안전하다고 느끼는지, 지금 불편해하고 있는 건 아닌지 잘 모르잖아요? 따라서 나와 상대방의 상황에 맞는 대화법을 구사해야 하는 거예요.

지하크 그렇습니다. 평등하고 안전한 대화법을 구사하는 것이 우리가 경계 존중을 배우는 기본적 전제가 되어야 합니다. 그래서 먼저 나의 경계를 형성하고 인지하는 것이 중요하죠. 그리고 이는 성교육에서 경계에 대해 이야기하는 이유이기도 합니다. 타인과의 경계에 대해 이야기하기 전에 나에 대한 충분한 이해가 있어야 합니다. 신체적·정신적·심리적·관계적 관점에서 내가 원하고 원치 않는 것은 무엇이고, '어떤 상황인지, 누구와 어떤 감정 상태인지'와 같이 고려돼야 할 요소들을 설정해두고 상황에 맞게 인지하고 있을 때 나만의 경계를 형성할 수 있습니다.

개리 그렇겠네요. 어려서부터 자신과 타인의 경계를 존중할 수 있는 사람이면 좋겠는데요. 어떻게 하면 경계 존중의 자세가 몸에 밸 수 있을까요?

타인의 경계를 존중하기

지하크 저는 양육자 성교육을 하곤 하는데, 참여자분들께 미리 질문을 받아서 그것들을 통해 대화를 나누는 방식으로 진행하는 걸 좋아합니다. 그래야 현재 가장 궁금해하는 문제들을 해소하면서 그로부터 더 깊은 이야기로 들어갈 수 있거든요.

얼마 전 양육자 성교육 때 나온 질문이 지금 나누고 있는 이야기와 관련이 있어서 소개하겠습니다. 아들 둘과 함께 사는 엄마 양육자의 질문이었습니다. 아들 둘이 엄마의 가슴을 계속 만지는 게 고민이라고 했습니다. 첫째는 중학교 1학년, 둘째는 초등학교 5학년이고요. 계속 싫다고, 하지 말라고 하는데도 말을 듣지 않는대요. "경찰에 신고한다. 너희들, 이거 경찰에 신고하면 성추행으로 잡혀가"라고 말해도 무서워하지 않는데 어떻게 해야 할지 질문하셨습니다. 이런 경우에 왜 아들들은 경찰 신고라는 말을 무서워하지 않았을까요?

개리 엄마가 신고하지 않을 거란 걸 알기 때문이겠죠.

지하크 맞아요. 그렇게 실제로 하지 않을 행동으로 협박하기보다는 서로가 타인의 몸과 마음의 경계를 존중해야 한다는 것을 계속 이야기해주고, 몸소 실천으로 보여주어야 합니다.

저와 함께 사는 어린이도 목욕할 때 엄마의 가슴과 아빠의 음경을 만지려고 해요. 그럴 때마다 "아빠 몸은 아빠 거고, 네 몸은 네 거야"라고 말해줍니다. 부드럽고 다정하면서도 진지하게 말하죠. 사랑하는 사이에도 상대방의 몸과 마음을 존중해야 한다는 것을 매번 상기시켜주는 겁니다. 그와 동시에 매일 매 순간 자녀에게 자신의 생각과 감정 그리고 몸의 주인은 자기 자신이라는 것을 알 수 있도록 생각과 감정과 몸의 경계를 존중하는 자세를 직접 보여주어야 합니다.

법이나 처벌에 대해 이야기해서 무서운 마음에 멈추게 하기보다는 존중을 몸으로 느끼고 깨달을 수 있도록 해야 해요. 만약 경찰에 신고하겠다는 말이 무서워 멈췄는데, 그게 정말 깨달아서 하는 행동이 아닌 경우라면 어떻겠어요. 경찰 신고를 할 수 없거나 하지 않을 거라고 생각되는 사람에게는 상대방이 원치 않아도 자신이 원하는 행동을 계속하겠죠. 자신의 양육자뿐 아니라 친구나 연인 등 다른 사람들에게도 그렇게 할 수 있어요. 상대방의 경계를 존중하는 것은 처벌이 두려워서가 아니라, 상대방의 인격을 존중하는 태도에서 나오는 행동이 돼야 합니다.

개리 우리 사회는 현재 학교에서든 직장에서든 처벌 중심으로 성폭력 예방 교육을 진행하고 있잖아요. 그리고 우리는 그 방법이 성폭력을 없애지 못하고 있다는 것도 잘 알고 있습니다. 가정에서라도 처벌 중심이 아니라 마음에서 우러나오는 존중을 배울 수 있으면 좋겠어요. 그러기 위해서는 먼저 존중을 받아본 경험이 있어야 한다는 말씀에도 동의합니다. 내가 존중을 받아본 적이 없으면 무엇이 존중의 자세이고 존중에 기반한 관계인지 알지 못하니 다른 사람을 존중하기도 힘들어지죠.

지하크 어려서부터 양육자들처럼 친밀하고 신뢰하는 사람들로부터 존중받는 경험을 해본 사람들은 자신과 타인을 존중하는 것이 몸에 배어, 친구나 연인, 동료들을 자연스럽게 존중하는 사람이 될 가능성이 훨씬 커집니다.
쉽지만은 않습니다. 친밀한 관계에서 서로에게 질문하거나 거절하는 것이 더 어려운 경우도 많거든요. 연습해야 합니다. 가족끼리 앞서 알려드린 스티커 붙이기 활동도 해보고 그 대화법을 일상의 대화에 적용해보기도 해야 합니다. 그렇게 친밀한 사람들끼리도 늘 대화를 통해 '적극적인 합의'를 만들어가는 게 중요하다는 것을 몸으로 익힐 수 있으면 좋겠습니다.

함께 이야기해보기!

1 경계와 존중의 개념을 이해하고, 이를 일상생활에서 실천하기 위해 필요한 기본적인 자세와 태도는 무엇인가요?

2 어린이와 청소년을 위한 효과적인 경계 존중 교육에는 어떤 것들이 있을까요?

3 가족 내에서 경계를 형성하고 존중하기 위해 양육자와 자녀가 함께 실천할 수 있는 구체적인 방법은 무엇인가요?

4 경계와 존중이 단순히 성폭력 예방의 차원을 넘어, 인간관계 전반에 걸쳐 왜 중요한가요?

5 온라인과 오프라인에서 서로의 경계를 존중하는 자세를 기르기 위해 필요한 교육과 연습은 어떤 것이 있을까요?

6 타인의 경계를 침범한 경우, 상대방의 감정을 존중하며 이를 회복하기 위해 필요한 대화의 방법과 행동은 무엇인가요?

7 처벌 중심의 성폭력 예방 교육이 아닌, 존중과 공감에 기반한 경계 존중 교육이 사회적으로 왜 필요한가요?

Chapter

12

주먹으로 때리는 것만이

폭력이 아니라고요?

지하크　지금부터는 폭력에 관해 이야기해보고자 합니다. 왜 성교육
시간에 성폭력도 아닌 폭력에 대해 이야기해야 할까요?

화사　성교육이 성폭력 예방 교육에만 머물러서는 안 되겠지만, 성교
육에서 빼놓으면 안 되는 주제가 또 성폭력이기도 해요. 성폭력에
대해 이야기하려면, 먼저 폭력에 대한 고민이 필요합니다. 폭력이
무엇인지에 대한 이해 없이 성폭력을 이해하는 건 불가능하기 때
문입니다. 뿐만 아니라 폭력을 알아야 비폭력적이고 평화로운 관
계에 대해 생각해볼 수 있겠죠? 평등한 관계 속에서만 즐거운 성
적 관계가 가능한 건 당연한 일이고요.

우리는 익숙하게 사용하는 단어들에 대해 그 개념을 자세히 살펴
보거나 자신의 언어로 정의를 내려볼 기회를 얻지 못하는 경우가
많아요. 그저 어렴풋이 알고 있는 상태로 사용할 때가 많죠. 그렇
게 되면 시대와 문화에 따라 변화하는 의미는 더더욱 알기 어려워
집니다. 그중 하나가 바로 '폭력'인데요, '사랑의 매'라는 것을 경험
해본 세대와 체벌 금지법이 생긴 이후의 세대는 훈육이라는 이름
의 폭력에 대해서 느끼는 감정과 생각이 다르고, '폭력'이라는 단

어에 대해서도 다르게 해석하겠죠.

폭력이란 무엇인가?

지하크 다섯 살짜리 제 딸이 어느 날 저한테 30센티 자를 가져와서는 "아빠, 손 줘봐" 그러는 거예요. 속으로 '헉! 얘가 손바닥 맞는 걸 어디서 봤나?' 하는 긴장된 마음으로 손바닥을 위로 해서 두 손을 폈는데, 자로 손바닥 길이를 재며 "아빠 손 많이 컸네" 그러더라고요. 폭력을 경험해본 사람과 아닌 사람이 손바닥과 자를 보고 생각하는 게 다르다는 거, 정말 신기하지 않나요?

화사 정말 재밌는 사례네요. 폭력에 대한 인지는 이렇게 세대에 따라 다를 수도 있지만, 주변에 어떤 어른이 있었는가와 같은 환경의 차이도 클 수 있습니다. 가정이나 학교에서 일상적으로 때리고 맞는 것을 목격하거나 경험한 경우, 물리적 폭력에 대한 감수성이 떨어질 수 있어요. 물리적 폭력이 없었다 해도 양육자나 교사 등 '윗사람'이 명령을 내리면 '아랫사람'인 자녀나 학생이 그에 복종해야 하고, 거역하면 처벌받는 것을 당연하게 여기는 환경에서 자란 경우 폭력에 대한 감수성이 발달하기 어렵습니다. 권력을 가지면 다른 사람을 자신의 뜻대로 해도 된다고 생각하기 쉽죠.

지하크 맞아요. 불행하게도 우리는 징병제 국가에 살고 있어서 군대 문화를 일상적으로 경험하게 됩니다. "군대를 다녀와야 사람이 된다"라는 말이 존재할 만큼 군대 문화가 하나의 기준이 되고 있어요. 군대에서는 전쟁이라는 특수한 상황을 상정해두고 있기 때문에 개인의 가치관이나 선호를 표현하기 어렵습니다. 명령과 통제에 따라 일사불란하게 움직이는 것이 더 중요하거든요. 상명하복이 당연시되는 거죠. 그런 문화가 가정, 학교, 일터에서도 통하길 바라는 사람들이 만들어온 사회 분위기 때문에 여전히 '군기'라는 단어가 통용되기도 해요. 그런 문화를 비판하며 '대한민국은 군대다'라는 표현이 쓰이기도 합니다.

화사 정말 문제인 것 같아요. 개인이라는 개념이 없으니 평등한 관계를 상상할 수 없습니다. 그걸 고스란히 우리 사회가 배우고 있는 거예요. 군대에는 먼저 들어온 사람이 나중에 온 사람보다 높은 계급이라는 권력을 가지잖아요. 마찬가지 맥락에서 먼저 태어났다는 이유만으로 권력을 가지고 있는 게 나이 권력인 거예요. 그래서 자신보다 어려 보이는 사람에게는 만나자마자 반말을 하는 것이 자연스럽게 통용되었죠. 이제는 서서히 그래서는 안 된다는 게 알려지고 있지만요.

지하크 '좋은 의도', '현실적인 이유'로 하는 말이나 행동이 사회적 억압을 유지하기도 해요. 양육자나 교사가 자신의 자녀와 학생에게 "학생의 본분은 공부다", "한눈팔지 말고 공부만 열심히 해라" 하며 특정한 삶의 모습을 강요하는 것은, 그게 잘 맞는 소수의 학생들을 제외한 모두에게 억압이에요. 사실 '공부'할 범위나 방법도 다양한데, 입시 공부만 공부고 다른 공부는 의미가 없는 것처럼 이야기하는 경우가 여전히 많아요. 한국 청소년의 사망 원인 1위가 자살입니다(2023 청소년 통계 – 여성가족부, 한국청소년정책연구원, 2023). 이유는 학업이고요. 이런 모습이 폭력적이지 않다고 당당히 말할 수 있는 사람은 많지 않을 것 같습니다.

조금 더 가벼운 예시를 들어볼게요. 제가 얼마 전에 우연히 읽은 동시가 있는데요, 〈내 밥에 국 말지 마〉예요. 어렸을 때 밥을 국에 말아주면 잘 먹었던 아이가 있어요. 그런데 이 아이가 좀 커서 이제는 의사소통이 되는데도 묻지 않고 계속 밥을 국에 말아주자, "나한테 물어보고 밥을 국에 말아야 한다. 나는 이제 말아 먹기 싫다"라고 표현한 시입니다. 정말 재밌죠?

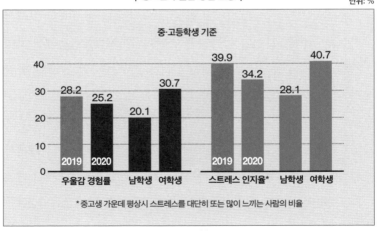

| 청소년 우울감 경험 현황 |

단위: %

중·고등학생 기준

우울감 경험률: 2019 28.2, 2020 25.2 / 남학생 20.1 / 여학생 30.7

스트레스 인지율*: 2019 39.9, 2020 34.2 / 남학생 28.1 / 여학생 40.7

*중고생 가운데 평상시 스트레스를 대단히 또는 많이 느끼는 사람의 비율

출처 : 통계청

이런 말씀을 드리면, "아이들이 싫다고 하면 다 하지 말아야 하나요?"와 같은 질문을 하는 분이 있습니다. 양치와 머리 감기 같은 위생과 청결에 대한 교육, 카시트 착용, 차도에 뛰어들지 않기 등 안전 관련 교육처럼 어린이가 싫어해도 그 필요성을 이해할 수 있게끔 알려주고 익숙해지도록 만드는 게 중요한 부분들도 물론 있습니다. 그런 것들과는 구분이 필요하겠죠.

화사　저는 꼭 소개해드리고 싶은 책이 있어요. 많은 분들이 이미 알고 계실 수도 있는데, 《비폭력대화》라는 책입니다. 이 책이 우리나라에 번역되어 들어온 지 얼마 안 되었을 때 읽게 되었는데, 그때는 책의 내용을 받아들이는 게 너무 힘들었어요. 하지만 저를 끊임없이 반성하도록 만들어주었답니다. 이 책을 보면, 다른 사람이 자신의 뜻대로 움직이기를 기대하는 것 자체가 폭력이라고 나와요. 놀랍지 않나요?

저는 처음에는 '그게 폭력이면 폭력 아닌 게 어디 있어?'라는 저항감이 들었어요. 왜냐하면 저는 다른 사람들에게 바라는 게 많았거든요. 그런데 그건 나의 관심과 욕망이 내가 아닌 밖으로 향해 있었기 때문이었어요. 저뿐만이 아니죠. 우리 사회는 자신에게 집중하지 못하게 해요. 외부의 정해진 기준에 맞추는 것이 능력이고, 그래야 '성공'하니까요. 그러고는 자신이 한 노력과 성취가 '정답'이 되어 그것을 다른 사람에게 요구하는 것이 당연하게 여겨지는 것 같아요.

● 《비폭력대화》, 마셜 B. 로젠버그 지음, 캐서린 한 옮김, 한국NVC출판사, 2017.

지하크 그런 사회에서는 자신에 대해 모를 수밖에 없어요. 외부의 기준에 나를 맞추는 것이든 다른 사람들을 나의 기준이나 사회적 기준에 맞추려고 하는 것이든, 그것이 폭력인지 모르는 게 문제예요. 사람들은 그저 겉으로 드러나는 물리적 폭력만 폭력이라고 생각하곤 하죠.

화사 물리적 폭력도 난무하는 사회라서 정서적 폭력까지 문제 제기하기 어려운 측면이 생기는데, 이는 성폭력과도 연결되어 있어요. 성폭력을 '신체의 자기 온전성이 성적 괴롭힘에 의해 침해된 사건'이라고도 정의할 수 있는데, 신체의 자기 온전성이라는 개념을 고민해보면 폭력에 대해 보다 섬세하게 이해할 수 있을 것 같습니다.

신체의 자기 온전성 지키기

지하크 '신체의 자기 온전성'은 영어로는 'physical integrity'인데, 직역하면 '물리적 무결성'이라고 할 수 있어요. 조금 어려운 용어니까 상세히 설명해볼까요?

화사 쉽게 말하면, 누구든 자기 몸을 온전히 자신의 뜻대로 움직일 수 있어야 한다는 거예요. 그것이 다른 누군가를 해치는 게 아니라면요. 아일랜드나 미국, 캐나다 등에서는 개인의 권리로서 신체와 인격이 침해되거나 간섭받지 않을 권리가 있어요. 거기에서 나온 개념이죠.

단순한 예를 들어볼게요. 두 친구가 좁은 길, 그러니까 둘이 나란히 서면 꽉 차는 길을 걷고 있었어요. 그런데 반대편에서 사람이 와요. 한 친구가 먼저 그 사람을 봤어요. 이대로 걷다가는 저 사람과 본인이나 친구가 부딪칠 것 같아요. 그럼 어떻게 할까요?

먼저 본 친구가 다른 친구의 팔이나 어깨를 끌어당길 수 있겠죠. 로맨스 드라마에서 자주 나오는 장면이기도 하잖아요. 그런데 엄격히 말하면, 끌어당겨진 사람의 입장에서는 신체의 자기 온전성이 침해당했다고 볼 수 있습니다. 두 사람 다 말하고 들을 수 있는 상황이었다는 전제하에서는요. 먼저 본 친구는 못 본 친구에게 말해주면 됩니다. "앞에 사람이 와"라고요. 또는 먼저 본 친구가 못 본 친구의 앞이나 뒤에 서서 한 줄을 만들면, 반대편에서 온 사람과 부딪치지 않을 수도 있죠. 저는 이 행동이 더 좋다고 생각해요.

지하크 만약 내가 앞에 오는 사람을 본 시점이 너무 늦어서 그와 우리의 거리가 이미 너무 가까운 상황이라면요? 그래서 친구가 내 말을 듣고도 피하지 못해 부딪칠까 걱정이 됐다면요?

화사 조금은 극단적인 예시일 순 있지만, 만약 그렇다고 해도 그건 그 친구와 반대편에서 오는 사람의 책임이에요. 얼핏 생각하기에 주변을 잘 살피지 못하는 친구를 챙긴다고 할 수도 있지만, 사실은 그 친구의 부주의함을 개선할 기회를 막고, 자신에게 의존하도록 만드는 건 아닌지 고민해봐야 해요. 하지만 우리 사회에서는 이렇게 이야기하면 '냉정하다, 정이 없다'라고 하죠. 서로를 존중하고 경계를 지키는 것이 익숙하지 않아서 그런 것 같아요.

로맨스 드라마의 클리셰이기도 한데, 이런 일이 이성 사이에 발생하면 이상하게 해석되기도 하죠. 항상 여성은 부주의해서 주변에서 갑자기 나타나는 사람이나 오토바이, 차 등을 못 봐요. 남성이 몸을 당겨 구해줍니다. 그러면 여성은 이 남성이 나의 은인이구나, 나를 좋아하는구나, 나를 아끼는구나, 생각하며 둘 사이에 오묘한 기운이 형성되는 식으로 이야기가 전개되죠. 저는 그런 장면을 볼 때마다 불편한 마음이 듭니다. 남성이 여성 신체의 자기 온전성을 침해하는 것을 미화하기 때문이죠.

지하크 저도 그래요. 다른 사람 신체의 자기 온전성을 침해하는 것, 그러니까 상대의 요청이나 허락 없이 내 판단대로 다른 사람을 움직여도 된다는 생각은 폭력이라는 걸 알았으면 좋겠어요. 상대를 존중한다면, 말을 하면 돼요. 물론 말을 할 시간조차 없이 위험이 닥쳐오는 상황이라면 구해야겠죠. 하지만 그런 상황이 자주 일어나는 건 아니잖아요?

화사 그런데 드라마에서는 항상 일어나요. 의도가 있는 거죠. '여성을 구하는 남성, 그것이 로맨틱하다!'라는 메시지를 주기 위해서요. 우리가 보는 영화나 드라마, 만화에서는 위급한 상황을 굳이 설정해서 남성이 여성을 구하거나 돕게 만듭니다. 그래야 이후에 손목 낚아채기나 벽치기, 기습 키스 등 폭력적인 행동을 해도 미화하기가 수월하거든요. 이제는 미디어에서 그런 장면들이 조금씩 줄어들고 있지만, 얼마 전까지만 해도 그런 행동이 폭력인 줄 모르고 '심쿵 장면'으로 여겨지기도 했죠. 자신의 판단이나 욕구를 중심에 두고 상대의 의지를 무시한 채 신체의 자기 온전성을 침해하는 것이 바로 폭력이라는 걸 알았으면 좋겠어요.

다른 사람의 '신체의 자기 온전성'을 침해하거나 간섭할 때, 아까의 예처럼 물리력을 가하는 방법만 있는 게 아니에요. 권력의 차이가 큰 경우에는 신체의 자기 온전성을 침해하기가 더 쉬워요. 예를 들어 양육자가 화를 내거나 협박을 해서 피양육자에게 하기 싫다는 일을 억지로 하게 만든다면, 그것도 신체의 자기 온전성을 침해한 거예요.

우리는 지금 신체의 온전함(integrity)에 대해서 이야기하고 있지만, 온전함이 유지돼야 할 부분은 신체뿐만이 아닙니다. 성폭력은 권력 관계를 이용하여 성적 언동으로 성적 자기결정권을 침해하는 행위입니다. 다른 사람의 신체뿐만 아니라 정신과 감정에서도 자기 온전성을 침해해서는 안 됩니다.

지하크 문제는 우리 사회가 힘 있는 사람이 힘없는 사람을 자기 뜻대로 움직이는 것을 당연하게 여긴다는 겁니다. 고용 관계에서도 계약으로 정한 업무를 하면 되는데, 고용주가 노동자에게 임금을 준다는 이유로 업무 이외의 일을 시킨다거나 옷차림, 태도, 가치관, 습관 등까지 자기 맘에 들어야 한다고 생각한다면 '갑질 폭력'을 저지르기 쉽겠죠. 인권과 평등에 대한 인식이 발달하지 않았던 과거에는 이런 일을 어쩔 수 없는 일이라고 생각했지만, 이제는 '갑질 폭력'과 관련된 뉴스가 나오면 모두 공분합니다. '갑질'이 폭력이라는 걸 아는 시대가 됐어요.

화사 맞아요. 정말 다행이죠. '갑질'이 '별일 아니'라고 생각하는 사람을 찾아보기 힘드니까요. 그런데 '성'이 개입되면 갑자기 반응이 달라져요. 우리 사회가 이제 '갑질 폭력'에 대한 이해는 생겼지만, '위력에 의한 성폭력'에 대한 이해는 아직 부족한 것 같아요. 예를 들어 사장이나 상사가 신입 또는 저연차 직원에게 지속적·반복적으로 술자리를 제안한다면, 이것만으로도 '직장 내 괴롭힘'에 해당하는 사건이에요. 이에 해당하는 구체적인 사례는 '직장 내 성적 괴롭힘'을 다룰 다음 챕터에서 자세히 짚어볼게요. 이 직원이 한두 번은 용기를 내 거절할 수 있겠지만, 계속 거절하기는 어렵겠죠. 자신의 생사여탈권을 쥔 사람이라 불이익을 받을 수도 있고, '동방예의지국'이라며 윗사람을 공경하라고 배웠는데 계속 거절하는 건 예의도 아닌 것 같으니까요. 진짜 예의는 거절을 하지 않는 것이 아니라 상대의 거절에 대해 그 의사를 존중하는 것인데, 우리는 거꾸로 배워온 거죠.

지하크 맞습니다. 또 지속적으로 "어디야?" "뭐 해?" "잠깐만 나와봐" 같은 문자를 보내는 유형도 있어요. 계속 거절할 수 없어서 마지못해 나갔는데, 그것을 동의한 것으로 여기고 성적인 행동을 하려고 하는 상황도 많습니다. 이런 경우는 안전한 환경에서 노동할 수 있는 권리를 침해하기 때문에 당연히 '성희롱'에 해당하며 '직장 내 성폭력', '위력에 의한 성폭력'에 해당합니다.

화사 맞아요. 직장 '갑질 폭력'이 '위력에 의한 폭력'인 것처럼 '직장 내 성폭력'도 위력에 의한 것인데, '직장 내 성폭력' 피해자에게는 뭔가 '숨은 의도'가 있을 거라고 생각하는 사람들이 있습니다. '꽃뱀' 담론 때문에 생긴 편견과 낙인인데, 피해자가 피해에 대해서 말하는 것을 어렵게 만드는 문화를 형성하게 합니다.

지하크 그렇죠. '꽃뱀' 담론은 피해자가 피해에 대해서 말하기 힘들게 만들 뿐만 아니라 가해자를 피해자로 만들어주기도 하죠. 폭력을 이해하려면 같은 말과 행동이라도 관계와 상황에 따라 다르게 작용한다는 걸 알아야 해요. 우리가 이야기하고 있는 사례처럼 고위직 중장년 남성 사장과 신입이거나 저연차인 청년 여성 직원이라면 나이 권력에 고용 관계, 게다가 젠더 권력까지 겹쳐져서 두 사람 사이에는 엄청난 권력 차가 발생하기 때문에 더 큰 압박으로 작용하게 됩니다. '직장 내 성적 괴롭힘'이 되는 거예요.

화사 같은 행동이어도 권력 관계에 따라, 상대에 따라 압박이 될 수도 있고 압박이 되지 않을 수도 있다는 걸 기억해야 해요. 거절할 수 없는 상황에서의 압박은 폭력이라는 것을 잊지 말아야 합니다. 자신과 상대의 권력 관계를 인지하지 못하면 자신의 의도와 상관없이 폭력을 저지를 수 있게 돼요.

지하크 폭력이 싸움과 다른 점은 권력의 차이예요. A가 B를 때렸어요. B도 A를 때려서 갚아줄 수 있다면 이는 싸움이에요. 하지만 A에게 맞은 B가 다시 A를 때릴 수 없거나 때려봤자 A에게 타격감을 줄 수도 없다면 이건 폭력이에요. 힘의 크기에 차이가 있을 때는 싸움이 되지 않고 일방적인 폭력이 되는 거죠. 또 A가 B에게 무언가를 이야기했어요. B가 거절할 수 있다면 그것은 압박이 아니에요. 그런데 B가 거절할 수 없는 위치예요. 거절하면 불이익을 당할 것이고 감당하기 어려워요. 그럼 A의 이야기가 압박으로 작동하고 심리적 폭력이 되는 거예요. 폭력은 힘을 가진 사람이 행사할 수 있는 거예요. 스스로 폭력을 멈추지 않는다면, 약자들이 힘을 모아서 힘 있는 소수가 폭력을 저지르지 못하도록 제도와 문화를 바꿔야만 합니다.

화사 힘의 크기는 상대적인 것이라 누구든 절대적인 강자이거나 절대적인 약자일 수 없어요. 그래서 자신보다 물리력이든, 자본력이든, 그 사회가 설정한 '정상성'과의 거리에서든, 상대적으로 약한 사람 앞에서는 누구나 폭력을 저지를 수 있는 거죠. 따라서 폭력을 특수한 것으로 생각하기보다 일상에서 언제든 일어날 수 있는 것으로 생각하는 자세가 필요해요. 그래야 모두가 조심할 수 있고 예방하기 위해 노력할 수 있어요. 그런데 우리 사회는 폭력을 특별한 사건으로 생각해요. 폭력이 특별히 나쁜 사람이 나쁜 의도를 가지고 행하는 것이라고 여기고요. 자신의 힘을 모르거나 자기 행동의 효과를 생각하지 않기 때문에, 결과적으로 폭력이 된 경우에도 의도하지 않은 거라며 절대 폭력이 아니라고 부정하곤 하죠. 폭력의 고통은 상대가 경험하는 것이기 때문에 내가 판단할 수 없는데도 자꾸 자기 입장에서만 판단하는 거예요.

지하크 애초에 판단의 권력을 가졌으니 폭력을 저지르는 것이기도 할 테고요. 상황과 상대방의 움직임이 모두 내 뜻대로 됐으면 좋겠다고 생각하는 폭력적인 사고방식에서 벗어나 상대를 존중하면서 거기에 나의 힘과 속도를 맞추는 비폭력적인 소통의 즐거움을 일상에서 느낄 수 있게 연습해보면 좋겠습니다.

지금까지 폭력은 무엇인지, 어떻게 발생하는지, 시대와 상황에 따라 어떻게 발현되고 해석될 수 있는지 이야기를 나누어보았습니다. 다음은 '젠더'를 기반으로 한 권력 구조와 그로 인해 발생하는 폭력, 즉 '젠더 기반 폭력'을 주제로 더 깊은 이야기를 나눠보도록 하겠습니다.

함께 이야기해보기!

1 성교육에서 '폭력이란 무엇인가'를 논의해야 하는 이유는 무엇인가요?

2 세대와 문화적 배경에 따라 폭력에 대한 정의와 인식이 어떻게 다를 수 있나요?

3 군대 문화가 한국 사회의 폭력적 관행과 상명하복의 구조에 미치는 영향은 무엇인가요?

4 권력 관계가 폭력 발생에 어떤 영향을 미치며, 이를 어떻게 인지하고 예방할 수 있을까요?

5 신체의 자기 온전성은 무엇이며, 일상에서 이를 침해하는 행동에는 어떤 사례가 있나요?

6 영화나 드라마에서 폭력적 행동이 로맨틱하게 미화되는 문제를 어떻게 해결할 수 있을까요?

7 다수가 비폭력적인 소통을 하는 사회가 되려면 무엇이 필요할까요?

8 다수가 비폭력적인 소통을 실천하면 우리 사회가 어떻게 변화할까요?

Chapter

13

젠더에 기반한 폭력이란

무엇일까요?

지하크 이번에 같이 나눠볼 이야기는 '젠더 기반 폭력(Gender-Based Violence)'입니다. 성폭력이라는 용어는 익숙한 반면 '젠더 기반 폭력'이라는 용어는 낯설게 느껴지시는 분도 계실 것 같아요.

젠더 기반 폭력에 대해 이야기하기 위해선 가장 먼저 '젠더'의 개념과 정의를 짚고 넘어가야 합니다. 최근 언론에서 용어를 이해하지 못한 채로 '젠더 갈등'이라는 표현을 많이 사용하는데, 그래서인지 젠더라는 단어만 등장해도 골치 아프게 생각하거나 피하고 싶게 만드는 현상이 생기기도 한 것 같습니다.

젠더 불균형 사회에서 발생하는 폭력들

화사 '젠더 갈등'이라고 하면 여성과 남성이라는 사회적으로 동등한 두 집단이 갈등하는 것처럼 착각하게 만드는 효과가 있어요. 하지만 젠더라는 말 안에는 가부장제 사회에서 규정하는 정상성과 비정상성 그리고 여성과 남성에게 각각 규정된 역할 차이로 인해 권력 관계가 발생한다는 뜻이 내포되어 있기 때문에, 권력 관계를 드러내는 '젠더'와 동등함을 드러내는 '갈등'이 함께 묶인다는 것부터가 모순이에요.

저는 이런 특성이 한국 사회뿐만 아니라 인간 사회 전반에 나타나는 것 같기도 한데요, 새로운 첨단 기술의 발전은 환영하고 배우고 받아들이는 것을 좋아할 뿐만 아니라 능숙하지만, 인권과 평등에 대한 새로운 개념을 받아들이거나 인식을 전환하는 건 어려워하는 것 같아요.

지하크 젠더라는 용어에 대해 먼저 이야기해보면 좋겠습니다. 외부 성기 모양만으로 성별을 여성 혹은 남성 둘 중 하나로 정해주는 것을 성별이분법이라고 합니다. 모호한 경우에는 수술을 통해서라도 둘 중 하나로 구분될 수 있도록 만듭니다. 출생신고를 하고 주민등록번호를 받기 위해서는 반드시 둘 중 하나의 성별로 지정돼야 합니다. 모든 사람을 포함하지 못하는 구조임에도 불구하고 행정상 편의성과 효율성 그리고 현 체제 유지를 위해서 이것이 지켜지고 있습니다.

화사 과거에는 '섹스'를 생물학적인 성, '젠더'를 사회적 성이라고 불렀고, 성적 지향은 '섹슈얼리티'라고 불렀어요. 과거 '여성과 남성의 생물학적 차이는 본질적이고 근본적'이라는 가부장적 통념에 도전하기 위해 '생물학적 성'과 다른 '사회적 성'을 구분하여 설명함으로써 가부장제가 규정한 성 역할 고정관념에 문제 제기를 하려고 했던 거죠. 하지만 이후 여성학 이론이 발전하면서 '생물학적인 성' 역시 이분법적으로 '구성된 것'이고, 가부장적 자본주의 사회에서 '강제적 이성애'를 통해 젠더 체제가 강화되었다고 보고 있습니다.

지하크 그래서 이제는 '섹스는 생물학적 성, 젠더는 사회적 성'이라고 설명하지 않습니다. 젠더는 위계를 드러내는 표현이라고 생각하면 됩니다. 남성이 여성보다, 시스젠더가 트랜스젠더보다, 이성애가 동성애를 포함한 다른 성적 지향들보다 우월하다거나 기준, 정상, 표준이라고 생각하는 것이 젠더라는 개념을 통해서 드러내고자 하는 권력 관계예요.

화사 여성에 대한 폭력은 성별 간의 차이에서 오는 본성에 관한 문제도 아니고, 성별 간의 갈등도 아닙니다. 성별로 인해 형성되는 권력 구조 속 지배와 종속으로 인해 만들어지는 폭력이죠.
예전에는 성희롱, 성폭력, 성매매, 가정폭력 등 여성의 피해가 많은 폭력에 대해 각각의 특징을 강조했었다면, 이제는 이러한 폭력들 사이의 차이점보다 '젠더 불균형 사회에서 발생하는 폭력'이라는 공통점에 대해 강조하고 있습니다. 성별이분법과 성 역할 고정관념에 기반한 제도와 사회, 경제, 문화적인 요소들이 이러한 폭력을 지속시키는 요인이라는 걸 알게 된 거죠.

지하크 여기서 '맨박스'에 대해서도 짚어보면 좋을 것 같아요. 맨박스는 가부장제 자본주의사회가 인정하는 남자다운 남자가 되기 위해 '남성성'이라는 이름으로 요구되고 강요되는 성격, 성향, 외모, 직업 등을 말합니다.

화사 남성과 여성, 남성성과 여성성이 이분법적으로 나뉘는데, 여기서 말하는 이분법은 두 가지를 동등하게 나눈다는 말이 아닙니다. A와 B는 이분법적인 관계가 아닙니다. A와 not A의 관계가 이분법이죠. 성별이분법은 성별을 '여성'과 '남성' 두 그룹으로 구분하는 게 아니라, '남성' 그리고 '남성성'을 중심에 두고 그 밖의 것을 여성화하거나 '여성성'으로 규정하고 평가절하하는 것이라고 이해하면 됩니다.

우리가 사용하는 언어를 잘 살펴보면 이해하기 쉬운데요, 태아의 성별을 이야기할 때 '고추가 있다/없다'로 이야기하는 것이나 '대를 잇다/대가 끊기다'라고 이야기하는 것도 남성을 기준에 두는 거죠. 그래서 엄밀히 말하면 맨박스는 있어도 우먼박스는 없어요. '남성성'에 속하지 못하는/않는 것이 '여성성'이에요.

<hr/>

젠더 폭력 기반의 원인

지하크 여성이 경험하는 젠더 기반 폭력의 원인은 다섯 가지로 이야기할 수 있어요. 첫째, 의사결정 부문에서의 불평등, 둘째, 신체적 취약성, 셋째, 경제적 취약성, 넷째, 문화적 불의 그리고 다섯째는 성차별의 결과로서의 폭력이에요. 그럼 하나씩 살펴볼까요?

첫 번째로 의사결정 부문에서의 불평등입니다. 전 세계적으로 대통령이나 총리, 국회의원 등 국민을 대표해서 국가의 운명에 대한 의사결정을 내리는 대표자는 남성의 비율이 훨씬 높습니다. 그중에서도 우리나라는 2020년 4·15총선에서 여성 의원이 최다 당선되었는데도 OECD 국가 중 최하위권이었죠.

화사 국회의원뿐 아니라 4급 이상 공무원의 비율 등 의사결정 부문에서 성평등 점수가 가장 낮게 나왔어요. 또 판사나 검사, 변호사 등 법리적 판단에 관여하는 법률 전문가도 여성의 비율이 3분의 1에 못 미칩니다. 그러니 남성의 경험을 중심에 둔 의사결정을 하게 되

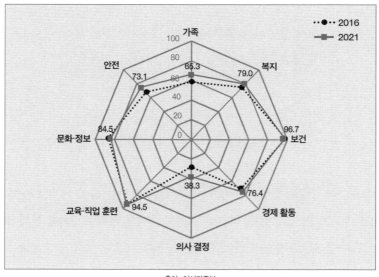

| 2022년 국가성평등보고서 - **분야별 수준 변화** |

출처 : 여성가족부

고, 여성이 흔히 경험하는 폭력이나 피해에 대한 이해와 공감 능력이 떨어지게 되죠. 또한 여성이 의사결정 부문에서 낮게 나오는 현상은 소수자들의 의사결정은 제대로 반영되고 있지 않다는 사실과 연결됩니다.

지하크　두 번째로 신체적 취약성입니다. 젠더 기반 폭력은 흔히 '여성의 신체적 취약성'이 그 원인으로 지목되는데, 사실 여성의 신체적 취약성은 생물학적인 원인보다 사회문화적 배경과 밀접한 관계가 있어요.

여성의 사회적 지위와 권력이 낮은 국가일수록 여성의 외모에 대해 평가와 비난을 '해도 되는 것'으로 생각하고, 여성의 외모를 학력이나 기술에 의한 성취와 유사하게 여기거나 더 중요한 것으로 생각하기 때문에 여성들로 하여금 외모 관리에 신경 쓰게 만듭니다. 그런데 여성에게 바람직한 외모란 우리가 '보디이미지'를 다룰 때 살펴보았듯이 활동성과 근력이 떨어지는 모습이에요.

화사　가천대학교 식품영양학과가 국내 여자 중·고등학생의 체형 인식 왜곡 정도와 식습관을 연구한 바에 의하면, 여자 중·고등학생 39.52%는 저체중·보통 체중이지만 체형 인식 왜곡이 있었다고 해요. 체형 인식 왜곡이 있는 중·고등학생의 53.92%는 '체중을 줄이기 위해 노력한다'고 답했고, 심지어 자신이 뚱뚱하다고 생각하지 않는 집단조차 36.86%는 체중 감량을 위해 노력한다고 응답했다고 합니다. 이것만 봐도 한창 신체 발달이 일어나야 할 청소년기부터 여성은 자신의 건강을 해치는 노력을 하고 있다는 걸 알 수 있죠. 또 입시 중심의 교육으로 인해 한국 청소년의 운동 부족은 세계 최악이라는 것이 널리 알려진 사실이에요. 그래도 남성들은 징병제 때문에 청년기에 본인의 의사와 상관없이 체력단련을 할 기회를 얻지만, 여학생은 146개국 중 운동 부족 꼴찌의 상태로 청년이 되어 더 극심한 다이어트와 꾸밈 노동을 수행하게 됩니다.

게다가 놀이문화도 성별화되어 있어서 남성들은 어릴 때부터 힘을 겨루고 몸을 사용하는 놀이에 익숙해져 자신의 몸을 마음대로 움직이는 것이 상대적으로 수월한 반면, 여성들은 유아기부터 활동량이 많으면 '부산스럽다, 얌전하지 못하다' 같은 얘기를 듣고 제약을 받아요. 치마를 입거나 머리띠를 하는 등의 꾸밈도 신체 활동을 줄이는 요인이 될 수 있죠.

지하크 상황이 이렇다 보니 여성이 신체적으로 더 취약해지기 마련이에요. 이것은 생물학적인 게 원인이라기보다 차이를 극대화시키는 사회문화적 영향에 의한 것입니다. 원래 여성이 남성보다 힘이 없고 약한 것이 아니라 '어떤 기대와 가정 속에서 자라나게 되는가'가 중요합니다. 여성도 건강해지기 위해서는 근육량, 근력, 신체 균형 등을 갖춘 몸이 필요한데, 마치 그런 것들이 여성에게는 전혀 필요 없는 것처럼 여기는 문화가 여성들의 삶과 사회 전체에 영향을 미친다는 것입니다.

화사 자신의 몸을 마음먹은 대로 움직여서 자기가 원하는 대로 해온 남성을 상대로, 그런 경험과 체력이 부족한 여성이 물리적으로 저항한다면 폭력을 방어할 확률이 낮아질 수밖에 없죠. 게다가 여성을 폭력적으로 대해도 법적·사회적·문화적으로 처벌받을 확률이 적다는 것도 알기 때문에 여성에 대한 폭력이 유지됩니다.

지하크 세 번째로는 경제적 취약성입니다. 직장 내에서 '성희롱'에 대응하기 어렵거나 가정폭력을 당하면서도 벗어나지 못하는 것, 성매매에 쉽게 유입되는 등의 문제는 모두 경제적 취약성과 관련이 있어요. "폭력적인 관계에서 떠나지 않는 것도 선택 아니냐?", "성매매도 자신이 원해서 선택한 것 아니냐?"라고 질문하는 사람들이 있습니다. 한데 그런 말은 그 사람이 처한 상황, 환경, 맥락을 모두 고려하지 않은 채 쉽게 해서는 안 됩니다. 과연 그 선택이 정말 '선택'인 걸까 고민해보는 시간을 꼭 가져야 합니다.

화사 여성가족부의 성평등 지수 그래프를 보면 교육, 직업 훈련에 있어서 성평등 지수가 94.1%로 꽤 높아요. 경제활동 지수도 74.7%로 생각보다 높고요. 그럼에도 남녀 임금의 중간값 격차는 32.5%나 됩니다. 단순히 남성의 근무시간이 더 길다거나 남성이 더 힘든 일을 하기 때문이라고 볼 수는 없는 문제입니다.

지하크 "여성은 체력이 부족할 거야", "여성이 남성보다 육아노동과 가사노동을 더 좋아하고 잘하니까", "여성에게는 모성애가 있어서 그게 당연해"와 같은 기대와 가정으로부터 만들어지는 성차별이죠.

임금 격차가 발생하는 가장 큰 원인은 출산 이후의 경력 단절입니다. 여성의 자녀 양육을 기본으로 하는 문화에서는 여성이 경력 단절을 경험한 후 임금 격차가 커진다는 통계도 있습니다.

한국 사회는 남성일인생계부양자 모델을 기본으로 모든 시스템을 만들었기 때문에 IMF 때 사내 부부의 경우 아내가 정리해고 1순위가 되었어요. 21세기라고 달라지지 않았습니다. 모 은행은 채용 시 서류전형에서 남성 지원자의 점수를 높였고, 모 금융사는 여성 지원자의 커트라인을 높여 여성들에게 불이익을 줬다는 사실이 밝혀지기도 했죠.

4대 시중은행의 전체 여성 직원 수는 3만 717명으로 남성 직원 수(2만 9,740명)보다 977명 많지만, 여성 직원의 1인당 평균 급여액은 남성의 62.28% 수준에 불과하다는 사실도 알려졌는데요. 이렇게

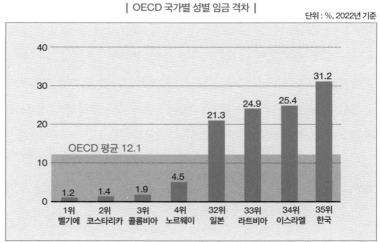

| OECD 국가별 성별 임금 격차 |

단위 : %, 2022년 기준

출처 : OECD

여성이 경제적으로 취약한 것은 여성의 능력이 남성에 비해 부족해서가 아니라, 가부장제 자본주의 체제에서 여성에게 불이익을 주는 사회문화 제도가 존재하기 때문입니다. 그 어떤 지표로도 이 차이가 합리적으로 설명되지 않아요.

화사 2018년 고용노동부는 2017년 기준 10명 이상을 신규 채용하면서도 최종 합격 여성 비율이 30% 미만인 91개 공공기관을 상대로 채용 단계별 합격자 실태를 조사했어요. 서류 합격에선 여성이 남성의 100.9%로 더 높게 나타났지만, 면접 전형으로 넘어가자 여성 합격자 비율이 남성의 68.6% 수준으로 급감했어요. 최종 합격 단계로 가면 여성은 더 적어져요. 지난해 국내 주요 공공기관 10곳의 4분기 일반 정규직 신규 채용자의 여성 비율 평균이 24.46%에 그친 걸 보면 그 심각성을 알 수 있죠.

지하크 맞벌이 부부의 경우에도 여성의 가사노동 시간은 남성에 비해 3배가 넘습니다. 자녀 양육과 가사노동의 역할을 여성의 책임인 것처럼 이야기하거나, 맞벌이 부부라도 여전히 여성이 전담하는 것이 당연한 듯이 여겨지는 현실입니다. 남성들도 육아휴직을 쓸 수 있게 법적으로는 보장되어 있지만, 회사의 눈치를 보게 되고 승진은 포기한 사람처럼 취급받죠. 이런 상황으로 인해 가정 내에서는 여성이 육아(경력 단절)를 선택하게 되고, 회사 내에서는 능력이 비슷한 직원들 중 누군가가 승진할 기회가 있을 때 '이왕이면 회사에 헌신도가 높고 앞으로도 계속 남아 있을 남자가 해야 한다'

고 판단하게 되어, 결국 여성은 승진을 하지 못하고 퇴직을 하게 되기 때문에 여성이 경제적으로 취약해지는 상황이 만들어집니다.

이혼을 하고 싶은 여성들이 망설이게 되는 이유 중 하나가 경제적인 요소 때문이기도 합니다. 가부장제 사회에서는 여성을 남성에게 종속된 상태로 만들고 유지하기 위해서 여성이 경제력을 갖지 못하도록 하는 것이 중요하거든요.

화사 네 번째로는 문화적 불의입니다. 남성 중심적 사회란 남성의 시선과 경험이 중립과 객관의 이름으로 일반적인 판단의 기준이 되는 것을 포함해요. 우리 사회에서 젠더 기반 폭력이 일어나면 피해 여성에게 폭력의 빌미와 원인을 제공하지 않았는지 추궁하는 것을 보게 됩니다. 이것만 보더라도 우리 사회가 확실히 남성 중심 사회라는 걸 알 수 있죠. 역사적으로 '백인' 남성 자본가 중심의 사회에서 '유색인종'과 여성, 노동자 계층은 자신의 경험을 표현할 언어가 없었어요. 특히 여성의 경험이 여성에 의해 해석되지 못하고, 인정받지 못하며, 일방적으로 비난받거나 무시됨으로써 여성은 문화적 부정의의 대상이 되었는데요, 미국의 철학자 낸시 프레이저는 성폭력, 성 착취, 가정폭력 등 여성이 당하고 있는 광범위한 피해는 문화적 무시의 가장 대표적인 사례라고 했습니다.

지하크 젠더 기반 폭력의 가해자를 비난하고 처벌하기보다 폭력을 유발했을지 모를 피해자를 비난하고, 남성의 합리적 분노와 상실감에서 폭력의 동기를 찾으려 하고, 폭력에 맞서는 여성은 피해자로 보기 어렵다는 시선을 갖는 것은 심각한 문제입니다. 친밀한 관계에서 여성이 피해자가 된 폭력에 관용적인 사회적 태도, 그 때문에 폭력적 관계에서 벗어나기 힘든 피해자 고립의 고착화, 그리고 무엇보다 여성에 대한 통제와 지배를 자연스럽고 바람직한 성별 질서로 여기게 하는 사회적 분위기 등이 바로 성차별적인 문화입니다. 문화적 불의를 여실히 보여주고 있는 사례죠.

성차별적인 사회에서 성장한 남성들은 여성에 비해 자신이 '더 나은 사람'이라는 감각을 무비판적으로 익히게 되고, 자신의 욕구 또는 요구를 거절하는 여성에게 분노하고 이를 정당화하게 됩니다. 즉 누구를 원망하고 누구를 향해 비난과 분노를 폭발시켜야 할지를 사회적으로 학습하는 거죠. 성폭력 가해자로 지목받아도 반성하기보다 발뺌하고 바로 법적 대응을 하는 자신감도 이와 관련이 있습니다. 그래서 다른 나라에 비해 무고죄 형량이 월등히 높은데도 무고죄 형량을 강화하겠다는 공약이 남성들의 지지를 받는 것이고요.

화사 다섯 번째로 성차별입니다. 성차별은 여성이 주로 경험하는 젠더 기반 폭력의 원인이기도 하지만, 동시에 젠더 기반 폭력으로 인해 성차별이 강화되고 있는 것도 사실입니다. 그러니까 닭이 먼저냐, 달걀이 먼저냐의 이야기가 될 수도 있는데요. 국제사회에서 젠더 기반 폭력이 1990년대 가장 중요한 인권의 문제로 떠오른 이유는 다른 범죄와 비교했을 때 가정폭력 범죄에 대한 기소율 및 처벌

률이 극히 저조하기 때문이었어요. 허민숙 국회입법조사처 조사관은 "가정폭력에 대한 명백하게 차별적인 불기소, 다른 범죄와 달리 가해자에게 지나치게 관대한 법 적용 및 관용은 남성 지배를 공고히 함으로써 가부장제를 유지하려는 국가의 의도적인 공모 내지는 결탁일 수 있다"고 주장했습니다. 실제로 대검찰청의 2019년 범죄 분석 통계자료에 따르면, 2018년 성폭력 범죄자로 검거된 3만 13명 중 47.9%인 1만 4,375명이 기소되었습니다. 재판에 이른 범죄자가 절반에 미치지 못하는 거죠. 이는 살인(77.8%), 강도(71%), 방화(54.1%) 등 4대 흉악범죄 중에서 가장 낮은 기소율이에요.

지하크 또한 법무부 자료에 따르면, 2011년부터 2018년 7월까지의 가정폭력 기소율은 7.1%에 불과해요. 2017년 폭력 범죄 기소율은 25.8%인 데 반해 가정폭력 기소율은 9.6%에 그친 것을 보면, 가정폭력 범죄는 사실상 형사처벌되지 않는다는 것을 의미합니다.

여성가족부의 '2019년 가정폭력 피해자 및 관련 지원·수사기관 조사'에 따르면, 가해자가 아무 조치를 받지 않았다는 답변이 41.8%이고, 상담 명령이나 접근 행위 제한, 벌금 및 과태료 조치가 주를 이뤘으며 '유치장 수감'은 1.6%에 불과했어요.

화사 조사처는 "가정폭력 가해자 제재가 중요한 이유는 가정폭력이 더 관용될 수 없는 범죄라는 사회적 메시지를 전달하기 때문"이라며 "국가가 가정폭력에 대해 안일한 태도를 보이는 것은 피해자를 더 큰 위험에 빠뜨린다"고 지적했는데요. 법과 국가시스템을 만들고 운영하는 데에서부터 성별 불균형이 일어나 여성에 대한 폭력을 가볍게 생각하는 거죠.

결국 성희롱, 성폭력, 성매매, 가정폭력 등에서 가해자에게 관대한 법적 판결은 여성에 대한 폭력이 범죄라는 사회적 인식을 희석시킴으로써 사회 구성원들로 하여금 폭력 피해자가 오히려 부끄러워해야 하거나 숨어야 할 일로 여기게끔 만들어요. 이는 실제 폭력 피해를 경험해도 신고하지 못하거나 도움을 요청하지 못하게 하는 장치로, 피해자를 더욱 고립시키고 억압하고 있죠. 이러한 구조적인 성차별이 폭력을 야기하고, 또 그런 폭력으로 인해 성차별이 강화되고 있습니다.

지하크 지금까지 이야기 나눈 대로 가부장제 남성 중심의 의사결정 구조가 여성에게 불리한 사회경제시스템과 문화를 만들고, 그로 인해 경제적·신체적으로 취약해진 여성이 폭력에 노출되어도 성차별적인 사법체계로 인해 사회 구성원으로서 동등하게 보호받지 못하면서 지속되는 것이 바로 젠더 기반 폭력입니다.

화사 실로 다양한 폭력이 일어나고 있어요. 직장에서 동등한 동료가 아니라 성적 대상으로 인식하여 노동권을 침해하는 '성희롱', 성적 자기결정권과 신체의 자기 온전성을 침해하는 '성폭력', 여성에 대한 성적 대상화를 당연시하는 문화와 여성을 착취하여 막대한 이익을 얻는 성 산업 속에서 폭력을 계속 경험하게 되는 '성매매', 여성 노동력의 저평가와 고용 불이익과 경력 단절로 인한 경제적 취약성, 모성 신화로 인해 벗어나기 어려운 '가정폭력' 등의 젠더 기반 폭력이 우리 사회에 만연합니다.

지하크 이 모든 폭력을 가능하게 하는 전제가 바로 성별이분법과 성 역할 고정관념에 근거한 성차별적인 인식입니다. 이번 챕터에서 나눈 이야기들은 여성이 차별받고 있다는 증거를 나열해서 여전히 여성이 남성보다 더 살기 힘들다는 것을 증명하기 위한 게 아닙니다. 현재 상황을 바로 알고 나 역시 무지와 무관심을 통해, 그리고 무의식 중에 성별이분법과 성 역할 고정관념을 유지하고 지지하는 것을 통해 이러한 지표가 유지되는 데 이바지하고 있었다는 걸 인지하고 인정하자는 겁니다. 그래야만 이 같은 지표에 변화를 만들어낼 수 있는 사람이 될 수 있기 때문입니다.

함께 이야기해보기!

1 성폭력이라고 부를 때와 젠더 기반 폭력(Gender-Based Violence)이라고 부를 때, 폭력의 원인을 고민하는 데서 어떤 차이가 발생할까요?

2 젠더 불균형 사회에서 폭력이 발생하는 주요 원인에는 어떤 것들이 있나요?

3 '맨박스'란 무엇이며, 남성성과 여성성의 이분법이 젠더 기반 폭력에 어떻게 영향을 미치나요?

4 의사결정 부문에서의 성별 불평등이 젠더 기반 폭력에 어떤 영향을 미치는지 사례를 찾아보세요.

5 여성의 신체적 취약성은 사회문화적 배경과 어떤 연관이 있나요?

6 경제적 취약성은 여성이 젠더 기반 폭력에 노출되는 데 어떻게 영향을 미치나요?

7 성별이분법과 성차별적 인식이 젠더 기반 폭력을 가능하게 하는 전제로 작용하는 이유는 무엇인가요?

지금도 매 순간
디지털 성폭력이 일어나고 있다고요?

지하크 앙꼬는 휴대폰을 하루 평균 몇 시간 정도 사용하나요? 얼마 전 궁금해서 하루 평균 이용 시간을 찾아보니 다섯 시간이 넘더라고요. 특히 코로나 이후에 이용 시간이 월등히 늘었어요.

앙꼬 저도 그 정도 되는 것 같아요. 좋아하는 예능 프로그램을 짤막한 편집으로 몰아보거나 SNS를 통해 멀리 사는 친구들의 소식을 팔로우하고, 약속이 있을 때 미리 맛집을 검색해 공유하고, 듣고 싶었던 강의도 듣고, 또 블로그도 열심히 관리해서 수익을 내기도 하죠.

지하크 앙꼬의 말처럼 디지털 시대는 우리에게 좋은 경험을 시켜주는 기능을 하는 건 분명한 것 같아요. 하지만 그만큼 온라인으로 사람들의 삶이 훨씬 더 개방되고 서로의 사이가 가까워지는 것을 악용하는 사례도 많아지고 있어요. 개인 SNS의 사진을 캡처한 다음 합성해 딥페이크 포르노를 만들어 올리는 일도 벌어지고 있죠. 꼭 범죄가 아니더라도 온라인상에서 언제 어디서나 모두와 연결되는 만큼 스마트폰을 꺼놓고 싶을 정도로 인터넷 디지털 환경이 피곤하기도 합니다. 이렇듯 늘 양면성이 존재하는 온라인 환경 속에서 '디지털 성폭력'이란 무엇인지 얘기해보면 좋겠어요.

디지털 환경 속의 성폭력

양꼬 맞아요. '언택트' 시대를 지나오면서 우리의 삶은 온라인 환경과 더욱 떼려야 뗄 수 없어졌죠. 디지털 환경인 만큼 다양한 층위에서 바라봐야 할 것 같습니다. '디지털 성폭력'의 개념부터 유형, 대한민국을 발칵 뒤집어놓았던 '텔레그램 성 착취 범죄' 사건을 쭉 살피며 디지털 성폭력의 구조와 발생 원인을 알아보고, 이에 대한 예방, 처벌, 대응 방법까지 의견을 나눠보면 좋겠어요.

한국여성인권진흥원에서 정의한 디지털 성폭력이란, '디지털 기기 및 정보통신기술을 매개로 온/오프라인상에서 발생하는 성폭력으로, 동의 없이 상대의 신체를 촬영하거나 유포, 유포 협박, 저장, 전시하는 행위 및 사이버 공간에서 타인의 성적 자율권과 인격권을 침해하는 행위'를 말합니다.

지하크 네, 그렇습니다. '사이버 성폭력(cyber sexual violence)'이라고도 하는데요. 인터넷, 모바일, SNS 등의 사이버 공간에서 발생하는 젠더 위계에 기반한 폭력이라는 의미로, 촬영된 성적 이미지를 조작/착취/유포/유포 협박하는 성폭력, 온라인 기반 성매매, 온라인상의 성적 괴롭힘을 포함합니다. 학계와 운동단체에서 관련 법명을 포괄하는 명칭으로 '디지털 성폭력'이라는 말을 쓰는데, 우리도 그 용어를 사용하기로 하겠습니다.

앙꼬 다른 젠더 기반 폭력과 공통점이 있다면 무엇일까요?

지하크 여성 피해자가 압도적으로 많다는 거예요. 그리고 한 가지 더 추가한다면 '피해자도 뭔가 잘못한 게 있기 때문에 이런 일을 당했을 것이다'라는 잘못된 통념 때문에 피해자들의 고통이 크다는 점도 그렇습니다.

앙꼬 디지털 성폭력 역시 다른 성폭력 유형들과 마찬가지로 젠더 기반 폭력이기에 그 양상이 비슷합니다. 디지털 성폭력이 여타 성폭력과 두드러지게 상이한 특징은, 시공간의 개념이 다르다는 점이에요. 기존의 성폭력은 특정한 물리적 공간에서 특정한 시간에 발생하죠. 그런데 디지털 성폭력은 물리적 공간에서 일어나 유포 피해를 겪을 수도 있고, 딥페이크처럼 물리적 공간이 따로 존재하지 않을 수도 있어요. 2차 피해를 제외하면, 특정한 시간 동안 폭력의 피해를 경험하는 기존의 성폭력과 달리 디지털 성폭력은 온라인 공간에서 유통될 때마다, 또 다운로드 해놓은 사람의 기기에서 재현될 때마다 매번 피해가 발생합니다. 또한 제작, 유통, 소지, 시청의 가해 전 과정이 '산업 시스템'으로서 존재한다는 점에서도 차이가 있죠.

시공간을 넘나들어 유통되는 온라인 구조의 특성상 피해와 가해의 구도가 1대1이 아닌 1대 다수인 점, 생산자와 소비자의 경계가 모호해진 점도 디지털 성폭력만의 특성이라고 할 수 있습니다.

지하크 정말 중요한 특성들입니다. 남성 청소년들과 만나서 디지털 성범죄 이야기를 해보면, 내가 디지털 성 착취물을 만들지 않았다는 것만으로 만족하는 경우(나는 가해자가 아니라는 생각)가 많아요. "그런 건 쓰레기들이나 하는 짓이죠"라고 말하면서요. 그럴 때 은근슬쩍 "그럼 요즘엔 청소년들한테 어떤 야동(포르노)이 인기 많아요?"라고 물어보면 "야동은 역시 국산이죠!"라고 하는 경우가 있습니다. 한국은 포르노 제작이 불법이라 '한국산 포르노'라는 것 자체가 없어요. 소위 '국산'이라고 불리고 있는 영상들은 대부분 성 착취 혹은 성범죄 영상이거든요. 영상을 찍을 때의 상황, 영상이 유포되는 과정, 영상이 유포된 후의 상황 등을 함께 생각해보며 젠더 권력 불균형에 대해서 이야기하는 시간을 가지곤 해요.

게임을 하다가 현질(현금으로 게임 아이템 구매)을 해야 하는데 돈이 없을 때 예전에 다운로드 받아두었던 성 착취 영상을 재판매하는 경우도 있습니다. 이렇게 처음으로 그 영상을 만든 사람뿐만 아니라 누구나 언제든 어디서든 다시 그 영상을 이용해서 수익을 내고자 시도할 수 있다는 것입니다. 제작, 유포, 유통 모든 과정이 돈이 될 수 있고, 시간과 공간의 제약이 없다는 것이 디지털 성폭력 해결의 어려움입니다. 이제는 예전과 달리 다 잡힙니다. 그러나 처벌만으로 해결되지 않습니다. 어느 누구도 제작, 유포, 시청, 재유통 등 어느 과정에도 참여하지 않는 사회를 만들어야 합니다.

| 사이버 성폭력 유형 |

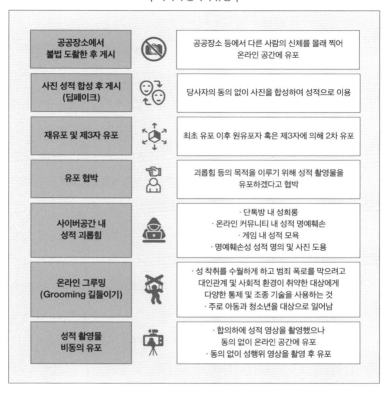

공공장소에서 불법 도촬한 후 게시	공공장소 등에서 다른 사람의 신체를 몰래 찍어 온라인 공간에 유포
사진 성적 합성 후 게시 (딥페이크)	당사자의 동의 없이 사진을 합성하여 성적으로 이용
재유포 및 제3자 유포	최초 유포 이후 원유포자 혹은 제3자에 의해 2차 유포
유포 협박	괴롭힘 등의 목적을 이루기 위해 성적 촬영물을 유포하겠다고 협박
사이버공간 내 성적 괴롭힘	·단톡방 내 성희롱 ·온라인 커뮤니티 내 성적 명예훼손 ·게임 내 성적 모욕 ·명예훼손성 성적 명의 및 사진 도용
온라인 그루밍 (Grooming 길들이기)	·성 착취를 수월하게 하고 범죄 폭로를 막으려고 대인관계 및 사회적 환경이 취약한 대상에게 다양한 통제 및 조종 기술을 사용하는 것 ·주로 아동과 청소년을 대상으로 일어남
성적 촬영물 비동의 유포	·합의하에 성적 영상을 촬영했으나 동의 없이 온라인 공간에 유포 ·동의 없이 성행위 영상을 촬영 후 유포

디지털 성폭력의 유형

앙꼬　어떠한 유형의 디지털 성폭력에도 동참하지 않는 사람이 되기 위해서 그 유형에는 어떤 것이 있는지 함께 살펴볼까요? 첫 번째 유형은 '사이버공간 내 성적 괴롭힘'입니다. 사이버공간에서의 성적 내용을 포함한 명예훼손이나 모욕 등을 말해요. 대표적인 사례로 '단톡방 내 성희롱', 온라인 커뮤니티나 게임에서 이루어지는 성적 모욕과 명예훼손 등이 있습니다.

주로 사이버공간의 익명성을 바탕으로 벌어지는 성적 괴롭힘이나 허위사실 유포, 피해자 사칭 등의 형태로 일어나는데, 가장 많이 벌어지는 디지털 성폭력이기도 합니다. 그중에서도 '단톡방 내 성폭력'부터 얘기해보죠.

주로 같은 학교의 동기, 선배, 후배, 신입생, 불특정 여성들에 대한 성희롱 발언부터 불법 촬영물 유포, 강간 모의까지 단톡방 내에서 일어나는 성폭력들이 있었습니다. 처벌이 미비하니 고발되어도 "재수가 없어 걸렸다"라는 반응도 있었지만, 잇단 용기 있는 고발과 처벌, 인식 개선 등으로 그 문화가 바뀌고 있는 중입니다. 이는 재미있는 놀이가 아닌, 여성을 성적 대상화하는 범죄임을 명확히 알아야 합니다. 또한 이런 일을 방지하고 제대로 처벌하기 위해서 '불법 촬영', '성 착취물'의 유포가 왜 폭력이며 무엇이 문제인지 정확히 알 필요가 있습니다.

지하크 사이버공간 내의 성적 괴롭힘 중 많은 케이스가 게임 내에서 발생하기도 합니다. 수많은 여성 게이머들은 성별이 드러날 경우, "신음 소리 들려줘"라거나 "집에서 밥이나 해라", "힐러(Healer, 아군을 치료·회복·보호·지원하는 역할)나 해라" 등의 성차별적이고 성희롱적인 말을 듣기 때문에 성별을 숨기고 마이크를 끈 채 게임을 하는 경우가 많습니다.

앙꼬 두 번째 유형은 '공공장소에서 불법 촬영 후 유포'입니다. 말 그대로 공공장소에서 대상자의 동의 없이 신체를 촬영하는 것인데요. 몰래 설치하는 '설치형'과 이동하며 피해자를 지목해 촬영하는 '이동형' 범죄로 나뉩니다. 불특정 다수를 대상으로 해서 여러 명의 피해자가 발생할 수 있는 유형이기도 해요. 일명 '몰카', 즉 몰래카메라라고 불리기도 했지만, 단순 장난이 아닌 심각한 범죄라는 의미에서 이제는 공식적으로 '불법 촬영'이라고 합니다.

지하크 세 번째 디지털 성폭력의 유형은 '성적 촬영물 비동의 유포'입니다. 한국사이버성폭력대응센터에서 2017년 상담 사례를 분석했을 때, 가해자의 34.5%가 '옛 애인'이었으며 피해 유형은 '이별에 대한 복수'라고 해서 소위 '리벤지 포르노'라고 불렸는데요, 이제는 성적 촬영물 비동의 유포 디지털 성폭력이라고 합니다. 몇 년 전에 촬영했던 성관계 영상을 헤어지고 나서 유포하는 등의 형태로 사건이 발생한 시점과 인지한 시점이 다르고, 또 타인을 통해 인지하게 되는 경우가 많습니다. 피해 촬영물들이 소위 '국산 야동'으로 불리며 그저 성적으로 소비되는 사회문화적 분위기로 인해 많은 여성이 사건 발생 여부를 떠나 불안에 떠는 '피해 불안'을 호소하기도 합니다.

앙꼬 이어지는 내용이기도 한데요, 네 번째 디지털 성폭력 유형은 '재유포 및 제3자 유포'입니다. 웹하드, 포르노 사이트, SNS 등에 불법 촬영물을 동의 없이 업로드하는 것으로, 친밀한 관계에서 촬영에는 동의했으나 유포하는 것에는 동의하지 않았을 경우도 이유형에 해당합니다. 또한 다른 사람으로부터 전송받은 것을 재전송(재유포)하는 행위는 문제가 되지 않는다고 생각하는 사람이 여전히 많은데, 최초 유포자와 재유포자 모두 처벌받습니다.

지하크 n번방/박사방 사건 이후 불법 촬영물을 소지하고만 있어도 처벌받도록 법을 제정했습니다. 디지털 성범죄 영상을 만들거나 최초 유포한 사람뿐만 아니라 다운로드해서 소지하고 있는 사람, 그리고 재유포한 사람까지 모두 처벌받습니다.

다섯 번째 유형도 이어지는 내용입니다. '유포 협박'과 그로 인한 '유포 불안(불안 피해)'입니다. 유포 협박은 자신이 가지고 있는 사진이나 영상을 유포하겠다고 협박해서 추가적인 피해 촬영물을 얻어내거나 금전이나 성관계를 요구하는 범죄입니다. 자신이 가지고 있는 사진과 영상을 유포하겠다고 협박하기 때문에 가해자와 연락이나 관계를 확 끊어버릴 수 없는 상황이 된다는 점이 큰 어려움입니다. 그런데 이 역시도 처벌이 가능합니다. 가해자의 협박에 끌려다니지 말고 신고해야 합니다.

이와 관련한 법들은 '성폭력 범죄의 처벌 등에 관한 특례법 제14조 3(촬영물 등을 이용한 협박 강요. 2020.5.19.)', '형법 제283조', '성폭력 처벌법 제14조'가 있습니다.

앙꼬 유포당할까 봐 불안해하는 것이 '불안 피해'인 거잖아요. 이러한 개념들이 생겨난다는 것이 나의 불안을 명확히 해줄 언어가 생긴 것 같아 한편으로는 다행이기도 합니다. 하지만 없던 용어가 생긴다는 것은 그만큼 이러한 불안을 느끼고 피해를 입는 사람들이 많아졌다는 방증 같아 씁쓸하기도 하네요.

지하크 처벌도 잘 이루어져야겠지만, 처벌 강화만으로는 해결될 수 없습니다. 모든 사람들이 다른 사람을 나와 동등한 인격체로 존중할 수 있는 사회가 돼야 합니다. 어릴 때부터 공교육을 통해 제대로 된 성교육, 성평등 교육, 인권교육을 받을 수 있는 환경을 만들어야 합니다. 그래서 모든 사람들이 타인을 나와 동등한 인격체로 존중할 수 있어야 해요. 또한 처벌도 더욱 강화해 이런 피해가 사라지길 소망합니다.

앙꼬 벌써 여섯 번째 유형이네요. 바로 '허위 영상물'이라고 불리는 '사진 성적 합성 후 게시 피해'입니다. 상대방의 동의 없이 이미지를 허위로 성적으로 합성하거나 편집하는 것을 말하는데요, 셀카 등의 일상 사진을 타인의 나체와 합성하여 게시하는 것이 이에 해당합니다. 이는 가해자가 호기심 혹은 장난, 상대방에게 수치심, 모욕감, 분노 등을 줄 목적으로 피해자의 신상 정보나 허위 사실과 함께 유포하기 때문에, 첫 번째 유형인 사이버공간 내 성적 괴롭힘의 성격을 띠기도 합니다. 인공지능 기술을 악용하는 딥페이크도 여기에 해당해요. 인공지능을 기반으로 한 이미지 합성 기술로 특정 인물의 얼굴과 몸을 성적인 이미지나 영상물 등에 합성하는 범죄에 악용하고 있는 거예요. 단순 장난이라고 생각했을지 몰라도 강력하게 처벌됩니다. '정보통신망 이용촉진 및 정보보호 등에 관한 법률 제44조의 7(불법정보의 유통금지 등)', '형법 제311조(모욕)', '성폭력범죄의 처벌 등에 관한 특례법 제14조의 2(허위영상물 등의 반포 등. 2020.6.25.)'의 관련법이 제정되어 있습니다.

지하크 마지막 일곱 번째 유형인 '온라인 그루밍'입니다. 젠더 권력과 함께 나이나 경제력의 차이 등을 이용해서 주로 어린이와 청소년 등 미성년자, 사회적으로 취약한 환경에 처한 사람을 정신적으로 길들인 뒤 성적인 가해를 저지르는 아주 질 나쁜 범죄라고 할 수 있습니다.

피해자들은 소위 '날라리'라고 불리는 청소년들도 있고, '모범생'으로 불리는 청소년들도 있어요. SNS에 올린 사진이 예쁘다고 모델 활동을 제안하는 방법으로 다가오기도 하고, 공부하는 게 너무 지치고 힘들다는 글에 위로의 메시지를 보내는 방법으로 다가오기도 하죠. '힘내라'며 기프티콘을 보내주거나 음식을 주문해 보내기도 합니다.

한국청소년정책연구원이 초등학교 5학년 이상 고등학교 3학년 이하의 3,780여 명을 대상으로 한 연구조사에 따르면, 국내 청소년 10명 중 2명은 오픈 채팅 경험이 있고, 이 중 75%는 낯선 사람에게 메시지를 받아보았다고 합니다. 중학생 이상 여성 청소년 10명 중 1명꼴로 낯선 사람에게 기프티콘을 받아본 경험이 있다는 통계도 있어요.

앙꼬 아직 온라인 그루밍이 성범죄라는 인식도 저조하고, 자신이 응해서 피해가 발생한 것이라는 피해자의 자책 때문에 피해에 대해 말하지 못하는 경우도 많습니다. 해결 방안이 더욱 시급한 범죄라고 할 수 있어요.

온라인 그루밍에 대한 사회적 인식 개선과 지속적인 사례 연구도 필요해 보입니다. 또 채팅앱에서 만난 누군가가 이유 없이 잘해주거나 금전적 도움을 주려고 하거나 성적 대화를 하려고 하거나 둘의 관계를 주위 사람에게 알리지 못하게 한다면, 경계하고 의심해야 합니다. 신뢰할 수 있는 사람에게 알리고 조언이나 도움을 구해야 합니다.

또 한 가지 중요한 점은 피해자가 이런 이야기를 주위의 믿을 만한 사람들에게 했을 때의 그 사람들 반응입니다. 이 문제는 가해자의 잘못이지 피해자의 잘못이 아님을 정확히 인지하고 피해자에게 적극적으로 도움을 주어야 합니다.

〰〰〰

n번방 사건의 참혹함

지하크 우리가 지금까지 봤던 유형들 모두 심각한 성범죄인데요. 이 모든 유형이 종합적으로 이루어진 구조적인 디지털 성폭력 사건이 바로 '텔레그램 n번방/박사방' 사건입니다. 다들 기억하실 것 같습니다.

가해자들은 크게 두 가지 방법을 사용했습니다. 첫째는 '경찰 사칭'이었고, 둘째는 '고액 알바 모집' 광고 글이었어요. X(구 트위터)에 '일탈계'라고 하는 수영복 혹은 속옷 사진을 올리는 계정이 있습니다. 그리고 개인 방송을 하는 플랫폼에는 '벗방'이라고 해서 현금으로 바꿀 수 있는 별풍선을 선물로 받고, 탈의하는 모습, 또는 춤을 추는 모습을 보여주는 방송을 하는 사람들이 있죠. 가해자들은 이런 방송을 하는 10대 혹은 20대 여성에게 "당신은 경범죄로 신고를 당했습니다. 조사를 해야 하니 협조해주십시오"라고 하며 접근합니다. 그러면서도 "벌금 5만 원 정도 나올 테니, 너무 걱정 말고 잘 협조해주시면 됩니다"라고 말해 안심시킨 뒤, 링크를 하나 보냅니다. "제가 보내드리는 링크에 이름과 주민번호를 입력하고 들어오셔야 조사를 시작할 수 있으니 협조해주시기 바랍니다"라고 말하면서요. 그 링크는 보이스피싱하는 자들이 쓰는 것으로, 거기에 입력한 개인정보는 자동으로 상대방 컴퓨터에 저장되는 시스템입니다. 그렇게 실명과 주민번호를 받아낸 후에는 주민센터나 구청에 있는 공범에게 넘깁니다. 그러면 공범은 거기서 가족들의 이름과 집 주소, 휴대폰 번호 등 개인정보를 몽땅 알아내 전해줘요. 그것들을 이용하여 피해자의 SNS 등 인터넷에서 피해자가 다니는 학교를 비롯한 각종 정보를 찾아내고요. 그러곤 다시 피해자에게 전화를 하죠. "너희 엄마, 아빠 전화번호 이거지? 너 학교 여기 다니지? 너 내가 시키는 대로 하지 않으면 너희 엄마, 아빠 그리고 선생님한테 네가 옷 벗고 춤추면서 돈 벌고 다니는 거 다 말할 거야"라고 협박합니다. 그러면 피해자들은 보통 "안 돼요. 절대 하지 마세요. 저 죽어요"라는 식으로 답한다고 해요. 그러면서 "왜 그러세요? 원하는 게 뭐예요?"라고 물어보면, "얼굴이랑 같이 나온 가슴 사진 한 장만 보내라. 네가 너무 예뻐서 그래. 나만 볼게. 그것만 보내주면 엄마, 아빠, 선생님한테 말 안 할게"라고 하는 거죠. "지금 당장 사진 안 보내면 네 사진 엄마나 아빠한테 보낸다"고 말하며 깊이 생각할 시간을 안 주려고 재촉합니다. 심지어 압박하기 위해 카운트다운을 합니다. 10, 9, 8, 7, 6, 5… 이렇게요. 피해자는 쫓기듯 사진을 보내게 되고, 가해자는 이제 그 사진을 미끼로 "성기 사진을 보내라", "자위하는 영상을 보내라", "내가 보내는 남자랑 성관계하는 영상을 찍어서 전달해라" 등등 점점 더 심한 요구를 하죠. 그렇게 예속되어버린 여성들을 방마다 초대해 그 방에 있는 사람들이 원하는 것을 시킨 것이 n번방/박사방 사건의 구체적인 내용입니다.

앙꼬　두 번째는 메신저 앱 등으로 '고액 알바 모집' 같은 글을 게시하여 피해자들을 유인하는 방법입니다. 면접을 보겠다며 얼굴 사진과 함께 신체 일부나 전신 사진(비키니 등)을 받은 후에 돈을 입금하려면 신분증 사본과 통장 사본이 필요하다며 사진으로 찍어서 보내라고 합니다. 그 이후는 앞선 방법과 동일한 수순으로 진행되고요.

지하크　n번방/박사방을 이렇게까지 심각한 사건으로 만들 수 있었던 가장 중요한 지점이 있습니다. 피해자 비난하기 문화입니다.
　가해자가 "너희 엄마, 아빠 전화번호 이거지? 너 학교 여기 다니지? 너 내가 시키는 대로 하지 않으면 너희 엄마, 아빠 그리고 선생님한테 네가 옷 벗고 춤추면서 돈 벌고 다니는 거 다 말할 거야"라고 협박했을 때, 피해자가 뭐라고 말할 수 있었으면 이 범죄가 심각한 사건으로 넘어가지 않을 수 있었을까요?

앙꼬 "어디 한번 말해봐. 우리 엄마, 아빠, 선생님이 날 도와줄 거야. 네가 가해자야"라고 정확히 말할 수 있었다면, 범죄의 다음 과정으로 넘어갈 수가 없겠죠. 그런데 피해자들은 엄마, 아빠, 선생님이 '내 편을 들어주지 않을 것'이라고 생각하는 거예요. 지하크 말처럼 피해자와 가해자 모두 우리 사회 속에 피해자를 비난하는 문화가 뿌리 깊게 자리하고 있다는 것을 알고 있었던 것입니다.

지하크 그렇습니다. 피해자를 비난하는 문화, 그리고 피해자들의 주변에 신뢰할 수 있는 어른이 없었던 상황 때문에 문제가 훨씬 더 심각해졌습니다.

앙꼬 그 방에 들어가려면 입장료가 필요했는데 몇만 원부터 시작해 150만 원까지 하는 방도 있었다고 해요. 이들은 피해자를 노예라 부르며 자신들이 원하는 것을 시켰고 그렇게 만들어진 성 착취물을 게임이나 포르노처럼 즐겼습니다. 그런 사람들의 수가 26만 명 정도로 집계되었습니다. 아무리 중복 집계된 수가 있다고 해도 최소 몇만 명은 된다는 건데, 그 사실에 혹시 내 주위에도 그런 사람이 있는 건 아닐까 하는 생각에 한동안 일상이 무너졌던 기억이 납니다.

지하크 그렇습니다. 사람을 사람으로 생각하지 않고, 여성을 그저 자신들이 원하면 언제든 가질 수 있고 성적인 흥분이나 극단적인 자극을 위해 마음껏 이용할 수 있으며 돈으로 사고팔 수 있는 '물건', 즉 '성적 도구'로 사용한 극단적인 사례라고 할 수 있습니다.

앙꼬 이 사건은 범죄를 반복적으로 수행할 수 있는 조직체계를 만들고, 이를 기획하고 명령하는 주범과 이를 따르는 회원과 돈을 주고 소비하는 이용자들이 있었다는 점에서 조직범죄라고도 할 수 있습니다. 소지, 시청, 판매, 유통, 제작, 피해자 유인까지 디지털 성폭력의 총집약이었죠.

지하크 혹시 '웹하드 카르텔'로 명명된 사건도 기억나시나요?

앙꼬 그럼요. 웹하드 업체를 만들어 영상을 공유할 수 있는 웹하드 공간을 운영해온 대표가 구속되었죠. 엄청난 양의 불법 촬영물을 만들어 업로드하는 헤비업로더(heavy uploader, 콘텐츠를 대량으로 올리는 사람)들에게 어마어마한 돈을 벌게 해주면서 관리했다고 해요. 웹하드에 올라가는 영상들을 사전에 미리 한 번 걸러낼 수 있는(불법 촬영물을 포함해서 범죄가 될 수 있는 영상들을) '필터링' 기능을 하는 업체가 있었는데, 이 업체들을 자신의 소유로 만들어서 그 기능을 마비시켰습니다. 피해자들의 영상을 지워주는 '디지털 장의사' 업체들까지 자기 소유로 만들었습니다. 피해자들에게 돈을 받고 영상을 지워주는 척했다가 얼마 후에 또다시 업로드하고, 피해자들한테 또 돈을 받고 다시 지워주고 얼마 후에 또 업로드하는 악랄한 수법을 사용했습니다. 그렇게 모든 과정을 장악하고 통제할 수 있는 구조에 '웹하드 카르텔'이라는 이름이 붙었습니다. 자살자를 포함해 수많은 피해자를 양산한 성범죄였지만, 고작 5년 형을 받았을 뿐입니다. 게다가 감옥에 있어도 한 달에 수십 억씩 수익이 발생하는 것으로 알려지기도 했죠.

지하크 근본적으로는 성 착취물이 돈이 되지 않는, 돈이 될 수 없는 세상을 만들어야만 한다는 생각이 듭니다. 그리고 범죄로 번 돈은 모두 환수하는 법을 만들어야겠다는 생각도 드네요.

앙꼬 이 모든 디지털 성폭력을 가능하게 했던 산업구조를 함께 짚고 넘어가야 할 것 같습니다. 여성의 신체가 재화가 되는 성 착취 구조라는 점에서 성매매와 유사하다고 할 수 있습니다.
촬영물을 생산하고 판매하는 판매자를 성매매 알선자로, 플랫폼 운영자를 성매매업소 운영자로, n번방/박사방에 입장한 사람들을 성 구매자로, 디지털 장의사 및 도박 사이트를 사채 일수 업자로 대치하면 판박이죠.

지하크 그렇네요. '성 상품화'를 위해서 동의 없이 촬영한 것을 또 동의 없이 유통하고 재유포하여 소비하고, 또 돈을 받고 삭제하는 업체까지 끊임없이 맞물려 돌아가는 이 구조를 '디지털 성범죄 산업구조'라고도 할 수 있겠습니다.

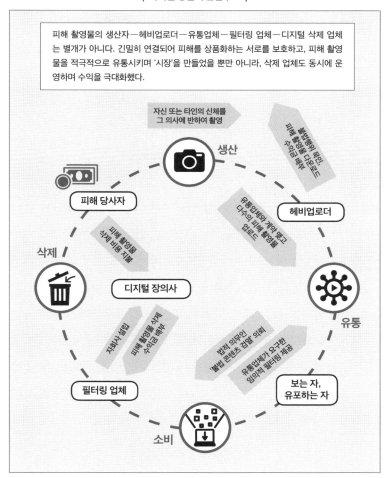

피해 촬영물의 생산자—헤비업로더—유통업체—필터링 업체—디지털 삭제 업체는 별개가 아니다. 긴밀히 연결되어 피해를 상품화하는 서로를 보호하고, 피해 촬영물을 적극적으로 유통시키며 '시장'을 만들었을 뿐만 아니라, 삭제 업체도 동시에 운영하며 수익을 극대화했다.

앙꼬 그렇습니다. 이렇게 구조적·문화적으로 공고히 자리 잡고 있는 성 착취 산업구조는 디지털 성 착취를 더 이상 '개인의 일탈', '호기심', '국산 야동'으로 여겨서는 안 된다는 것을 확실하게 보여주고 있습니다. 우리가 사용하는 일상의 언어가 중요하기 때문에 '불법성 착취 영상'을 절대 '야한 동영상'이나 피해자를 비난하는 식으로 쓰이는 '음란물'로 표현해서는 안 된다는 점을 꼭 기억해야겠습니다.

피해자다움이라는 프레임

지하크 네, 맞습니다. 결국 디지털 성폭력은 여성의 몸과 남성의 몸이 사회적으로 다르게 받아들여지는 젠더 기반 폭력이며, '피해자다움'과 '순결한 피해자 프레임'이 존재하는 폭력으로 다른 성폭력 피해와 동일합니다. "짧은 치마 입고 다니지 마. 누가 본다. 몰카 찍힌다", "여친 단속 잘해라", "찍히지 않도록 조심했어야지", "피해자라면서 왜 저렇게 당당해", "저거 공개돼서 쟤 인생 어떡하냐", "자기가 좋아서 찍어놓고", "평소에 문란한 생활을 하니까 저런 일을 당하지"와 같은 '피해자다움'의 시선은 이 구조적 문제를 해결하는 데 전혀 도움이 되지 않습니다.

앙꼬 게다가 디지털 성범죄의 경우, 디지털이라는 특수성으로 인해 사진 및 영상 같은 불법 성 착취물의 유통과 재유포 등의 2차 피해가 발생하게 됩니다. 한번 유포된 피해 촬영물은 다크웹, 웹하드, 텔레그램과 같은 채팅앱이나 SNS, 네이버나 구글과 같은 검색엔진, 커뮤니티 사이트, 개인 휴대폰이나 외장 하드 등을 통해서 지

구분	합계	불법 촬영	합성·편집 (딥페이크)	유포	유포 협박	유포 불안	사이버 괴롭힘	기타
2022	12,727 (100.0%)	2,684 (21.1%)	212 (1.7%)	2,481 (19.5%)	2,284 (18.0%)	3,836 (30.1%)	534 (4.2%)	696 (5.4%)
2023	14,565 (100.0%)	2,927 (20.1%)	423 (2.9%)	2,717 (18.7%)	2,664 (18.3%)	4,566 (31.3%)	500 (3.4%)	768 (5.3%)

| 디지털 성범죄 피해 유형별 현황 |

단위: 명, 건

출처: 찾기 쉬운 생활법령 정보

속적으로 재유포되어 완전히 삭제하는 것이 거의 불가능한 실정이에요.

지하크 2022~2023년 디지털 성범죄 피해 현황을 보면 2차 피해에 해당되는 유포, 유포 협박, 유포 불안의 항목이 높게 측정되어 있는 것으로 나타났습니다. 디지털 성범죄의 경우 1차 피해와 2차 피해가 중복되어 발생하는 것이 대다수이고, 피해자가 인지하지 못하는 피해도 많기 때문에 이보다 더 많은 2차 피해가 발생하고 있는 것으로 볼 수 있습니다.

디지털 성범죄는 찍고, 만들고, 유포하는 사람뿐만 아니라, 그것을 다운로드하고 재생해서 보는 나도 가해행위에 동참한 가해자라는 사실을 반드시 기억해야 합니다. 다운로드하는 사람이 없으면 디지털 성범죄는 종식될 수 있습니다.

앙꼬 그럼, 우리는 어떻게 이 구조를 깨트리고 앞으로 나아갈 수 있을까요?

지하크 디지털 성폭력을 없애는 가장 우선적인 방법은 여성의 몸을 전시하고 소비하는 문화를 단호히 반대하는 것입니다. 단순히 법적으로 금지하고 처벌하는 것만을 이야기하는 게 아닙니다. 우리 모두 한 사람 한 사람이 무엇이 폭력인지를 인지하고 폭력에 동참하지 않고 폭력이 퍼지는 것을 막을 수 있는 사람이 돼야 합니다. 내가 그 영상을 만들지 않았다는 것에 만족하는 게 아니라, 내가 그 영상을 재생할 때 성폭력이 일어나는 것이고 내가 재생할 때마다 그 성폭력에 동참하는 거라는 인식을 정확히 가지고 있어야 해요.

디지털 성범죄처럼 명확한 성범죄가 아니더라도 예능, 웹툰, 유튜브 등 다양한 미디어에서 여성을 성 상품화하는 문화에 민감하게 반응하고 저항해야 합니다. 그래서 우리 사회가 여성을 그저 성적으로 소비하는 것을 놀이나 문화로 여기지 않게끔 바꿔나가야 합니다. 결국 소비하지 않으면 생산도 멈출 수밖에 없다는 점을 기억해야겠죠.

앙꼬 맞습니다. 다양한 사람들의 다양한 성적 욕구와 성적 행동에 대해 다루면서도 누구에게도 고통을 주지 않는 가치를 지향하는 방법으로 건강하고 안전한 성적 판타지를 생산하는 것이 충분히 가능합니다!

지하크 또 우리는 문화를 이용하는 소비자를 넘어 문화를 만드는 주체이며, 변화를 만드는 매개자이기도 합니다. 단톡방 성희롱 사건이 세상에 공개된 것도 "난 이런 문화가 하나도 자랑스럽지 않다"

라고 말하기로 결정한 내부 구성원이 있었기 때문이죠. 제가 좋아하는 말이 있어요. "폭력을 해체하는 주체도 우리다"라는 말입니다.

앙꼬 저도 좋아하는 말이 있어요! n번방 사건 이후에 나온 슬로건인데요, "우리 구시대의 마지막 목격자가 됩시다!"입니다.

지하크 정말 멋져요. 우리가 구시대를 종결시키는 사람이 되면 좋겠어요.

디지털 성범죄는 2020년대에 갑자기 생긴 것은 아닙니다. 1990년대 '빨간 마후라 사건'이나 '○○양 비디오'라고 불리며 여러 여성 연예인들이 대상이 된 사건들이 있었습니다. 비디오테이프가 CD가 되고 UBS가 되고 이제는 물리적인 이동 수단이 필요 없는 파일 전송의 시대가 되는 동안 폭력과 평등에 대한 인식은 그만큼 발전하지 못했습니다.

기술의 발전만큼(그보다 더) 인간에 대한 존중이 강조되는 세상이 돼야 할 텐데요. 너무나 먼 이야기처럼 들리기도 하지만, 나의 이익(돈, 기분 등에 대한 만족)을 위해서 남들의 고통을 이용하는(이용해도 된다고 여겨지는) 시대를 우리가 끝낼 수 있다면 충분히 가능한 일이라고 생각합니다.

앙꼬 그런 일이 일어나지 않아야겠지만, 디지털 성폭력은 점점 더 누구에게나 일어날 수 있는 일이 되고 있습니다. 따라서 만약 나에게 디지털 성폭력이 일어난다면 혼자 해결하려고 하지 말고 주변에 적극적으로 알려 도움을 요청하는 것이 중요합니다. 양육자 등 신뢰할 수 있는 어른 그리고 전문 기관에 도움을 요청해야 해요. 도움을 요청받은 주위 사람들은 피해 경험자의 고통의 원인, 배경, 이유를 파악하고, 안전하게 피해에서 회복할 수 있는 방법을 함께 모색하며 회복 과정에 조력해야 합니다.

피해자를 지원할 기관을 소개하며 마무리할게요. 단 하나의 번호를 기억해야 한다면, 여성긴급전화 1366입니다. 남성 피해자들도 전화할 수 있습니다. 원스톱 지원체계를 갖추고 있기 때문에 어떤 상담이든 할 수 있고, 24시간 운영됩니다. 또 한국성폭력상담소, 한국여성인권진흥원 디지털성범죄피해자지원센터, 한국사이버성폭력대응센터, 청소년사이버상담센터 등이 있어요.

지하크 하루빨리 성폭력을 걱정하지 않아도 되는 세상에서 살고 싶습니다. 그런 세상을 만들기 위해 내가 할 수 있는 일을 고민하고 실천하는 우리가 되면 좋겠습니다.

누군가가 디지털 성범죄의 대상이 되었다고 할 때 피해 영상을 궁금해하지 않는 태도, 그의 고통을 나의 고통으로 여기는 사람이 많아질 때, 피해자는 평범한 일상으로 돌아가고 가해자는 마땅한 처벌을 받으며 이런 일이 다시 일어나지 않는 세상에 가까워질 거예요.

함께 이야기해보기!

1 디지털 성폭력은 다른 유형의 성폭력들과 비교해 시공간의 특성에서 어떤 차이점이 있나요?

2 디지털 성폭력에서 피해자 비난 문화가 문제 해결을 어렵게 만드는 이유는 무엇인가요?

3 디지털 성범죄의 대표적인 유형에는 어떤 것들이 있으며, 각 유형의 특성과 문제점은 무엇인가요?

4 n번방/박사방 사건에서 가해자들이 사용한 협박 수법과 디지털 성폭력의 산업구조는 어떤 연관성을 가지나요?

5 디지털 성범죄가 젠더 기반 폭력의 한 형태로 여겨지는 이유는 무엇인가요?

6 디지털 성범죄를 근절하기 위해 개인과 사회가 함께 실천해야 할 구체적인 방안은 무엇일까요?

7 피해자가 디지털 성범죄를 겪었을 때, 도움을 받을 수 있는 방법과 기관에는 어떤 것들이 있나요?

성매매가
나랑 무슨 상관이 있나요?

지하크　이번에는 성매매에 대한 이야기를 나눠보려고 합니다. 성매매라는 주제에 대해서 이야기하면, 사람들은 보통 "나는 성매매를 하지 않으니 나와 상관없다"고 하거나 "그런 불법적인 일을 하는 이들에 대해서 자세히 알고 싶지 않다"고 합니다.

화사　성매매를 '문란한 여성들이 하는 일'이나 '특수한 여성들이 하는 일'로만 생각하며 여성 청소년들과 청년들이 점점 더 성매매로 유입되기 쉬운 환경이 만들어지고 있는 현실을 직면하지 않는 것 같아요.

안타까운 사실은, 누군가를 지원해야 하는 위치에 있는 사람들도 유독 성매매만은 외면하는 경우가 많다는 점이에요. 예전에 한 청소년이 저에게 성매매를 할 수밖에 없는 상황에 대해서 상담을 요청한 적이 있었어요. 그 청소년이 말하길, 다른 선생님들은 성매매에 대해서는 함께 이야기 나누는 것조차 어려워한다고 하더라고요. 잘 몰라서 그럴 수도 있지만, 아예 말할 수 없는 주제로 여기는 태도로는 피해자를 지원할 수 없잖아요.

성매매는 그릇된 남성 문화에서 발생하는 문제

지하크　성매매는 여성을 물건처럼 주고받을 수 있는 가부장제 자본주의사회 속 남성 문화에서 발생하는 문제입니다. 여성가족부가 발표한 2019년 실태조사에 의하면, 성인 남성 10명 중 4명 이상(42.1%)이 성 구매를 한 경험이 있다고 해요. 2016년에는 50.7%였다고 합니다. 한국 성인 남성 2명 중 1명 정도가 성 구매를 해본 경험이 있다는 겁니다. 이는 성매매가 '합법'인 나라들보다도 높은 수치인데요, 성매매가 합법이냐 불법이냐가 중요한 것이 아니라, 한 사회가 여성을 어떻게 대하느냐에 대한 이야기입니다.

화사　과거에는 군대 가기 전에 "총각 딱지를 뗀다"며 성매매를 하는

| 성 구매 경험 실태 조사 |

조사 대상 남성 중 평생 동안 한 번 이상
성 구매를 경험한 비율은 42.1%로 2016년 대비 8.6%p 감소.

구분(명, %)	2016	2019	증감률(%p)
경험 있음	532(50.7)	631(42.1)	(△8.6)
경험 없음	518(49.3)	869(57.9)	(8.6)
합계	1,050(100)	1,500(100)	

*3년 주기의 성매매 실태조사가 2022년부터 여성폭력 실태조사로 통합되면서
성매매 실태에 대해서는 제대로 된 조사를 하지 않고 있는 상태임.

출처: 여성가족부, 2019

것이 관례로 여겨지거나, 사업 파트너의 성매매 비용을 지불하는 '성 접대'를 하거나, 회식에서 2차로 성매매를 하러 함께 가서 '남성 연대'를 다지는 것이 남성 문화로 여겨졌어요. 성 구매를 경험한 남성의 수가 줄어드는 것은 다행스러운 일입니다. 그런데 통계를 자세히 살펴보면 여전히 성 구매 최초 경험 연령의 절반 이상이 20대 초반이고 성 구매의 이유가 '군 입대 등 특별한 일 전에'와 '회식 등 술자리 후 함께', '친구, 동료, 선배 등의 압력'이 높게 나온 것을 보면, 성 구매가 남성 연대를 확인하는 수단이 되는 문화는 크게 바뀌지 않았다고 볼 수 있어요.

지하크 성 구매의 이유 중 가장 높은 비율로 '호기심'이 나왔는데, 이는 우리 사회가 여성을 성적인 도구로 여기고 이를 격려하는 문화가 있기 때문입니다. 결국 이는 여성(여성의 몸)을 사고파는 것이 가

| 최초 성 구매 연령 실태 |

2016년과 유사하게 최초 성 구매 연령이 20세 이상(53.9%),
25세 이상(26.8%), 30세 이상(10.3%) 순이었음.

구분 (명, %)	19세 이전	20세 이상	25세 이상	30세 이상	35세 이상	40세 이상	합계	평균 나이
2016	21 (3.9)	286 (53.8)	147 (27.6)	54 (10.2)	13 (2.4)	11 (2.1)	532 (100)	미기재
2019	18 (2.9)	340 (53.9)	169 (26.8)	65 (10.3)	30 (4.8)	9 (1.4)	631 (100)	24.5세
증감률 (%p)	(△1)	(0.1)	(△0.8)	(0.1)	(2.4)	(△0.7)		

출처: 여성가족부, 2019

| 최초 성 구매 동기 |

2016년과 유사하게 호기심(28.6%)으로 성 구매를 한 경우가 가장 많았으며,
특별한 일 전에(20.4%), 회식 등 술자리 후(18.9%)가 그 뒤를 이음.

구분 (명, %)	호기심	군입대 등 특별한 일 전에	성적 욕구 해소	스트레스 해소	회식 등 술자리 후 함께	친구·동료· 선배 등 압력	업소 여성의 유혹	접대 관행	해외여행· 출장 중 기회로	합계
2016 (N=532, 복수 응답)	229 (25.2)	176 (19.4)	135 (14.9)	40 (4.4)	166 (18.3)	94 (10.4)	27 (3)	27 (3)	10 (1.1)	908 (100)
2019 (N=631, 복수 응답)	282 (28.6)	201 (20.4)	140 (14.2)	22 (2.2)	187 (18.9)	101 (10.2)	21 (2.1)	27 (2.7)	6 (0.6)	987 (100)
증감률 (%p)	(3.4)	(1)	(△0.7)	(△2.2)	(0.6)	(△0.2)	(△0.9)	(△0.3)	(△0.5)	

출처: 여성가족부, 2019 성매매 실태 조사

능하기 때문이죠. 디지털 성범죄와 마찬가지예요. 산업이 존재한
다는 겁니다.

우리가 살고 있는 사회는 자본주의의 규범과 가치가 강력히 작동
하는, 즉 뭐든지 돈으로 구매할 수 있다고 여겨지는 곳입니다. 성
매매 역시 성 구매자는 섹스를 원하고 상대방은 돈을 원하는 것이
니 '서로가 원하는 것을 교환한 것이기 때문에 아무런 문제가 없
다'고 생각하는 사람들이 많습니다.

복습해보면, 성관계는 평등한 관계의 사람들이 서로의 즐거움을
위해 서로가 원하는 행동을 하는 것입니다. 성매매는 돈이 중심에
있기 때문에 평등한 관계라고 할 수 없고, 구매자만 원하고 구매자
에게만 즐거운 행위가 될 가능성이 큽니다. 또한 성폭력은 상대방
의 뜻을 거스르는 폭력이라는 점이 핵심이라는 걸 기억한다면, 성
매매는 단지 돈을 주고받는다는 이유로 상대방의 뜻을 거스르는

부분이 없어져 보이는 것뿐입니다. 성매매는 돈을 냈기 때문에 괜찮은 게 아니라 돈을 내고 성폭력을 하는 것입니다.

화사 또 한 가지 큰 오해는 '인간 사회에 성매매가 있는 것은 어쩔 수 없다'는 생각입니다. 청동기시대의 기록을 예로 들면서 "성매매야말로 인류 역사상 가장 오래된 직업이고, 뭐 이 정도면 어쩔 수 없는 것 아니냐"라는 주장인 거죠. "옛날에도 있었으니 지금 있어도 괜찮다"라는 주장은 마치 "옛날에도 노예가 있었으니 지금도 사람을 노예로 만들어도 된다"는 것과 다를 바 없습니다.

과거 제국주의 시대에는 강대국이 다른 대륙에 침입해서 사람을 잡아 사고팔고 노예로 만드는 것에 문제의식이 없었어요. 하지만 지금 노예제도에 동의할 사람은 없습니다. 사람들 사이에 근본적으로 신분이 다르다는 생각과 그 신분에 의해 다른 사람을 내가 원하는 대로 할 수 있다는 데 동의하지 않기 때문입니다.

성매매는 사회적·경제적·문화적 모든 방면의 성차별 요소가 작동하기 때문에 유지됩니다. 여성과 섹스에 대한 왜곡된 인식 때문에 폭력이 정당화되고 있는 것일 뿐, 절대 자연스러운 혹은 어쩔 수 없는 일이 아닙니다. 성매매야말로 전형적인 젠더 기반 폭력이에요.

지하크 그럼에도 성매매를 하는 여성에게 "돈을 쉽게 번다"는 오명을 씌우고, 성 구매 남성들에게는 "남성이라면 궁금한 게 당연하다"라거나 "그럼 어디에서 성욕을 푸느냐, 강간보다 나은 것 아니냐", "돈 벌겠다는 여자들에게 정당하게 돈을 주는 게 무슨 잘못이냐"

라는 식으로 이야기하곤 합니다.

성매매에 대한 왜곡된 이미지

화사 성매매에 대한 왜곡된 이미지 외에 제대로 된 정보가 없어서 그런 점도 있어요. 저도 성매매를 경험한 피해자들의 증언을 듣고, 성 산업구조에 대한 책과 논문 등을 접하고 나서야 알게 된 것인데요, 성매매 관련 산업의 구조는 매우 복잡하더라고요. 그나마 구조가 단순한 집결지의 예를 들어볼게요. 성매매를 하기 위해 집결지에 가면 성 매수자와 성매매를 하는 여성이 만나서 바로 성매매를 할 수 있는 것이 아니라, 기본적으로 성매매 유흥업소 실장이 필요하고, 이를 둘러싼 어마어마한 성 산업이 존재해요.

보통 성매매에 유입되는 여성은 급전이 필요하거나 숙소가 없는 경우가 많아요. 그녀들은 성매매 업소에서 요구하는 화장과 머리 스타일, 옷차림을 해야 하기 때문에 소개업자에게 돈을 빌려 성매매할 수 있는 모습으로 꾸미게 되죠. 애초에 그럴 돈이 없어서 성매매에 유입된 여성들은 사채를 쓰게 되는 거예요. 보통은 소개업자가 사채업자를 소개해주는 식이죠. 그렇게 성 구매자가 좋아할 모습을 갖추면 소개업자가 유흥업소 실장에게 소개비를 받고 성매매 여성을 소개해요. 그 소개비도 여성의 빚이 됩니다. 여성은 사채업자에게 진 빚과 소개비를 갚아야 하기 때문에 사실상 인신매매나 다름없어요. 사채와 소개비로 생긴 빚의 이자도 말도 안 되게 높고요. 유흥업소 실장은 성매매를 할 수 있는 방을 빌려주고, 상식을 뛰어넘을 만큼 비싼 방값과 매수자를 연결해준 알선비를 받습니다.

합법화된 유흥업소를 통해 불법인 성매매가 이뤄지는 경우가 가장 많다고 하는데요, 유흥업소의 손님, 즉 성 매수자들이 성형을 한 외모의 젊어 보이는 여성을 선호하기 때문에 유흥업소의 실장들은 유흥업에 종사하는 여성들에게 성형수술을 강요하고, 수술을 안 하면 성 매수자에게 선택받지 못하는 일이 많아요. 그런데 성형은 수술 비용도 엄청나지만, 회복 시간도 많이 필요해서 그동안 먹고살 돈이 필요하게 되고, 따라서 계속 빚을 지게 되는 거예요. 그래서 성형외과를 연결해주는 코디네이터와 전담 사채업까지 발달했다고 해요. 유흥업소 실장에게 여성은 황금알을 낳는 거위와 다름없어요. 그래서 유흥업소 실장은 빚으로 여성을 붙잡아두려고 계속 특정한 외모와 꾸미기 방식을 요구하고, 여성은 빚 갚기도 힘든데 화장품과 옷과 미용실 비와 성형수술비까지 벌어야 하는 악순환이 발생하는 거죠.

또 성매매라는 일의 특성상 신체의 여러 부분이 다치기도 하고, 성 구매자들의 폭력에 노출되는 경우도 많아요. 게다가 밤낮이 뒤바뀐 일상을 살아야 하기 때문에 건강이 나빠져서 또 돈이 들게 되죠. 결국 손에 들어오는 돈은 모래알처럼 손가락 사이로 계속 빠져나가고 오히려 빚만 늘어나는 형국인 거예요. 이동할 때도 전용 택시로 다니게 해서 사회와 점점 단절되기 때문에 심리적으로도 빠져나오기 어려워진다고 해요. 나이가 들어 '몸값'이 떨어질수록 더

열악한 공간에서 더 많은 폭력을 당하는 곳으로 계속 옮겨 다니게 된다고 하니, 정말 수렁에 빠진 삶이 아닐 수 없습니다.

지하크 이렇게 궁지에 몰린 여성들의 몸을 자원으로 삼아서 사채업자, 소개업자, 유흥업소 실장, 성매매 업소의 건물주까지 돈을 버는 거예요. 최근에는 성매매 집결지가 사라지고 있지만, 큰 구조는 달라지지 않은 것 같아요. 성매매 광고 수익도 엄청난 것으로 아는데, 유흥업소 실장이 성매매 여성에게 받은 돈으로 성매매를 광고하는 자에게도 돈을 주는 거죠. 정말 성 착취라고 할 수밖에 없는 구조 속에 놓여 있는 듯합니다.

화사 맞아요. 그래서 개인 간의 거래라기보다 거대한 성 산업구조 속에 있다고 보아야 해요. 성 매수자라고 부르듯이 성 판매자라고 봐서는 안 되고, '성 착취 피해자'라고 칭하는 것이 더 정확하겠죠.

지하크 저는 성매매가 성 착취이자 성폭력이라는 것에 100% 동의하면서도 어떤 상황이나 사정으로 인해 '성 노동'을 하고 있는 사람들이 그 일을 하는 동안 최소한의 인권과 안전을 보장받을 수 있어야 한다는 주장에도 100% 동의하거든요. 그런데 성 노동이나 성 노동자라는 용어가 사용된다는 것만으로도 굉장히 불편해하고 화를 내는 사람들이 있더라고요.

화사 맞아요. 성매매를 착취나 폭력이 아닌 노동으로 호명하면 성매매가 합법이 되고 그동안 반反성매매운동이 쌓아온 성과들이 한순간에 무너질 수 있다는 우려 때문에 그 부분에 대해서는 어떠한 양보도 없는 사람들이 있죠. 물론 과거에 '성 노동'이라는 단어를 앞세워서 여성을 착취해온 사람들이 많았기 때문에 반성매매 활동가들은 그런 단어를 사용하는 의도에 대해 의심할 수밖에 없어요. 하지만 용어가 중요한 게 아니라, 여성의 인권이 침해되고 여성이 성 산업구조에 의해 성폭력에 무방비 상태로 노출되고 착취당하는 현실이 중요하죠. 이에 대한 문제의식을 가지고 그러한 현실을 개선하려는 목표에 집중하면서 힘을 모으고 연대할 수 있으면 좋겠습니다.

성 착취이자 성폭력인 성매매에 국가는 여러 가지 모습으로 동참하거나 방관해왔어요. 한국은 명시적으로는 성매매를 금지하고 있지만, 실상은 다릅니다. 일제강점기 일본이 조선에 만들어놓은 공창제도를 독립국가가 된 후에도 이어받아 집결지라는 비공식적인 형태로 유지하고 관리하면서 외화벌이에 활용했어요. 주요 역이나 군부대 근처에 성매매 집결지를 허용해왔고, 영어 교육을 하거나 성병 관리를 하면서 사실상 성매매 여성을 양성한 역사가 있죠.

지하크 여성을 동등한 국민으로 인정하고 있는지 질문하지 않을 수 없습니다.

화사 여성 운동가들의 노력으로 성매매가 여성에 대한 성 착취이자 폭력이라는 것이 알려진 2000년대부터 집결지는 줄어들고 있지만, 온라인 성매매 플랫폼 사업이 돈벌이가 되고 디지털 성범죄까지 연루되며 더 복잡한 양상이 되고 있어요. 현재는 성매매 집결지를 폐쇄하고 탈성매매를 지원하는 정책을 펼치기도 하지만, 여전히 성매매 알선 사이트를 방치하거나 웹하드 카르텔을 방조하는 등 적극적인 반성매매 정책은 펴지 않고 있습니다. 여전히 존재하는 '기지촌'에는 이제 우리나라 여성들 대신 GNP가 낮은 국가의 여성들이 있다고 해요. 예술인, 방송인, 체육인에게 주어지는 E-6 비자로 입국한 여성들을 속여서 성매매를 시키는 경우가 많은 거죠. 3년 이상 체류할 수 있는 장기 비자(E-9)를 제조업, 건설업, 농업, 어업, 축산업 등 남성 노동자를 채용하는 산업에만 주는 차별적인 정책

| 성매매의 구조 |

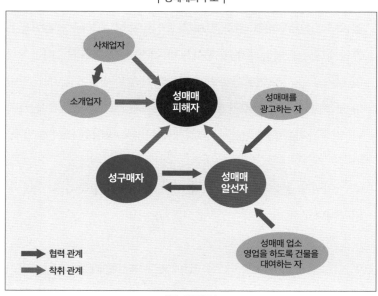

출처 : 여성가족부

이 이를 뒷받침하는 거예요. 한번 유입되면 벗어나기 어려운 성 산업구조와 여성에 대한 차별적인 정책이 맞물려서 다른 나라 여성들까지 손쉽게 착취하고 있는 것이라 볼 수 있습니다.

<hr />

아동·청소년들의 성매매 심각성

지하크 우리나라는 스마트폰 보급률 세계 1위인 IT 강국이라는 강점이 악용되어 성 구매를 너무 쉽게 할 수 있어요. 어린이와 청소년들이 각종 SNS와 랜덤 채팅방 등을 통해 일상적으로 성매매를 요구받으며 매우 쉽게 성매매 시장에 유입되고 있습니다.

청소년들의 경우, 과거에는 가출 이후에 성매매에 노출되었다면, 최근에는 '가출 경험이 없는' 청소년이 절반(52%)을 넘어설 만큼 '가정 내 청소년'의 성매매 현상이 증가하고 있습니다(십대여성인권센터의 2018년 청소년 성매매 현황 연구). 최초 성매매 연령도 낮아지는 추세인데, 국가인권위원회에 따르면 성매매를 처음 경험하는 청소년의 평균 나이가 만 15.7세라고 해요. 초등학생에 불과한 '13세 이하'도 전체의 8%에 달했다고 합니다.

화사 제가 아까 말씀드린 유흥업소 실장이 개입된 성매매의 착취 구조와 온라인을 통한 성매매는 양상이 다르기는 하지만, 결국 착취라는 점에서는 동일해요. 온라인을 통한 성매매는 호스팅 회사, 성매매 사이트, 남성 전용 커뮤니티, 광고업체 등 복잡한 착취 구조

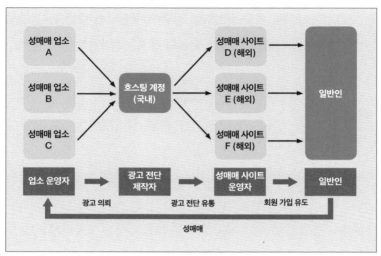

출처: 방송통신심의위원회

를 가지고 있거든요.

인권위 자료에 따르면, 아동·청소년의 경우에는 성 매수자로부터 부당한 경험을 당하는 경우가 많아요(설문에 응답한 청소년의 80% 이상). "약속한 만큼의 돈을 주지 않았다"(53%)가 가장 높은 응답률을 보였고, 심지어 "금품(돈)을 빼앗겼다"는 청소년도 많습니다. 성병 감염이나 임신의 위험에도 취약했습니다. 성 매수자가 "콘돔을 사용하지 않았다"는 응답(61%)이 높게 나타났으며, 이에 기인해 "성병 등에 감염된 경우가 있었다"(47%), "원치 않은 임신을 한 적이 있다"(7%), "낙태를 강요했다"(2%)는 응답이 뒤를 이었죠.

지하크 피해를 입어도 도움을 청하기 쉽지 않은 게 또 문제예요. 성

매수자에게 피해를 당한 청소년 중 절반 가까이(48%)가 도움을 청하지 않은 것으로 드러났어요. "사람들이 알게 되는 게 꺼려져서"(32.4%)가 가장 큰 이유였습니다. 피해자임에도 불구하고 오히려 비난당할 가능성이 크기 때문에 피해를 호소하는 것은 불가능에 가깝습니다. 게다가 최근 사건들을 보면 성 매수자들이 '입막음용' 영상과 사진을 찍은 뒤 성매매를 지속적으로 강요하는 일이 빈번하다고 해요. 성매매와 디지털 성범죄가 밀접하게 얽혀 있는 거죠.

화사 우리 사회는 아동·청소년의 몸과 성에 대해 모순적인 태도를 가지고 있어요. 미성년자인 아이돌에 대한 성적 대상화는 지극히 일반적인 것으로 여기면서도 연예인이 아닌 청소년은 무성적인 존재인 것처럼 성적인 호기심과 욕구를 억압해요. 그럼에도 대중 매체와 SNS 등을 통해 무엇이 '매력'으로 여겨지며, 무엇이 자신에게 '자원'이 되는지 학습하는 청소년들은 1인 방송이나 SNS 등을 통해 자신을 드러내죠. 그리고 그것에 반응하고 자신에게 관심을 보이는 사람들에게 호감을 갖게 됩니다. 자신을 성적인 존재로 대하는 것을 어른으로부터 '인정'받는 것으로 혼동하기도 하고, 그래서 그루밍 성범죄에 취약해지는 거죠.

지하크 이러한 과정을 통해 청소년들은 온라인 성매매 시장으로 점점 더 쉽게 유입되고 있는데 한국 사회는 여전히 아동·청소년 성매매 문제를 깊이 들여다보지 않고 있습니다.

화사 그래서 "아동·청소년들은 성에 대해 모르는 것이 좋다"는 잘못
된 통념에 입각한, '아동·청소년들은 성매매, 성 착취, 성폭력 같은
것들에 대해서 몰라도 된다'는 생각은 아동·청소년들을 위험에 내
모는 일이라는 걸 기억해야 합니다. '성에 대해 알려주면 호기심
이 생기고 그러면 더 위험해질 거야'라고 생각하는 양육자들과 교
사들이 많아요. 하지만 그렇지 않습니다. 정확한 정보를 알고 그것
을 기반으로 자신에게 가장 이롭고 안전한 선택을 할 수 있는 사람
이 되도록 도와야 해요.

성관계란 평등한 관계에서 서로가 원하는 것을 즐겁고 안전하게
행하는 거라는 점을 분명히 알려주어야 합니다. 그래야 '즐겁고
안전한 성관계'가 아닌 성폭력, 성 착취, 성매매가 무엇인지 알게
되고 적극적으로 피할 수 있게 되죠. 모든 성적 행동을 그저 하지
말아야 할 것으로 규정하고 통제하는 것은 도움이 되지 않습니다.

| 포주의 문자메시지로 본 '성 착취 산업' 구조 |

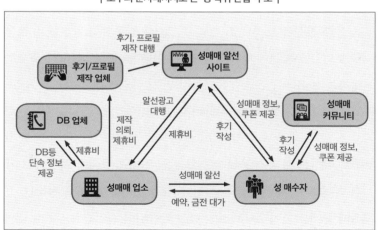

지하크 이제는 의도적인 무지와 무의식적으로 지속하고 있는 무관심을 멈춰야 합니다. 국가는 모두에게 제대로 된 성교육과 성평등 교육을 제공하고 성 착취 사업을 통해 돈을 벌 수 없는 사회를 만들어야 합니다. 또한 국가가 그 역할을 해주기만 기다릴 게 아니라, '수요가 없으면 제공도 없다'는 당연한 상식을 잊지 말고, 일상에서 자신의 작은 역할을 찾아 실천해야 합니다.

함께 이야기해보기!

1 성매매를 개인 간의 거래가 아닌 구조적 성 착취로 보는 이유는 무엇인
   가요?

2 성매매 산업에서 여성들이 겪는 착취와 악순환의 구조는 어떤 방식으
   로 작동하나요?

3 성매매를 통해 나타나는 가부장제와 자본주의사회의 문제점은 무엇인
   가요?

4 성매매가 여전히 사회적으로 정당화되는 이유는 무엇이며, 이를 방지
   하기 위한 대안으로는 어떤 게 있을까요?

5 아동·청소년들이 성매매로 유입되는 주요 원인은 무엇인가요? 어떻게
   대처해야 할까요?

6 성매매와 디지털 성범죄가 어떻게 밀접하게 연결되어 있는지 이야기
   나눠봅시다.

7 성매매 문제를 해결하기 위해 개인과 사회, 국가가 해야 할 구체적인
   역할은 무엇인가요?

Chapter

16

성희롱이 아니라
'직장 내 성적 괴롭힘'이라고요?

지하크 지금부터는 성희롱과 성폭력에 대해 이야기해보고자 합니다. "성희롱이나 성폭력을 해도 된다"라고 이야기하는 사람은 아무도 없잖아요. 그런데 생각해보면 성희롱과 성폭력이라는 용어를 제대로 구분해서 배워본 경험도 드물어요. 그래서 먼저 성희롱과 성폭력의 개념부터 짚어볼 필요가 있겠습니다.

화사 맞아요. 아직도 성희롱을 성폭력에 비해 가벼운 사안을 일컫는 말로 오해하고 있는 사람들이 많더라고요. 성희롱이라는 법률 용어를 제대로 알지 못해서 생기는 왜곡된 여론도 심각한 것 같아요. 과거에 기자들이 임의로 언어적 성폭력을 '성희롱', 강간이 아닌 신체 접촉이 있는 성폭력을 '성추행', 강간을 '성폭행'이라고 표현하면서 생긴 오해가 아직도 이어지고 있다고 생각합니다.

지하크 용어의 정확한 뜻을 알지 못하면 함께 이야기해도 겉돌 수밖에 없습니다. 소통이 안 되니 설득도 합의도 어렵기만 하고요. 그럼 성희롱이라는 용어부터 알아볼까요?

성희롱과 성폭력의 개념

화사 성희롱은 고용이나 지위 등을 이용하여 노동환경 내에서 성에 관계되는 언동으로 상대방에게 굴욕감이나 혐오감을 느끼게 하는 행위, 그리고 상대방이 그러한 언동이나 기타 요구 등에 따르지 않았다는 이유로 고용상 불이익을 주는 행위를 말합니다. 각 법에 따라 성희롱을 정의하는 표현이 조금씩 다르지만, '인권위원회법', '양성평등기본법', '남녀고용평등법', '일·가정 양립 지원에 관한 법률'에 따라 노동권을 보호하기 위해 만든 법률 용어입니다.

지하크 그렇습니다. 성희롱은 '노동권을 보호하기 위한 법'이라는 것을 이해하는 게 중요합니다. 우리는 여전히 가부장적 자본주의사회에 살고 있기 때문에 기업의 오너나 임원도 남성의 비율이 여성보다 훨씬 높고, 인사권도 남성들이 많이 가지고 있습니다. 직장 내에서 형성되는 관계는 권력의 차이를 인지하는 것이 중요한데요, 물론 지위에 차이가 없는 동료끼리도 성희롱은 성립됩니다. 성적인 괴롭힘으로 노동권을 침해하는 것을 말합니다.

화사 노동으로 연결되어 있지 않은 평등한 개인 대 개인의 관계라면 원치 않는 연락이나 요청을 거절할 수 있겠지만, 업무가 얽혀 있거나 특히 자신의 생사여탈권을 가진 사람이라면 불이익이 예상되기 때문에 여러 경우의 수를 생각하며 손해까지 감수해야 거절할 수 있을 거예요.

지하크 이성애 중심의 로맨스 서사 속 주인공은 대체로 나이 많은 남성과 나이 어린 여성이고, 또 가부장제 사회에서 남성들은 여성들을 동등한 시민, 동료로서 경험할 기회를 일찍부터 박탈당하고 성적 대상으로 상상하도록 학습 받기 때문에 자꾸 동료 노동자를 그저 '여성'으로만(즉 성적 대상으로만) 인식하려고 하는 것 같아요. 권력을 가진 남성은 어떤 여성이든 나를 좋아할 거라고 쉽게 착각하기도 합니다.

화사 맞아요. 그래서 상대의 의사와 상관없이 너무 쉽게 상대를 성적 대상으로 간주하는 언행을 하는 것 같아요. 일하러 간 직장에서 상사나 동료가 자신을 성적 대상으로 대하는 경험을 하면 정말 착잡하고 불쾌하고 자괴감이 들 수밖에 없습니다.

지하크 일본에서는 성희롱을 영어 표현 그대로(Sexual Harassment) 사용한다고 합니다. 저도 '성적 괴롭힘', '직장 내 성적 괴롭힘'으로 표현하는 것이 더 정확하고 좋다고 생각합니다.

화사 그렇습니다. '성희롱'은 직장 내에서 일어나는 성적 괴롭힘을 막아 노동권을 보호하기 위해 만든 법률적 개념이지, 가벼운 사안을 일컫는 말이 결코 아니라는 걸 기억해주세요.

지하크 여전히 성폭력과 성희롱의 관계를 혼란스러워하는 사람도 있
    을 것 같아요.

화사 맞아요. 폭력 예방 통합교육 전문강사 과정을 공부할 때 보니,
    많은 동료 강사분들이 계속 헷갈려 하더라고요. 법률 용어가 낯설
    어서 그런 것 같아요.
    노동권을 보호하기 위해 성희롱을 처벌하는 법이 만들어졌다면,
    성적 자기결정권을 보호하기 위해 형법과 '성폭력범죄의 처벌 등
    에 관한 특례법', '아동·청소년의 성보호에 관한 법률'에서 성폭력
    을 처벌하는 법이 만들어졌어요. 성폭력에는 강간과 강제추행뿐
    아니라 성희롱도 포함될 수 있는데요, 모든 성희롱이 성폭력에 해

| 성폭력과 성희롱의 범주 |

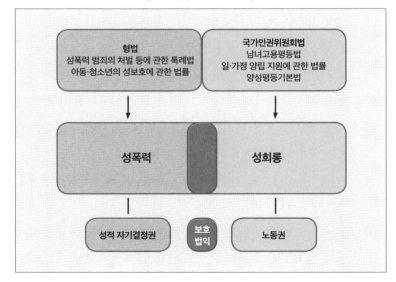

당하지는 않습니다. 직장 내에서 발생한 성적 괴롭힘 중에 성폭력에 해당하는 것이 있을 수 있는 거죠. 법률 용어가 등장하니 어렵게 느껴질 것 같아요. 앞의 표를 보면 성희롱과 성폭력에 대한 개념을 보다 쉽게 이해할 수 있을 것 같습니다.

지하크 성희롱과 성폭력이라는 용어에 대한 정의를 정리해보았는데요, 그렇다면 이제는 왜 우리 사회에 성희롱과 성폭력이 여전히 만연한지 생각해보고자 합니다.

<hr />

더 가혹한 2차 가해

화사 가장 큰 이유 중 하나로 성희롱·성폭력이 여전히 피해자와 가해자의 개인 대 개인의 문제로 여겨지는 경우가 많다는 점입니다. 최근 보도되었던 구체적인 사례를 들어 이야기를 나눠보겠습니다.

지하크 동료 교사에게 성추행을 당한 기간제 교사에 관한 뉴스를 예로 들어볼게요. 이 뉴스에서도 성희롱 사건을 성희롱, 성추행으로 구분하며 헷갈리게 표현하고 있는데요. 이렇게 언론이 용어를 잘못 쓰는 건 특히나 안타까워요. 그래도 이 사건이 발생한 상황을 보면 성희롱에 대한 이해가 쉬울 것 같아 소개해보겠습니다. 먼저 피해자는 30대 여성 기간제 교사이고, 가해자는 40대 남성 교사로 기간제 교사 채용에 직접 관여하는 인사위원이었어요. 나이, 젠더,

직급의 차이가 중첩되어 권력 차가 큰 상황입니다. 이런 상황에서는 가해자의 일방적인 성적 접촉에 피해자의 거절은 무용지물이 됩니다.

둘의 권력 차이뿐 아니라, 조직문화도 성희롱이 발생하는 데 큰 영향을 미쳤습니다. 회식 자리였기 때문에 동료 교사들이 동석했는데도 가해자의 성적 접촉이 이루어진 건이에요. 동료 교사들도 이런 행위가 폭력인 줄 모르고 장난으로 치부하면서 방관했을 뿐 아니라 웃음으로 동조하기까지 했죠. 사건이 발생한 후 피해자는 학교에 피해 사실을 알렸지만, 가해자를 처벌하기는커녕 피해자가 당한 폭력을 별일 아닌 것처럼 이야기하는 2차 가해를 당했습니다. "성관계를 한 것도 아니고, 아기를 낳은 것도 아니고, 그러니까 용서를 해주고…"라는 학교 측 관계자의 말이 의미심장합니다.

화사 강간 정도는 돼야 문제가 된다는 식입니다. 너무 충격적이에요. "아이를 낳은 것도 아니고"라니….

이 사건은 업무 관계 내의 성폭력이라 성희롱에 해당하고, 강제추행도 있었기 때문에 형법 등 성폭력 관련 법들을 위반한 사안인데도 말이죠. 이 정도의 인식이라면 회식 때 옆자리에 앉혀 술을 따르게 하거나 합의 없이 성적인 말을 '농담'이라며 하는 등의 언어적 성희롱과, 성과 관련된 신체 부위를 고의로 노출하는 등의 시각적 성희롱에 대해서도 폭력이라고 생각하지 못할 것 같아요.

지하크 자신의 권력을 인식하지 못하고 모든 사람이 동등한 입장에서 무엇이든 자유롭게 할 수 있다고 생각하는 경우가 많습니다. 자신이 인식을 하든 못 하든 나이, 젠더, 직급으로부터 권력 관계가 생기기 때문에 주의해야 합니다. 또한 위계와 서열이 분명한 조직일수록 성희롱이 발생했을 때 피해자가 피해 사실을 말하기 어렵고, 말을 하더라도 별일 아닌 것처럼 여겨지거나 무마될 가능성이 크기 때문에 사건 해결이 어려울 수 있습니다. 사건이 발생하기 전에 모든 구성원들이 평등한 관계 속에서 자유롭고 안전한 소통이 가능할 수 있도록 계속 노력해야만 합니다.

이 사례에서는 사건이 발생한 후에 가해자와 피해자 분리 조치도 취하지 않았다고 합니다. 이런 상황은 가해자만 가해자인 것이 아니라, 폭력을 용인하고 내버려둔 학교와 방관자들도 가해자라고 할 수 있습니다.

만약 가해자의 행위를 주변 교사들이 성희롱으로 인식하고 현장에서 멈춰주었다면 어땠을까요? 또는 피해자가 피해 사실을 알렸을 때 현장에 함께 있었던 교사들이 증언해서 문제를 바로잡았다면 어땠을까요? 하지만 동료 교사들은 피해를 입은 기간제 교사보다 인사위원이었던 남자 교사의 편에 섰고, 학교 역시 가해자를 옹호하는 2차 가해를 저질렀어요. 기간제 교사의 편에 서는 것이 자신에게 아무런 도움이 되지 않기 때문이었죠.

화사 한국성폭력상담소가 2019년 상담한 직장 내 성희롱·성폭력 발생 이후 벌어지는 2차 피해의 유형과 2차 가해자 등을 세밀히 분석한 결과, 상담 사례 249건 중 2차 피해를 입은 사례가 87건(34.9%)

으로, 2차 피해를 가한 가해자는 회사·직장 동료가 53건(60.9%)으로 가장 많았습니다.

직장 내 성희롱·성폭력 피해에 대한 2차 피해를 세분화해보면 '사건 미조치 및 은폐'가 27건(34.2%), '가해자의 괴롭힘'이 23건(29.1%), '불이익 조치 및 예고'가 21건(26.6%), '비난·모욕·소문 유포'가 21건(26.6%), '사내 따돌림'이 10건(12.7%), 기타 6건(7.6%)이었습니다(중복 응답).

지하크 가해자 중심적인 사고와 나의 유불리를 따지는 태도는 2차 가해를 하면서도 그것을 가해로 인식하지 못하게 만드는데요, '가해'라는 단어가 주는 뉘앙스도 그렇고 대부분의 사람들은 '가해자가 되면 안 된다'는 정도는 알고 있기 때문에 자신의 언행이 2차 가해에 해당한다는 말을 들으면 방어기제가 작동하는 것 같아요. 그런 지적을 받는 순간, 갑자기 더 똘똘 뭉쳐서 피해자를 고립시키고 적극적으로 피해자를 공격하기도 합니다.

그래서 '2차 가해'라는 표현보다 '2차 피해 유발'이라는 표현을 써보자고 제안하고 싶어요. 사람은 무언가를 하지 말라는 부정어보다 무언가를 하라는 긍정어에 더 잘 반응한다고 합니다. "2차 가해를 하지 마라"보다 "피해자가 더 큰 피해를 경험하지 않도록 우리 모두 노력하자"는 쪽이 긍정적인 행동에 동참해달라고 요청하는 것이기 때문에 더 좋은 방식이라고 생각해요.

화사 성희롱이나 성폭력이라는 개념이 노동권과 성적 자기결정권을 보호하기 위해 만들어진 것처럼, 법은 누군가를 처벌하기 위해서가 아니라 보호하기 위해 만들어진 것입니다. 그렇기에 조금 돌려 말하는 것처럼 느껴지더라도 "피해자가 더 큰 피해를 받지 않도록, 2차 피해를 유발하지 않도록 조심하자"라고 말함으로써 듣는 사람들이 더 잘 알아듣고 받아들일 수 있다면 거기에 의미가 있다고 하겠습니다.

<hr />

'직장 내 성적 괴롭힘'이 맞는 말

지하크 그럼 어떤 것이 2차 피해 유발에 해당하는지 이야기해볼까요? 여성폭력방지기본법 제3조 제3호에 따른 2차 피해의 정의는 다음과 같아요. 그중에서도 성희롱과 연결되는 '다 목'에 해당하는 '2차 피해'를 먼저 살펴볼게요.

2. '2차 피해'란 여성폭력방지기본법 제3조 제3호의 규정에 따라 여성 폭력 피해자가 다음 각 목의 어느 하나에 해당하는 피해를 입는 것을 말한다.

다. 사용자(사업주 또는 사업 경영 담당자, 그 밖에 사업주를 위하여 근로자에 관한 사항에 대한 업무를 수행하는 자를 말한다)로부터 폭력 피해 신고 등을 이유로 입은 다음 어느 하나에 해당하는 불이익 조치

1) 파면, 해임, 해고, 그 밖에 신분상실에 해당하는 신분상의 불이익 조치

2) 징계, 정직, 감봉, 강등, 승진 제한, 그 밖에 부당한 인사 조치

3) 전보, 전근, 직무 미부여, 직무 재배치, 그 밖에 본인의 의사에 반하는 인사 조치

4) 성과평가 또는 동료평가 등에서의 차별과 그에 따른 임금 또는 상여금 등의 차별 지급

5) 교육 또는 훈련 등 자기계발 기회의 취소, 예산 또는 인력 등 가용자원의 제한 또는 제거, 보안정보 또는 비밀정보 사용의 정지 또는 취급 자격의 취소, 그 밖에 근무 조건 등에 부정적 영향을 미치는 차별 또는 조치

6) 주의 대상자 명단 작성 또는 그 명단의 공개, 집단 따돌림, 폭행 또는 폭언, 그 밖에 정신적·신체적 손상을 가져오는 행위

7) 직무에 대한 부당한 감사 또는 조사나 그 결과의 공개

8) 인허가 등의 취소, 그 밖에 행정적 불이익을 주는 행위

9) 물품계약 또는 용역계약의 해지, 그 밖에 경제적 불이익을 주는 조치

화사 우리는 법을 강조하는 사회에 살고 있으면서도 유독 성범죄에 대한 법에는 반감을 가지고 있는 경우가 많아요. 법률의 권위마저 무시하곤 하죠. 성범죄에 대해서는 법에 대한 이해도도 낮고, 법을 위반하는 상식을 가지고 있다는 생각도 듭니다.

지하크 언론에서 성희롱, 성추행, 성폭행을 사용할 때 성폭력에 경중을 나타내는 것처럼 오해할 만하게 쓰는 측면이 있어요. 성희롱을 성범죄로 받아들이도록 하기 위해 정확한 용어를 사용하자는 의견이 나오고 있습니다.
직장 내 성적 괴롭힘을 성희롱이라고 하면 그 심각성을 희석시킬 수 있다는 문제 제기도 있어요.

화사 맞아요. 아까도 한 번 언급했지만 다시 한번 강조합니다. 성희롱 대신 '직장 내 성적 괴롭힘'으로 더 정확히 표현하면 좋겠습니다.

<hr/>

성적 수치심과 스쿨미투에 관해

지하크 다음으로는 '성적 수치심'이라는 표현에 대해서 생각해보면 좋겠어요.

화사 성폭력의 피해자가 느껴야 할 감정을 '성적 수치심'이라는 말로 규정하고 강요했어요. 예를 들어 마구 팔을 휘두르는 A가 있어요. A의 팔에 B가 맞았다면 B는 아플 수도 있고, 기분이 나쁠 수도 있고, 화가 날 수도 있고, 무력감에 우울해질 수도 있고, 상처가 나서 속상할 수도 있어요. 이렇게 피해자가 느낄 수 있는 감정은 다양한데, B가 느껴야 할 감정을 오로지 '수치심'으로 정해준 거예요. '그 팔을 피하지 못한 네가 부끄러워해야 한다'는 거죠. 사실 부끄러움은 가해자가 느껴야 하는 감정인데 말이죠.

지하크 맞아요. 그래서 수치심이라는 표현에 대해서도 성평등/반성폭력 활동가들이 문제 제기를 해왔어요. "수치심은 다양하고 복합적인 감정을 소외하고 피해자다움을 강요하는 성차별적 용어"라며 "이 용어를 삭제하면서 피해자다움을 요구하는 2차 가해로부터 성범죄 피해자를 보호하는 효과를 얻을 수 있다"는 법무부 디지털 성범죄 전문위원회의 발표가 있었습니다. '성적 불쾌감' 등 다른 표현으로 대체하자는 움직임이 확산되고 있어요.

화사 이런 소식이 더 널리 알려지면 좋겠어요. 그리고 '피해자 중심주의'도 더 많이 알려지면 좋겠어요. 피해자 중심주의는 흔한 오해처럼 '피해자가 무조건 옳다'는 게 아니고, 빠르게 휘두르는 A의 팔을 피할 수 없는 사람들의 입장에서 사건을 생각해보는 것입니다. 항상 A의 팔만 쳐다보며 살 수는 없는 것이고, 피하려고 했지만 피하지 못한 사람들도 있겠죠. B의 입장에서 생각해보는 것은 너무나 상식적인 거잖아요.

지하크 정말 맞는 이야기예요. 우리도 성폭력 사건이 발생했을 때 피해자가 뭔가 잘못한 건 없는지, 피해자의 행실에 대해서 생각해본 적은 없는지 성찰해보면 좋겠어요.

화사 그런 점에서 저는 마지막으로 '스쿨미투'에 대한 이야기를 나눠보고 싶습니다. 선생님들 입장에서는 같은 교사가 가해자로 지목되는 것에 불안감을 느낄 수도 있을 것 같고, 또 편하게 하던 말들을 조심해야 하니 불편할 수도 있을 것 같아요.

지하크 진도를 나가고 입시라는 성과를 내야 하는 입장에서 스쿨미투가 공부를 방해한다고 생각할 수도 있고요. 하지만 공교육의 목적이 학교를 벗어난 사회에서 자신과 타인을 돌보면서 건강한 관계를 맺을 수 있는 민주시민으로 성장하도록 돕는 것이라는 점을 생각하면, 학교 내에서 경험하는 차별과 폭력에 대응하고 공동체의 문화를 바로잡는 연습은 그 어떤 수업보다 학생들을 더 성장시키는 일이라고 생각해요.

화사 맞아요. 실제로 2018년부터 수많은 사건이 고발된 스쿨미투는 학생들의 삶의 현주소가 얼마나 폭력적이고 불평등한지 그대로 보여주죠. 스쿨미투가 대중에게 많은 관심을 얻은 이후, 대다수의 비청소년 여성들은 자신이 학교에 다닐 때도 그런 일이 있었다며 연대와 지지를 표했어요. 그렇다면 그 폭력은 왜 수십 년간 묵인되고 용인되다가 지금에 와서야 고발되었을까요?
폭력의 역사는 앞서 폭력을 겪은 이들이 '말하지 않은' 일이 아니라, '말할 수 없게' 만든 사회적 구조에서 기인해요. 그런 구조와 문화를 만든 책임에 대해서는 그 어떤 사람도 자유로울 수 없죠. 직장 내 성적 괴롭힘이 노동권을 침해하는 것이라면, 학교 내 성적 괴롭힘은 학습권을 침해하는 거예요.

지하크 학생들이 스스로의 학습권을 지키기 위해 부당한 폭력에 맞서는 모습은 사실 칭찬하고 격려해야 할 일이에요. 그리고 함께 연대해야 합니다. 학교와 교사 그리고 우리 모두가 우리 사회의 교육 시스템을 바꾸기 위해 치열하게 싸워야 합니다.

화사 맞아요. 학생을 성적 대상으로 간주하면서 폭력적인 언행을 해도 된다고 생각하는 분위기라면 동료 교사를 성적 대상화하기도 쉽겠죠. 저는 스쿨미투는 학생뿐 아니라 교사까지, 학교의 구성원 모두를 성적 괴롭힘이나 성폭력으로부터 안전하게 보호할 수 있는 중요한 운동이라고 생각해요.

지하크 맞습니다. 스쿨미투를 학생 대 교사의 대결 구도로 보거나, 학교의 질서를 파괴하고 교권을 침해하는 행위로 보기보다 학생들 스스로 민주시민으로서의 권리를 되찾고 표현의 자유를 경험하는 장으로 본다면, 폭력에 반대하는 더 많은 선생님이 학생들에게 힘을 실어주고 성찰과 자성의 목소리를 높일 수 있을 것 같습니다.

이번 챕터에선 성폭력의 유형 중 직장 내 성적 괴롭힘에 대해서 알아보았습니다. 그리고 다들 그렇게 말하니까 나도 무의식적으로 받아들였고 일상적으로 써왔던 성폭력과 관련한 왜곡된 표현들에 대해서도 알아보았습니다.

함께 이야기해보기!

1 성희롱과 성폭력의 개념적 차이는 무엇인가요?

2 성희롱이 '노동권 보호'를 위한 법률적 개념이라는 점에서 중요한 이유는 무엇인가요?

3 언론에서 사용하는 성희롱, 성추행, 성폭행 등의 용어가 성범죄에 대한 오해를 유발하는 이유는 무엇인가요?

4 직장 내 성적 괴롭힘이 발생하는 주요 원인과 이를 방지하기 위한 방법은 무엇이 있을까요?

5 성희롱과 성폭력 사건에서 발생하는 2차 피해(혹은 2차 피해 유발)의 사례를 찾아보세요. 이를 막으려면 어떻게 해야 할까요?

6 '성적 수치심'이라는 용어가 피해자에게 부정적인 영향을 끼칠 수 있는 이유는 무엇인가요?

7 스쿨미투 운동이 학생들의 학습권 보호와 학교 내 평등한 문화 조성에 어떤 영향을 미칠까요?

Chapter

17

데이트폭력과
가정폭력은
가까운 사이라고요?

지하크 이번에는 젠더 기반 폭력 중 '데이트폭력'과 '가정폭력'을 다
뤄보려고 합니다. 이 두 가지는 친밀한 관계에서 일어나는 폭력이
라고 해서 'Intimate Partner Violence(IPV)'로도 불립니다.

앙꼬 크고 작은 사건들로 뉴스가 끊이지 않는 주제인 만큼 더욱 중요
한 이야기가 될 것 같아요.

지하크 13,939. 앙꼬, 이 숫자는 뭘 의미하는 걸까요?

앙꼬 글쎄요. 아마 이번 주제와 관련된 숫자겠죠?

지하크 맞습니다. 재작년(2023년)에 교제폭력으로 검거된 사람들의
숫자입니다.

앙꼬 검거 건수라면 신고 건수나 신고하지 못한 건수는 잡히지 않은
통계일 텐데도 저렇게 많다니, 데이트폭력 관련 범죄가 얼마나 심
각한지 알겠네요.

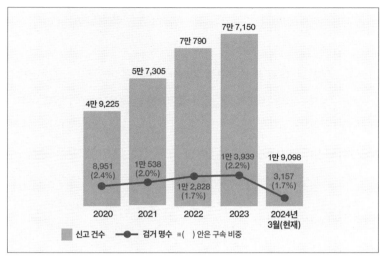

| 교제폭력 신고 및 검거 추이 |

출처: 경찰청

<hr />

데이트폭력의 유형

지하크 '데이트폭력'이란 '연인'과 같은 데이트 관계, 넓게는 부킹, 채
팅, 소개팅, 맞선 등을 통해 연애의 가능성을 인정하고 만나는 관
계에서부터 이별 이후의 관계까지 포함해, 그런 관계에서 이루어
지는 언어적·정신적·신체적 폭력을 뜻합니다. 과거에는 사소한
다툼이나 과도한 애정 표현 정도로 여겨졌다면, 이제는 '범죄'와
'폭력'으로 다뤄지는 개념이 되었죠.

양꼬 가장 흔하면서도 폭력으로 잘 인식하지 못하는 '언어폭력'에 대해 먼저 말씀드리면, 위협적인 표정을 지으며 내는 짜증 난 목소리나 고함, 악의에 찬 말, 모욕 등이 여기에 포함됩니다.

지하크 '정신적 폭력'으로는 통제와 간섭, 집착, 연인의 스케줄 관리, 친구나 가족과의 만남 통제, 옷차림 강제, 의심하기 등이 있습니다.

앙꼬 그다음으로 높은 폭력은 '성적 폭력'인데요, 강간, 유사 강간, 성추행, 동의 없는 카메라 활용, 성적 불쾌감이 들게 하는 행위 강요, 성관계 강요, 성폭력 미수 등 모든 성적인 행위가 여기에 해당됩니다.

지하크 '신체적 폭력'으로는 문을 세게 닫으면서 공포심을 조장하거나, 물건 혹은 손으로 위협하고, 꼬집고, 밀치고, 세게 잡거나, 뺨을 때리거나, 발로 차거나, 연인 앞에서 자해하거나 심하게 때리는 것 등이 해당됩니다.

앙꼬 '경제적 폭력'은 경제적으로 상대방을 통제하기 위해서 아무 일도 못 하게 하거나, 현금이나 카드 등 아무런 결제 수단을 가질 수 없게 만들거나, 임금노동을 자신만 하면서도 상대방에게 생활비를 전혀 주지 않는 행위 등이 모두 해당됩니다.

지하크 폭력의 양상이 정말 복합적이고 다양한 형태를 띠고 있네요. 이러한 데이트폭력은 단 한 번의 폭력으로 끝나지 않고 오랜 기간 폭력에 노출되는 경우가 많다는 특성을 가지고 있어요.

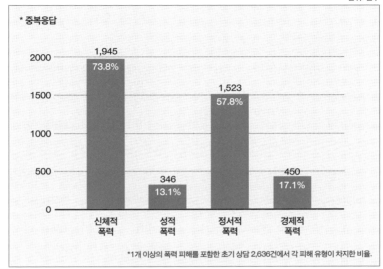

| 친밀한 관계 내 여성 폭력 피해 유형별 현황 |

단위: 건수

* 중복응답

1,945
73.8%

1,523
57.8%

450
17.1%

346
13.1%

신체적
폭력

성적
폭력

정서적
폭력

경제적
폭력

*1개 이상의 폭력 피해를 포함한 초기 상담 2,636건에서 각 피해 유형이 차지한 비율.

출처: 한국여성의전화 상담 통계, 2023

앙꼬 "너를 위해서 그러는 거야"라거나 "너무 사랑해서 그랬어"라며 폭력과 애정을 혼동하게 만들기도 하죠.

지하크 그런 관계를 단절하려고 할 때, 이별의 과정에서 폭력, 협박, 스토킹 등의 피해가 발생하기도 합니다.

앙꼬 그런 상황에서 '가스라이팅'이 발생하기도 해요. "너는 나 없이 살 수 없어", "너에겐 내가 필요해", "거봐, 너 또 잘못 생각했잖아", "내가 알려주는 대로 해야 해", "널 행복하게 해줄 사람은 나뿐이야", "네 가족이랑 친구들은 다 이상해", "그 사람들하고 말하지 마",

"왜 나를 이상한 사람으로 만들어" 등의 말들이 떠오릅니다.

지하크 상대방이 스스로를 믿지 못하게 만들고, 자신의 말만 믿고 자신만 의지하게 만드는 심리 지배 기술을 '가스라이팅'이라고 하죠. 가스라이팅은 로빈 스턴이 가스라이팅으로부터 고통받는 상황을 영화 〈가스등(Gaslight)〉의 이름에 착안하여 '가스라이트 이펙트(Gaslight Effect)'라고 명명하면서 사용된 단어입니다. 정서적 학대의 한 유형으로 자신이 항상 옳다고 여기는 가해자가 피해자의 현실감을 좌우하며 자신에게 의존하도록 만들기 위해 심리적으로 조종하는 영향력 행사를 말합니다. 여기에는 사람의 감정과 마음을 함부로 휘두르고 장악하기 위한 목적이 있습니다. 피해자 주변에 있는 모든 사람을 차단함으로써 상대방을 '외딴섬'으로 만들고 자신만이 피해자에게 상황과 맥락을 제공하는 사람이 됩니다. 피해자가 자기 자신조차 믿지 못하는 상황이 발생하며 무엇이 문제인지 파악하기 어려운 상황을 초래하죠.

앙꼬 '길들이기'라고도 하는 '그루밍'과도 비슷한 것 같습니다. 그루밍은 자신이 가진 지위, 권위, 나이, 재력 등을 이용하여 상대방이 자신에게 친밀감이나 신뢰감을 갖게 합니다. 그루밍이 일어난 상태에서 가스라이팅까지 이어지기도 합니다. 이럴 때 피해자가 자신을 믿지 못하기 시작하면, 관계가 깊어질수록 상대방의 말이나 행동에 더 의지하게 되며 상황이 악화됩니다.

지하크 맞아요, 정말 그래요. 이러한 일상적 폭력인 '데이트폭력'과 가스라이팅을 아주 섬세하게 다룬 웹툰이 있어 추천할까 합니다. 이아리 작가의 〈다 이아리〉라는 웹툰인데요, 작가 본인이 겪었던 데이트폭력의 실상과 치유의 전 과정이 담겨 있어요. "널 좋아해서 그런 거야, 다 널 위해서 그러는 거야"라는 말 속에 숨겨진 폭력을 섬세하게 다룬 웹툰입니다.

앙꼬 10대와 20대를 지나오며 서툴렀던 지난 연애들을 생각하게 되네요. 저도 봐야겠습니다.

지하크 생각보다 정말 많은 사람들이 수업이 끝나고 제게 이렇게 말합니다. "자신도 과거 연애에서 가스라이팅을 겪었다는 걸 이제야 깨달았다. 그때의 상황과 무엇이 문제였는지 지금이라도 정확히 이해할 수 있어서 좋았다"라고 말이죠.

앙꼬 '사랑하는 사이에는 서로 간섭하고 강요하고 질투해야 한다'라고 여기는 연애에 대한 통념, 연애 각본 때문에 그런 폭력을 당연한 것으로 치부하게 되는 것 같아요. 또한 사회가 우리에게 강요하는 '여성성', '남성성'과 같은 성 역할 고정관념 역시 이러한 폭력을 별것 아닌 걸로 만들어주기도 합니다. 평소에 누구나 할 법한 말이기 때문에 이미 익숙한 거죠.

지하크 성별이분법적 고정관념과 연애/관계에 대한 통념은 결국 평등하게 관계 맺는 것을 방해하고 서로를 억압하고 억압받는 것이 자연스럽고 당연한 것으로 여겨지게 해서, 가해와 피해를 인식하거나 구분하지 못하도록 만듭니다.

또 다른 유형의 폭력인 '스토킹'에 대해서도 이야기해볼까요?

스토킹 범죄의 심각성

앙꼬   2021년 10월 시행된 '스토킹 범죄의 처벌 등에 관한 법률'(약칭 스토킹처벌법)에서 규정한 '스토킹'의 뜻은, 상대방의 의사에 반하여 정당한 이유 없이 상대방 또는 그의 동거인, 가족에 대하여 아래 각 목의 어느 하나에 해당하는 행위를 함으로써 상대방에게 불안감 또는 공포심을 일으키는 것을 말한다고 정의하고 있습니다. 그 항목들은 아래와 같아요.

> 가. 접근하거나 따라다니거나 진로를 막아서는 행위
>
> 나. 주거, 직장, 학교, 그 밖에 일상적으로 생활하는 장소(이하 '주거 등'이라고 한다) 또는 그 부근에서 기다리거나 지켜보는 행위
>
> 다. 우편, 전화, 팩스 또는 정보통신망을 이용하여 물건이나 글, 말, 부호, 음향, 그림, 영상, 화상(이하 '물건 등'이라고 한다)을 도달하게 하는 행위
>
> 라. 직접 또는 제3자를 통하여 물건 등을 도달하게 하거나 주거 등 또는 그 부근에 물건 등을 두는 행위
>
> 마. 주거 등 또는 그 부근에 놓여져 있는 물건 등을 훼손하는 행위

다시 말해 스토킹은 지속적이고 반복적으로 피해자에게 물리적·심리적·정신적으로 피해를 주며, 단순히 대면 상태에서의 침범뿐만 아니라, 비대면 상태에서의 침범까지 광범위하게 피해를 가하는 것을 의미합니다. 스토킹은 일방적으로 짝사랑을 하는 사람에게 가해지는 경우도 있지만, 더 많은 경우, 애인이나 배우자같이 친밀한 관계에 있거나 있었던 사람으로부터 발생한다는 특성이 있습니다.

지하크 흔히 '애정 표현'이나 '낭만적'이라는 이미지로 왜곡되어 온 성범죄의 대표적인 사례죠. 특히 남성들은 "열 번 찍어 안 넘어가는 나무 없다"는 속담을 인용하며 "계속 차이더라도 끊임없이 구애해야 한다"는 식의 조언을 듣게 됩니다. 그래서 정도가 심한 경우에도 '매달리는 쪽', '따라다니는 쪽'의 가벼운 일탈 행위로 여겨져 왔고, 처벌 역시 스토킹처벌법이 제정되기 전까지는 경범죄 처벌법에 따라 '지속적인 괴롭힘' 정도로만 규정되어 왔었어요.

앙꼬 스토킹은 로맨스가 아닙니다. 꽃을 선물하는 것처럼 로맨틱한 행동으로 간주되는 행위도 그걸 하는 사람뿐만 아니라 받는 사람도 함께 즐거워야 로맨틱한 것입니다. 상대방이 싫다고 했는데 지속적으로 꽃을 선물하면, 상대방의 의사에 반하는 행동을 반복적으로 하는 것이기 때문에 폭력이 되는 겁니다.

지하크 네, 그렇습니다. 기쁜 소식은 21대 국회에서 6건의 스토킹 범

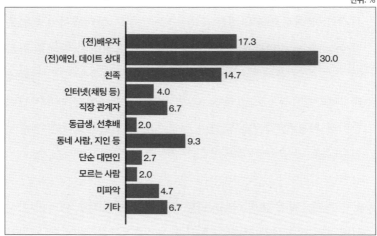

| 2023 스토킹 피해자와 가해자 관계 비중 |

단위: %

출처: 한국여성의전화 상담 통계, 2023

죄 처벌 법안이 발의되어, 2021년 3월 24일에 제정되고 2021년 10월 21일부터 시행되었다는 사실입니다. 또한 2023년 1월 17일 '스토킹방지 및 피해자보호 등에 관한 법률'(약칭 스토킹방지법) 역시 제정되어 2023년 7월 18일부터 시행되었어요. 늦었지만 스토킹 가해에 대한 처벌과 피해자 보호, 스토킹 방지에 관련한 법적 장치가 마련되었습니다.

앙꼬 법이 제정되었음에도 심각한 수준의 스토킹 범죄가 계속 일어나고 있어 개정안도 발의된 상태입니다. 처벌 강화뿐만 아니라 지원체계 마련, 인식 개선까지 모든 측면에서 접근해야 합니다.

지하크 맞아요. 성범죄 해결에 대해서 논할 때 늘 처벌 중심으로만 이야기되는 것이 아쉽습니다. 저는 공교육에서 아이들에게 가능한 한 빨리 제대로 된 성교육, 성평등 교육을 제공하는 것이 반드시 필요하다고 생각합니다. 성교육과 성평등 교육의 핵심이 존중을 기반으로 하는 대화를 통해 동의, 합의, 협의가 가능한 사람들의 사회를 만드는 거잖아요. 그런 사회가 된다면, 내가 아무리 좋은 마음으로 하더라도 상대방이 원치 않는다면 사랑이 아닌 폭력이라는 걸 누구나 알 수 있겠죠.

더 연장해서, 양육자들이 자녀들에게 "내가 널 사랑해서 그래", "내가 살아봐서 알아", "아빠 엄마가 하라는 대로 해"와 같은 말로 공부를 시키는 등 자녀들이 원하지 않는 것을 지속적으로 강요하는 방식도 생각해봐야 할 문제입니다. 사랑이라는 이름으로 폭력을 행사해도 되는 것처럼 여기게 만들 수 있으니까요. "그렇게까지 생각해야 하냐"며 "너무 심하다"고 말하는 사람들도 있겠지만, 사랑이라는 이름으로 존중을 배우느냐 폭력을 배우느냐는 매우 중요한 문제입니다.

~~~~~~

데이트폭력의 원인과 바람직한 해법

앙꼬 데이트폭력의 원인이 무엇인지 짚고 넘어가면 좋겠습니다. 데이트폭력도 다른 성범죄와 마찬가지로 사회적 통념과 관련 있습니다.

지하크　그렇습니다. "남자아이들은 좀 거칠고 장난이 심하니까", "남자애들은 화를 참지 못해서 서로 치고받고 싸우기도 하고 그럴 수도 있지", "남자들은 여자들이 그렇게 말대꾸하고 큰 소리 내는 거 안 좋아해"와 같은 성 역할 고정관념에 기반한 성 통념이 크게 영향을 미친다고 할 수 있습니다.

지속적으로 육체적 폭력을 비롯한 데이트폭력을 겪고 있는 분과 대화를 나눈 적이 있었어요. 그분께서 계속 하시는 말씀이 "그래도 걔가 나 사랑하는데"였어요. 데이트폭력을 경험한 사람들 대부분이 "처음에는 폭력이라고 생각하지 못했다", "날 너무 사랑해서 그러는 줄 알았다"고 말하곤 합니다. 친밀한 관계에서 상대방의 행동이 폭력인지 사랑인지 헷갈리고 혼란스러운 거죠.

이건 '가부장 문화'에서 파생된 것이기도 합니다. 전통적으로 집안의 주인이자 가장은 아버지, 남성이라고 여겨져 왔잖아요. 가장은 가족 내에서 절대적인 권력을 지닌 채 가족을 돌보고 경제적·육체적·정서적 영향력을 행사했습니다. 지금도 그런 가족들이 여전히 있지만, 과거에는 그야말로 아버지의 말이 곧 법이라고 해도 과언이 아니었어요. 아버지와 어머니는 동등한 위치가 아니었죠. 남성인 아버지가 여성인 어머니를 때려도 심각한 폭력 문제라고 생각하지 않는 분위기가 존재했으니까요. 부모님이 60~70대인 사람들은 아마 어머니가 "그래도 너희 아빠는 때리지는 않잖니"라며 남자가 때리지만 않아도 다행이라고 말하는 걸 들어본 적이 있을지 모릅니다. 요즘 기준으로 보면 충격적이지만, 그런 시절이 있었어요. 물론 지금도 그런 가족들이 여전히 존재하고요.

앙꼬 그런 사회적 분위기 속에서는 여성은 가부장 문화의 핵심인 남성의 말에 순종하면서 보호받아야 하는 존재가 되죠. 여성에 대한 남성의 강한 통제와 단속이 사랑과 관심으로 둔갑한 역사가 있고, 이러한 가부장 문화가 문화, 정치, 법 등 사회 전반에 걸쳐 있다는 점을 기억하며 '데이트폭력'이 발생하는 원인과 맥락을 살펴보는 것이 중요합니다.

지하크 그렇죠. 그저 성격이 나쁘거나 괴팍한 사람이 가해자가 되는 게 아닙니다. 내가 이렇게 해도 된다는 것을 사회적으로 용인해준다는 인식이 있다는 것이 가장 문제예요.

앙꼬 원인을 함께 생각해보니 이러한 폭력은 누구에게나 발생할 수 있고, 문화와 구조를 바꿔야만 해결될 수 있다는 점이 와닿습니다. 처벌 중심인 방법만으로는 해결될 수 없지만, 저는 문화적 맥락과 함께 법적인 조치도 강화되어야 이 폭력의 굴레에서 벗어날 수 있다고 생각해요. 처벌법이 생겼다고는 하지만, 데이트폭력은 주로 특수상해, 폭행, 협박 등의 혐의를 적용받아 2년 이하의 징역이나 집행유예 정도의 '솜방망이 처벌'에 그치는 경우가 많습니다.

지하크 그렇습니다. 강간 등 강력 범죄가 아닐 경우 폭행과 상해를 저지르더라도 처음부터 실형을 선고받지 않아 데이트폭력이 조기에 근절되지 않는 거죠. 데이트폭력은 대부분 폭행죄가 적용되는데, 폭행은 '반의사불벌죄'에 해당해요. 피해자가 원하지 않으면 처벌이 불가능하고, 재판에서도 합의 여부가 감형 요인이 되어 처벌을 원하지 않는다는 의사를 밝힐 시 공소권 없음으로 사건이 종결됩니다.

앙꼬 그래서 한국여성의전화 송란희 대표가 "데이트폭력을 신고해도 구속되는 일은 드물기 때문에 피해자가 또다시 폭력에 노출되는 게 자명한 사실"이라며, "처벌을 원하지 않는다는 의사를 밝히는 게 자신을 보호하기 위한 어쩔 수 없는 선택일지 모른다"고 말한 바 있습니다. 어쩔 수 없이 처벌 불원 의사를 밝히는 상황이라니요. 데이트폭력을 처벌할 수 있는 단일 법안이 만들어져야 할 필요성을 강력하게 느낍니다.

지하크 또한 지금 내가 맺고 있는 관계를 잘 살펴볼 수 있는 사람이 되는 것도 폭력적인 관계를 맺지 않을 수 있는 좋은 방법입니다. 한국여성의전화에서 '데이트폭력 대응을 위한 안내서' 체크 리스트를 만들었습니다. 여러분도 체크해보면서 내가 맺고 있는 관계가 어떤 관계인지 고민하는 시간을 가져보기를 권합니다.
파트너와 솔직하게 소통하고, 좋은 감정이든 나쁜 감정이든 공유하고, 각자의 허용치와 경계선, 의견, 감정, 프라이버시를 존중하는 자세가 중요합니다. 만약 체크 리스트에 나와 있는 것처럼 파트너가 자주 소리를 지르거나 싸우고, 사적인 메시지를 훔쳐보거나

● 형법에서, 피해자가 가해자의 처벌을 원하지 않는다는 의사를 표시하면 처벌할 수 없는 범죄. 단순·존속 폭행죄, 과실 상해죄, 단순·존속 협박죄, 명예훼손죄 따위가 있다.

✔ 데이트 상대가 다음과 같은 행동 중 하나라도 한다면 위험신호일 수 있다.
이때는 혼자 고민하지 말고 상담을 하는 게 중요하다.

큰 소리로 호통을 친다. ☐

하루 종일 많은 양의 전화와 문자를 한다. ☐

통화 내역이나 문자 등 휴대전화를 체크한다. ☐

옷차림이나 헤어스타일 등을 자신이 좋아하는 것으로 하게 한다. ☐

다른 사람들을 만나는 것을 싫어한다. ☐

날마다 만나자고 하거나 기다리지 말라는데도 기다린다. ☐

만날 때마다 스킨십이나 성관계를 요구한다. ☐

과거를 끈질기게 캐묻는다. ☐

둘이 있을 때는 폭력적이지만, 다른 사람과 함께 있으면 태도가 달라진다. ☐

싸우다가 외진 길에 나를 버려두고 간 적이 있다. ☐

문을 발로 차거나 물건을 던진다. ☐

출처: 한국여성의전화, 2018

비밀번호를 요구하거나, 계속 쫓아다니면서 친구 혹은 가족과 함께할 시간을 주지 않거나, 서로 떨어져 있을 시간을 주지 않는다면 그 관계를 이어가야 하는지 생각해보아야 합니다.

앙꼬 나의 감정 상태를 점검해보는 것도 아주 중요합니다. 상대방과 함께 있을 때 조마조마한 감정 상태는 아닌지, '뭔가 잘못됐다'라는 느낌이 들지는 않는지 자신의 마음을 잘 들여다봐야 합니다. 상대방이 나에게 무언가를 요구했을 때 내가 싫다고 하면 상대방의 감정을 상하게 할 수도 있겠지만, 그게 자신이 하고 싶지 않은 걸 해야 할 이유가 되진 않습니다. 상대방이 낙담할까 봐 좋다고 하는 건 자신에게도 관계에도 악영향을 미칩니다. 자신의 감정에 솔직해져야 해요. 그리고 나의 감정을 존중하지 않는 사람과는 관계를 지속할 필요가 없습니다.

지하크 저는 상대방이 나의 '거절'에 어떻게 반응하는지 잘 살펴보라고 말합니다. 상대가 일방적으로 만날 장소나 식당을 정하려고 한다면 거절 의사를 전하고 상대방의 태도를 보는 거죠. 내 생각과 감정을 존중하는지, 그렇지 않고 짜증을 내거나 자기 뜻을 밀어붙이려고 하는지 볼 수 있거든요.

앙꼬 일상에서의 태도가 중요하죠.

지하크 만약 내가 무언가에 대해서 '싫다'고 했을 때 상대방이 상심하거나 짜증을 낸다고 하더라도 나는 나의 경계를 항상 존중받을 자격이 있다는 점을 명심해야 합니다. 좌절감을 떨쳐내는 건 상대방의 몫이에요. 상대방의 반응 때문에 나의 감정을 표현하지 못한다면 이 관계가 최선인지 다시 한번 생각해봐야 합니다.
그리고 나 역시 상대방이 싫다고 했을 때 그의 감정과 의사를 존중해야 합니다. 실망스러울 수 있지만 내 감정은 내가 다루어야 합니다. 내 기분 때문에 상대방이 자신의 감정을 표현하지 못한다면 그 관계는 좋은 관계가 될 수 없습니다.

앙꼬 가끔 친구들과 이야기하다 보면, 갈등 상황이 지속되는 중에 "언제 헤어질지 어떻게 결정하지?" 하고 고민하는 경우가 있어요. 연인 관계라는 게 '리셋'을 누를 수 있는 비디오 게임 같지 않잖아요. 둘의 감정이 동시에 깔끔하게 딱 끝나는 것도 아니고요.

지하크 내가 이 관계에서 원하는 것을 얻고 있는지, 이 관계가 서로에게 좋은지, 우리가 평등한 관계 속에서 행복한지 생각해봐야 합니다. 헤어지고 싶지만 이유를 딱 꼽지 못하는 상태일 수도 있고, 관계를 지속하려면 많은 걸 감내해야 하는데 그것이 버거울 때도 있고, 때론 문제 상황을 계속 따라가며 해결하는 게 나에게 가치 있는 일인지 결정이 필요할 수도 있을 거예요. 중요한 건 연인 관계를 시작한 것도 '나'이고, 관계를 지속할지의 여부도 '나'에게 달려 있다는 점을 잊지 않는 것입니다.

가정폭력의 위험

앙꼬 지금까지 데이트폭력에 대해 이야기해보았는데요, 이제 가정폭력으로 넘어가보면 좋겠습니다. 코로나 시기 동안 외출을 삼가고 집에 있는 시간이 늘어나면서 가정폭력이 큰 문제로 대두되었습니다. 양육자들의 폭력 때문에 집에 있는 것이 안전하지 않은 어린이·청소년들에게는 학교에 갈 수 없으니 더 위험해진 상황이었죠.

지하크 가정은 안전한 곳이어야 하는데요, '가정폭력'이란, 불평등한 권력 관계를 이용해 가족 구성원을 신체적·정서적·성적으로 억압하고 통제하는 모든 행위를 일컬어요. 피해자와 가해자가 가정이라는 폐쇄된 공간에 함께 거주하는 특성상 지속적·반복적으로 이루어지기 때문에 더욱 심각한 폭력으로 이어지기도 합니다. 여성인권진흥원에서는 가정폭력을 '남편과 아내, 부모와 자녀, 형제자매, 전 배우자 및 기타 동거 가족을 포함한 가족 구성원 중 한 사람이 다른 구성원에게 의도적으로 물리적인 힘을 사용하거나 정신적인 학대를 통하여 고통을 주는 행위'라고 정의하고 있어요.

앙꼬 가정폭력도 데이트폭력과 작동 원리가 같은데요, 가정폭력의 유형으로는 피해자를 협박하는 '강제 또는 위협', 폭언 멸시를 포함해 피해자가 폭력을 유발한 것처럼 말하는 '부인, 비난', 피해자를 하인처럼 취급하고 모든 결정을 혼자서 하는 '남성 중심의 가부장적 행동', 원치 않는 성관계를 강요하거나 성적 의심, 낙태 강요, 동의 없는 촬영 등의 '가정 내 성적 학대', 경제적 방임과 지속적인 돈 요구, 직업을 갖지 못하게 하거나 허락을 구해 돈을 사용하게 하는 '경제적 학대', 미행·고립·공포감 조성·통제 등의 '정서적 학대', 아이들에게 폭력을 가하거나 떼어놓겠다고 위협하는 '자녀 이용' 등이 있으며, 이 모든 유형은 복합적으로도 발생할 수 있습니다.

지하크 경찰청과 여성가족부의 자료에 따르면 지난 5년간 발생한 가
정폭력 사건은 총 220,578건이라고 합니다. 2021년에만 44,194건
이 발생했습니다.

여성가족부와 통계청이 발표한 〈2021 통계로 보는 여성의 삶〉에 따
르면, 가정폭력 검거 건수는 2011년 7,272건에서 2019년 59,472
건으로 7.3배 증가했고, 검거 인원은 8.2배 늘었다고 합니다. 가정
폭력 사건이 급증하는 반면, 기소율은 해가 갈수록 떨어지고 있어
재범의 원인으로 지목되기도 하죠. 가정폭력 문제의 본질은 저조
한 신고율과 높은 재범률이에요. 신고율은 1%, 기소율은 9%대로,
확 와닿게 말하자면 가정폭력의 피해자 1,000명 중 단 10명만이
신고하고 그중 1명만 처벌받는 셈입니다.

앙꼬 가정폭력은 피해자가 직접 신고하지 않는 이상 드러나기 어려
운 범죄라는 특성이 있어요. 부부간 문제, 개인적인 문제로 치부
되는 사회적 인식이 여전히 강해서 주변에서 신고를 망설이게 되
기도 하고, 피해자 역시 공론화되는 것을 부담스럽게 여기면서 악
순환이 이어지죠. 제가 충격받은 것 중 하나는 '가정폭력처벌법의
입법 목적 제1조'가 '가정의 평화와 안정'으로 규정되어 있다는 점
이었어요. 가정의 평화와 안정을 깨트린 가해자와 폭력이 일어난
구조적 맥락은 중요하지 않고, 아름답고 예쁜 말만 존재하는 느낌
이랄까요.

지하크 맞습니다. 가정폭력이 발생해 112에 신고하면 경찰이 출동합

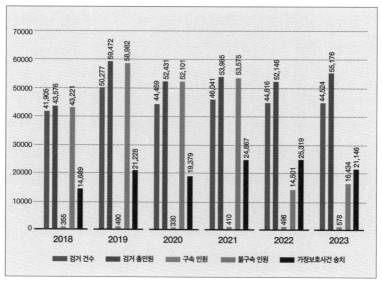

| 경찰청 최근 6년간 가정폭력 검거 및 조치 현황 |

출처: 경찰청

니다. 그래서 가해자와 피해자의 상태를 파악하고, 사안의 중대성과 행위의 위험성 등을 종합적으로 판단해 사건을 접수하게 됩니다. 이 과정에서 대부분 '가정보호 사건' 의견으로 가정법원에 넘겨지곤 하죠.

그러면 상당수 가해자들은 상담, 사회봉사 위주의 보호처분을 받는 것으로 끝나는데, 기소 의견으로 송치되더라도 가정보호 사건으로 분류되면 전과가 남지 않습니다. 이렇게 넘어간 가정보호 사건은 담당 경찰이 사건을 검찰에 송치한 뒤 검사의 판단에 따라 결정되며, 이때 가정폭력처벌법의 '피해자 의사 존중' 조항의 영향으로 수사기관이 소극적인 대응을 하는 경우가 많아요. 피해자 의사 존중 조항은 피해자가 가해자에 대한 처벌을 희망하지 않는다고 의사 표시를 하는 경우를 말합니다. 이 조항 때문에 신고를 하더라도 "같이 안 살 거냐", "이혼할 거냐", "애들 아빠를 감옥에 보낼 거냐" 같은 이야기를 하며 화해를 시도하는 경우가 많아요.

앙꼬가 얘기한 입법 목적 제1조가 이상하게 발현되는 순간이죠. 가해자에 대한 처벌을 사법부에서 결정하는 것이 아니라 피해자에게 떠넘기는 방식이니까요. 결국 가정 파탄의 책임을 피해자에게 떠넘기는 결과가 되는 겁니다.

이 제도가 개선되지 않는다면 가정폭력은 끝나지 않을 거예요. 이 제도는 가정폭력을 멈추는 것이 목적이 아니라 가족 내에서 아무리 폭력이 일어나더라도 그 가족을 그대로 유지시키는 것이 목적이기 때문입니다. 실제로 법무부에 의하면 가정폭력 사범의 재범률은 2015년 4.7%에서 2020년 12.6%로 3배 이상 증가했습니다. 은폐된 것을 고려하면 훨씬 높겠죠.

앙꼬 슬프고 화가 나네요. 한국여성의전화 가정폭력 상담 사례를 보면 20대 내담자도 많더라고요. 가정폭력, 학대 등을 경험한 이들은 그때의 기억과 공포 등 트라우마가 오랫동안 이어져요. 수십 년간 품어온 두려운 기억을 지우고 심리적으로 안정을 찾고자 하는 시도인 것 같아 가정폭력의 굴레와 해결 방법에 대해서도 주의 깊게 살펴봐야 할 것 같습니다.

지하크 데이트폭력과 가정폭력을 이어서 살펴보았는데요, 이와 관련

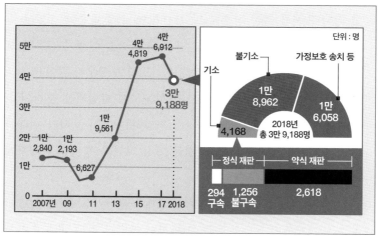

| 검찰의 가정폭력 처분 현황 |

출처: 대검찰청

된 사회적 통념은 어떤 것이 있는지 하나씩 찾아보며 어떻게 사고를 전환하면 좋을지 대응할 수 있는 표현을 만들어보면 좋겠습니다.

앙꼬 찬성입니다. '사회적 통념 바로 고치기'라는 멋진 이름으로 마무리해보죠. 첫 번째 통념은 "애인/배우자 관계의 폭력은 폭력이 아닌 싸움이다"라는 것입니다. 이에 대해 어떻게 대응하면 좋을까요?

지하크 "폭력은 폭력입니다"라고 말할 수 있을 것 같아요. 폭력은 권력 관계를 기반으로 상대의 인격을 침해하며 고통을 주는 행위입니다. 친밀한 관계, 사랑하는 관계라고 폭력이 정당화될 수는 없어요. 사랑이라는 감정과 폭력과 강제를 통해 유지되는 관계는 구분되어야 하고, 폭력은 결코 사랑이 될 수 없다는 점을 분명히 해야

286

합니다. 개인 간 갈등 차원의 문제라고 치부해버려 더 큰 문제로 이어지기 전에, 사회적으로 개입하여 폭력을 중단시키고 피해자를 보호하고 지원하는 전 사회적 인식 변화가 반드시 필요하다고 할 수 있습니다.

앙꼬 폭력은 폭력이다! 아주 간단하고 핵심적이네요. 지하크도 제게 문제를 하나 내주시겠어요?

지하크 두 번째 통념인 "피해자가 단호하게 이야기하고 헤어지면 되는 거 아니냐" 혹은 "폭력에서 벗어나지 못하는 사람에게도 문제가 있다"라는 인식에 대응하기 위해서는 어떤 사고의 전환이 필요할까요?

앙꼬 "멋대로 판단하지 마!"라고 얘기하고 싶지만 조금 더 고상하게 말해볼게요. "피해자의 행동을 폭력이 지속되는 원인으로 다루는 것은 피해자를 비난하는 근거만 제공할 뿐입니다"라고 하면 어떨까요?

학대당하는 사람들이 관계를 단번에 끊어버리지 못하는 이유는 실로 다양합니다. 관계를 떠나는 건 쉬운 일이 아니에요. 두려움, 나를 지지해줄 외부 지원의 부재, 자금 부족, 감정적인 트라우마 등 수많은 이유로 폭력적이고 건강하지 않은 관계를 유지할 수밖에 없습니다.

이런 관계를 맺고 있는 사람들과 관계를 마음대로 해석하고 판단해서는 안 돼요. 폭력적인 관계 안에 있는 사람에게 필요한 것은 사건과 상황을 타자화하고 평가하는 것이 아니라, 지지와 연대의 손길입니다.

지하크 너무 중요한 이야기네요. 관계의 폭력성을 일방적으로 판단하고 해결책을 제시할 것이 아니라, 관심을 가지고 함께 해결 방안을 고민하는 것이 우리에게 필요한 관점과 태도입니다. 또 하나, "내 애인/배우자는 내 맘대로 할 수 있다"는 통념에 대해서는 어떻게 사고를 전환하면 될까요?

앙꼬 "누구 맘대로!"라고 얘기하고 싶어요. 우리 모두는 누군가의 소유물이 아닌, 고유하고 독립적인 인격체입니다. 애인이든 부부든 가족이든 아무리 가까운 사람과의 관계라 해도 마찬가지예요.

지하크 맞습니다. 저는 그래서 상대방을 "내 꼬!(내 것!)"(물론 귀여운 호칭이라고 느껴집니다만)라고 여기거나 부르는 표현이 단순히 호칭이 아니라 소유의 개념을 담고 있을 때, 독립된 인격체와의 평등한 관계가 아닌 권력적 위계가 존재하는 관계의 가능성을 만들어낼 위험성이 있다고 생각해요.

앙꼬 소유하려고 하는 관점 때문에 데이트폭력이나 가정폭력이 외부의 개입 없이는 해결하기 힘든 폐쇄성과 지속성을 띠게 되죠. 이러한 관점에서 무엇보다 건강한 관계를 만드는 힘을 기르는 것이 중요할 것 같아요. 한 사람에게만 몰두하기보다는 음악, 운동, 독서, 아이돌, 친구 등 삶에서 자신이 좋아하는 소중한 것을 되도록 많이 만들어놓는 게 좋겠죠.

지하크 맞습니다. 나도 모르게 상대를 함부로 대하고 있지는 않은지 나 자신과 끊임없이 대화하고 성찰하며 어떨 땐 스스로와 싸우기

| 가정폭력 피해자를 위한 지원 제도 |

상담 지원	전화와 면접을 통한 피해 상담을 받을 수 있도록 국번 없는 특수전화 '1366'을 365일 24시간 운영.
긴급 지원	가정폭력 피해자와 생계 및 주거를 함께하는 가족 구성원의 생계유지가 어렵게 된 경우 긴급 지원 가능.
의료 지원	지자체, 1366센터, 보호시설, 상담소, 해바라기센터 등에서 의료비 지원.
무료 법률 지원	가정폭력 피해자(국내 거주 이주여성 포함)에 한하여 가정폭력에 관련된 민사, 가사 사건에 대한 무료 법률 상담 및 무료 법률 구조 신청 가능. ※ 대한법률구조공단 대표번호: 국번 없이 132, www.klac.or.kr ※ 한국가정법률상담소 대표번호: 1644-7077, lawhome.or.kr
보호시설 지원	가정폭력 피해자 중 보호시설 입소 희망자에 한해 각 기관과 면접 상담 후 입소 가능. 특히 10세 이상 남아를 동반한 가정폭력 피해자를 위한 보호시설 별도로 운영. ※ 단기보호시설: 6개월, 장기보호시설: 2년 이내, 긴급피난처: 최대 7일까지 ─ 보호시설 퇴소 후 또는 가정 복귀가 어려운 경우 자립 지원을 위하여 심사를 거쳐 주거공간(그룹홈) 지원
주거 지원	가정폭력 피해자와 자녀가 안정적이고 장기적인 거주지를 원할 경우 입주 심사를 거쳐 임대주택 거주 가능.

출처: 여성인권진흥원

도 해야 합니다. 누군가를 정말로 좋아하고 걱정하는 마음이라면, 자기가 옳다고 생각하는 대로 상대를 바꾸려 하기보다 상대를 있는 그대로 보려고 노력하는 일부터 해야 해요. 그런 태도를 연인이나 부부 사이뿐만 아니라 자녀와 더 나아가 모든 관계로 확장시켜 나가야 합니다.

| 데이트폭력이 발생했을 때의 대처법 |

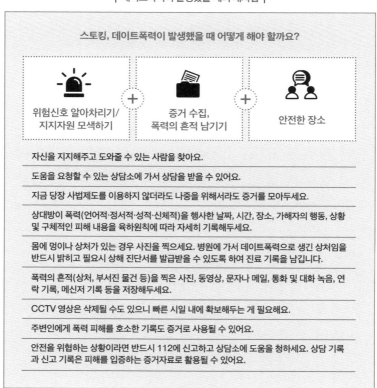

출처: 여성인권진흥원

앙꼬　여성인권진흥원에서 가정폭력 피해자를 위한 제도를 정리한 내용입니다. 혹시 도움이 필요하거나 주위에 도움이 필요한 사람이 있다면 꼭 활용해보시길 바랍니다.

지하크　여성인권진흥원에서 데이트폭력이 발생했을 때 어떻게 대처해야 하는지를 명시해둔 자료도 있으니 읽어보면 좋겠습니다. 전 사회적인 인식의 향상과 함께 내가 할 수 있는 개인적 실천도 중요합니다. 주변에서 일어나는 폭력을 목격하게 됐을 때 상황과 관계에 맞게 전략적이고 효과적으로 개입하여 폭력에 대응할 수 있는 힘을 기르는 우리가 되기를 바라봅니다.

함께 이야기해보기!

1 데이트폭력의 주요 유형과 각각의 특징은 무엇인가요?

2 스토킹 범죄가 사랑이나 관심으로 잘못 인식되는 이유는 무엇이며, 이
에 대한 적절한 대응 방법은 무엇인가요?

3 가정폭력이 지속적으로 발생하는 구조적 원인과 그 해결 방안은 무엇
인가요?

4 데이트폭력과 가정폭력에서 피해자가 관계를 끊지 못하는 이유는 무엇
이며, 이를 지원하기 위한 사회적 접근법은 무엇인가요?

5 성별 고정관념과 사회적 통념이 데이트폭력과 가정폭력 발생에 미치는
영향은 무엇인가요?

6 피해자 비난 문화가 폭력 문제 해결에 미치는 부정적 영향은 무엇이며,
이를 개선하기 위한 실천 방법으로는 어떤 게 있을까요?

7 건강한 관계를 유지하기 위해 개인이 실천할 수 있는 구체적인 방법은
무엇이 있을까요?

Chapter

18

조심하라는 말이 피해자를

비난하는 말이 될 수 있다고요?

지하크 이번에는 피해자 유발론에 대해서 알아보는 시간입니다. '피해자 유발론'이라고 하면, '성범죄 피해자들이 성범죄를 당할 만한 언행을 했다, 성범죄를 유발했다'는 뜻인데요, 아마 '아직도 그렇게 생각하는 사람들이 있나?' 하고 의아해하는 분들도 많을 것 같습니다. 그런데 교육을 하면서 "성범죄가 언제, 어떤 상황에서 일어날 것 같나요?"라고 물어보면 이렇게 대답하는 사람들이 여전히 많습니다. "술에 취한 젊은 여성이 신체 노출이 심한 옷을 입고 어두운 밤 골목길을 걷다가 모르는 남성에게 붙잡혀서 성범죄를 당할 것 같다"라고요.

개리 맞아요. 저도 교육 중에 그런 경험이 많습니다. 우리 사회 속에 '성범죄'에 대해 각인되어 있는 강력한 상이 있다고 말할 수 있을 것 같습니다. 그런데 사실은, 가해자 상담을 하다 보면 학교나 학원 혹은 소개로 만난 친구나 후배 등 주로 알던 사이에서 폭력이 발생합니다.

지하크 그렇습니다. 낮이나 밤, 시간과 상관없고 음주 여부도 상관없고 무엇을 입고 있었는지와도 상관없습니다. 장소는 피해자의 집이나 가해자의 집이 가장 많습니다. 여성가족부에서 발표한 2021년도 〈아동·청소년 대상 성범죄 동향 및 추세 분석〉을 보면, 성범죄 피해를 경험한 아동·청소년 중 55.4%가 아는 사람(가족 및 친척 이외)으로 가장 많았고, 전체 31.1%의 성폭력 범죄(강간, 유사강간, 강제추행)가 피해자의 집이나 가해자의 집 또는 피해자와 가해자의 공동 주거지에서 발생했습니다.

개리 조금 더 자세히 말씀드릴까요. 2022년 경찰청 통계를 보면, 강력 범죄 중 성범죄에 해당하는 강간, 유사강간, 강제추행, 기타 강간 및 강제추행 등의 항목이 전체 90.2%(범죄 발생 24,954건 중 22,503건)를 차지하고 있습니다. 남성이 피해자가 되는 비율은 7.3%로, 여성이 피해자가 되는 비율인 91.7%에 비해서 매우 낮습니다. 여성 피해자는 20~30대에서 가장 높은 비율로 나타났지만, 6세 이하의 아동부터 60세 초과의 전 생애에 걸쳐 성범죄 피해 비율이 존재하고 있음을 보였습니다. 가해자의 성별과 나이를 말해보면 검거 인원을 기준으로 남성이 가해자가 되는 비율은 96.2%(검거 인원 총 22,732명 중 21,873명)로 가장 많았고, 20~30대의 비율이 높았지만 가해자 역시도 전 생애에 걸쳐 발생하고 있음을 보였습니다(경찰청, 2022년). 가해자의 성별과 나이를 말하자면, 2021년 성폭력 상담 537건에서 가해자의 89.9%가 남성으로 성인 남성(66.1%)이 대부분을 차지하고 있습니다(2021년 한국성폭력상담소 상담통계 및 상담동향 분석).

"남자가 잠재적 가해자란 말이냐"라는 말

지하크 그렇습니다. 그런데 이런 정보를 드리면 "남자가 잠재적 가해자라는 말이냐?"라고 반문하며 불편해하는 사람들이 있습니다.

개리 맞아요! 그런 반응이 정말 흔합니다. 그 어떤 교육에서도 남성들 개인에게 "당신이 가해자가 될 거야"라고 이야기하지 않는데도 꼭 그런 반응이 나와요.

지하크 왜 성별에 따른 극단적 차이가 발생하는 건지 의문을 가져야 하거든요. 성별에 따른 권력의 격차를 이해해보자는 거죠. 그래서 성별 권력에 의해 발생하는 성폭력의 구조적인 원인에 대해 이야기하는 것입니다.

개리 그렇습니다. 성범죄가 성별에 따른 극단적 차이를 보이는 것은 한국 사회에서 누가 더 큰 권력을 가지고 있으며, 누구의 성을 도구화하고 있는지에 대해 단편적으로 보여주죠.

지하크 저는 '잠재적 가해자'라는 단어가 전혀 나쁘지 않다는 말씀도 꼭 드립니다. '내가 누군가에게 가해자가 될 수 있다'라는 인식을 가지고 사는 것은 매우 인권적인 태도를 지니게 해주거든요. 자신이 누군가에게 가해자가 될지도 모른다는 생각을 하고 있으면 말과 행동을 조심하게 되죠. 남성들뿐만 아니라 여성을 포함한 모두가 자신이 권력을 가지고 있는 영역에서는 누군가에게 가해자가될 수 있습니다. 성인이라면 어린이나 청소년에게, 비장애인이라면 장애인에게, 선주민이라면 이주민에게, 비성소수자라면 성소수자에게 누구나 차별적이고 폭력적인 말과 행동을 할 수 있기 때문에 조심해야 해요.

개리 구조적인 성별 권력에 대해서 생각해보는 기회를 갖는 게 정말중요합니다. 이러한 성별 권력 격차는 사회적 인식, 교육, 언론 등에서 쉽게 찾아볼 수 있습니다. 2020년 한국여성민우회 일고민상담실에는 직장 내에서 성폭력이 일어났을 때, "가해자가 극단적인선택이라도 하면 어떻게 하냐"며 문제 제기를 무마하려는 시도가여러 차례 접수됐다고 합니다.[•]

지하크 그만큼 아직 우리 사회에서는 성범죄 사건이 발생했을 때 피해자의 고통에 공감하는 게 아니라 가해자의 입장에서 바라보고있다는 뜻이겠죠.

개리 가해자의 관점에서 사건을 바라보는 것은 결국 가해자보다는피해자의 말과 행동에 대한 책임론을 만들어냅니다. '피해자 유발론'이라는 말은 여전히 우리 사회에서 굉장히 흔하게 발생하는 상

• 〈"가해자가 극단적 선택하면 어떻게 해"…'직장 내 성희롱' 입막음당하는 피해자들〉, 《한겨레》, 2021.3. 21.(https://www.hani.co.kr/arti/society/women/987592.html)

황을 표현하는 것이기도 해요. '꽃뱀', '무고죄 가해자', '한 가정을 파괴한 성범죄 신고', '밤늦게 돌아다니면 성범죄에 노출된다', '야한 옷차림은 성범죄자를 자극한다' 같은 표현들로 우리 사회는 피해자에게 책임을 전가해왔죠.

지하크 그렇습니다. 그런 표현들은 성폭력 범죄의 책임을 피해자의 탓으로 돌리는 것으로 피해자가 겪는 대표적인 2차 피해입니다. 또한 사건을 신고했을 때 경찰이 피해자의 말을 믿지 않거나, 법정에서 판사가 가해자의 '전도유망한 미래'를 걱정해주거나 피해자에게 '피해자다움'을 강요하는 일, 피해자를 '꽃뱀' 취급하는 문화 역시도 마찬가지입니다.●

피해자가 피해 사실을 알렸는데도, 폭력에 무감각하고 피해자의 고통을 외면함으로써 그에 적절히 반응하지 않는 것을 2차 가해라고 해요. 여성가족부에서 발표한 〈2022년 성폭력 안전실태조사 연구〉에 따르면 만 19세 이상 64세 이하의 10,020명 중 성폭력 피해 경험은 2,214명(여성 1,898명/남성 316명)으로 전체 22%로 나타났습니다.

피해자 중 성폭력 피해 이후 2차 피해(말이나 경험) 여부에 응답한 응답자 중 "피해 사실을 주변 사람에게 말해봐야 너에게 도움되지 않는다"(10.1%)라는 말이 가장 높았고, "성폭력 피해를 겪었다는 것은 수치스러운 일이다"(8.4%), "친해서 한 행동(말)인데 네가

● 〈불법 촬영은 짧은 치마 탓… 피해자 2번 울리는 '2차 피해'〉, 《여성신문》, 2020.7.26.(http://www.womennews.co.kr/news/articleView.html?idxno=201096)

너무 민감하게 생각하는 것 같다"(8.1%)라는 말이 뒤를 이었습니다. 또한 성별에 따른 2차 피해 여부에 대해 여성 응답자의 경우 11.7%가 "피해 사실을 주변 사람에게 말해봐야 너에게 도움되지 않는다"라는 말이 가장 높았고, 남성 응답자의 경우 10.5%가 "친해서 한 행동(말)인데 네가 너무 민감하게 생각하는 것 같다"라는 통념이 담긴 2차 가해성 말을 주변인에게 들어야 했습니다.

피해자 유발론은 2차 폭력의 핵심 기제

개리 피해자 유발론은 2차 피해와 가해를 생산하는 2차 폭력의 핵심 기제라 할 수 있습니다. 이런 피해자 유발론은 성범죄 이외에도 많은 사회문제에서 흔히 발생합니다. 여성, 아동, 장애인, 성소수자, 노인 등 우리 사회에서 교차되는 권력 사이에서 소수자가 되어야 하는 모든 이들이 대상이 되죠.

지하크 그렇습니다. 사회적 소수자들이 배제, 차별, 폭력을 경험했을 때 "네가 그런 일을 겪은 것은 너에게 그럴 만한 이유가 있다"는 식의 접근인 겁니다. 사회적으로 권력을 가지지 못한 사람들에게 그들이 경험하는 배제, 차별, 폭력에는 그럴 만한 이유가 있다고 말함으로써 권력을 가진 사람들의 가해행위에 대해 타당한 이유를 만들어주는 것입니다. 권력을 가지고 있는 가해자들은 자신의 권력을 유지할 뿐만 아니라 피해자들에 대한 차별적이고 폭력적인 언행을 일종의 놀이와 장난으로 소비함으로써 가해행위의 일상화를 야기하게 됩니다.

개리 강하게 저항하지 않았다거나 즉시 신고하지 않았다는 이유로 피해자에게 "너도 원했던 거 아니냐"라고 묻는 경우가 많습니다. 인사상 불이익에 대한 공포, 주변인의 방관과 통념, 권력자가 수사에 영향을 미칠지도 모른다는 두려움, 부모가 알게 될지 모른다는 걱정, 나에게 생길지도 모르는 낙인 등의 이유로 피해자들은 신고를 망설이거나 사건을 덮는 등의 선택을 할 수밖에 없는 경우도 여전히 많습니다.

언론이 성폭력을 보도하는 방식, SNS에서 사람들이 보이는 반응 등이 피해자들이 신고를 할 수 있느냐 없느냐와 연결되는 거죠. 자신의 성적 자기결정권이 침해당하는 성범죄를 경험하고도 신고조차 할 수 없는 폭력적인 상황, 그런 취약한 위치는 왜 만들어지는지 심각하게 고민하고 우리 모두가 힘을 모아 해결해야겠습니다.

지하크 지금까지는 피해자 유발론에 대해서 알아봤다면 다음 챕터에서는 피해자 유발론으로 인해 발생할 수 있는 2차 피해의 심각성에 대해 이야기해보도록 하겠습니다.

함께 이야기해보기!

1 '피해자 유발론'으로 대표되는 성범죄와 관련된 왜곡된 사회적 통념과 실제 데이터와의 차이점은 무엇인가요?

2 성범죄 발생에 대한 일반적인 오해와 실제 데이터로 드러난 현실은 무엇인가요?

3 피해자 유발론이 2차 피해를 초래하는 핵심 기제로 작용하는 이유는 무엇인가요?

4 "남자가 잠재적 가해자라는 말이냐"라는 반발은 어떤 맥락에서 나오는 것이며, 이에 대한 적절한 대응은 무엇일까요?

5 성범죄와 관련해 가해자의 관점이 주로 부각되면서 피해자 책임론이 형성되는 원인은 무엇인가요?

6 사회적 소수자들이 피해를 경험했을 때 발생하는 유사한 피해자 유발론의 사례는 어떤 것이 있나요? 해결 방안은 무엇일까요?

7 성범죄 피해자들이 신고를 주저하거나 사건을 덮는 이유는 무엇이며, 이를 해결하기 위해 어떤 변화가 필요할까요?

Chapter

19

2차 피해를

예방하는 방법을 아시나요?

지하크 지금부터는 2차 피해에 대해 이야기를 나눠보려고 합니다. 앞서 '성폭력과 직장 내 성적 괴롭힘'과 '피해자 유발론'을 다룰 때도 이야기했는데, 이렇게 다시 집중해서 살피는 건 그만큼 우리 사회가 간과한 지점이기에 중요하게 다루어야 하기 때문입니다. '2차 피해'와 '2차 가해'의 정의를 알아보며 시작해볼까요?

2차 피해와 2차 가해

개리 범죄 피해는 직접적인 범죄 피해인 1차 피해와 범죄 피해 이후 사회 체계 혹은 주변인이나 환경에 의해서 발생하는 2차 피해로 구분되며, 적절한 사회적 개입의 부재로 인해 발생되는 3차 피해까지도 확장된 개념으로 설명하고 있습니다(한국피해자학회, 2012).

2차 가해는 성범죄 등의 피해자에게 그 피해 사실을 근거로, 피해자를 모욕하거나 배척하는 행위를 말합니다. '피해자의 평소 행실이 불량해 범죄를 자초한 것'이라는 식의 '피해자 유발론'을 포함하는, 2차적으로 발생되는 가해행위들을 의미하죠.

현재 여성폭력방지기본법은 '2차 가해' 대신 '2차 피해'라는 표현을 사용하고 있는데, 제3조 제3호에 의하면 2차 피해의 유형은 다음과 같이 나눠집니다.

가. 수사, 재판, 보호, 진료, 언론 보도 등 여성 폭력 사건 처리 및 회복의 전 과정에서 입는 정신적·신체적·경제적 피해

나. 집단 따돌림, 폭행 또는 폭언, 그 밖에 정신적·신체적 손상을 가져오는 행위로 인한 피해(정보통신망을 이용한 행위로 인한 피해를 포함한다)

다. 사용자(사업주 또는 사업 경영 담당자, 그 밖에 사업주를 위하여 근로자에 관한 사항에 대한 업무를 수행하는 자를 말한다)로부터 폭력 피해 신고 등을 이유로 입은 불이익 조치

이 중 다 항목을 성적 괴롭힘에 대해 이야기할 때 함께 살펴보았습니다.

지하크 2차 피해가 정말 만연한 것 같다는 생각이 들어요. 특히 맨 처음에 나오는 가 항목의 '수사, 재판, 보호, 진료, 언론 보도 등 여성 폭력 사건 처리 및 회복의 전 과정에서 입는 정신적·신체적·경제적 피해'는 성폭력 피해자들이 많이 경험하는 일입니다.
또 가해자가 유명인이나 권력자라서 사건이 널리 보도된 경우에는 사람들이 가해자를 자신과 동일시하는 경우가 많기 때문에, 나 항목의 집단 따돌림이나 정보통신망을 이용한 폭언이 심각하게 발생하고요.

개리 그렇습니다. 중요한 점은 법에서 위와 같이 2차 피해의 개념을 직장 내, 주변인, 가해자 등을 포함한 사회 체계 내의 폭넓은 범위에서 발생하고 있는 것으로 정의하고 있다는 것입니다.

앞서 언급해온 성희롱, 성추행, 성 착취, 데이트폭력, 가정폭력 등의 젠더 기반 폭력과 더불어, 우리 사회에서 발생하고 있는 각종 사회적 소수자들에 대한 차별과 폭력 이후에도 2차 피해가 발생하고 있습니다.

2차 피해를 배우는 이유는 내가 가지고 있는 다양한 사회적 정체성에 의해서 발생하는 상호 영향을 미치는 권력 관계들을 인지하고, 그 권력으로 인해 발생하는 폭력 상황에서 수없이 작용하고 충돌하며 또다시 발생하는 폭력의 지점을 찾아내 성찰하고 예방하기 위한 것임을 잊지 말아야 합니다.

지하크 그렇다면 2차 피해라는 것이 실제 발생하는지 알아보도록 할까요?

2021년 직장갑질119에 제보된 사례를 분석한 결과, 2017년 11월부터 2021년까지 직장 내 성희롱 관련하여 접수된 이메일은 486건으로 이 중 90.4%가 "신고 후 불이익을 겪었다"고 했고, 세부적으로는 "신고에도 불구하고 묵인, 방치 등 사업주가 조치 의무를 하지 않았다"가 41.5%, "직장 내 성희롱 신고 후 징계, 따돌림 등 불리한 처우를 경험했다"가 58.5%에 이르렀습니다. 또한 조치 의무 위반과 불리한 처우 둘 다 경험했다는 비율도 35.7%나 되고요.

개리 유형별 사례를 보자면 "가해자가 바쁘다는 이유로 조사를 하지 않거나, 직장 내 성희롱 사실을 알렸더니 동성 간 추행이 있을 수 있냐면서 명예훼손으로 고소한다고 함"(조사 의무 위반), "신고 이후 가해자와 분리한다면서 피해자를 다른 부서로 옮김, 피해로 인해 병가휴직을 사용하고 복귀했을 때 가해자와 동일한 장소로 출근을 강요"(조치 의무 위반), "신고 이후 혹독한 갑질과 해고 통보를 받거나, 불법 촬영 가해자를 잡았지만 피해자에게 고소 취하를 강요하며 해고 협박 이후 고소 취하를 거부하자 먼 곳으로 발령"(불리한 처우) 등의 2차 피해 사례들은 결국 피해자 개인뿐만 아니라 안전하지 않은 노동환경으로 인해 직장 내 성희롱의 반복으로 이어질 수 있는 환경을 만듭니다.

지하크 2019년 여성가족부 자료에 의하면 경찰, 검찰, 법원 등 수사와 재판 과정에서의 2차 피해도 여성 응답자의 21.1%가 '있다'고 응답했습니다. "같은 내용을 반복해서 말해야 했다"(75.3%), "불쾌함/수치심을 느꼈다"(45.5%), "나의 피해를 사소하게 생각한다고 느꼈다"(36.6%) 순으로 나타났으며, "무고죄로 처벌받을 수 있다며 압박하거나"(16.7%), "피해자(나)의 신변 안전 조치가 충분히 이뤄지지 않았다"(14.1%) 등의 피해자의 안전을 되려 위협하는 등의 발언을 하는 경우들도 부지기수입니다.

개리 사실 적시 명예훼손 등을 이유로 한 가해자의 역고소도 많은 성폭력 피해자들이 겪는 2차 피해 유형입니다. 한국여성의전화 관계자는 "마치 가해자에게 '매뉴얼'처럼 자리 잡은 역고소로 인해 피해자는 정서적·경제적 피해뿐 아니라 성폭력 피해 자체가 부정되는 극심한 고통에 놓이게 된다"며 "이런 현실은 결국 피해자가 피해를 제대로 말할 수 없게 하고, '폭로'나 '익명 고발' 등 다른 방법을 이용할 수밖에 없게 만들기도 한다"고 말했습니다.•

지하크 그렇습니다. 법적 절차가 통하지 않을 때 공론화와 같은 방식으로 시도할 수밖에 없는 상황이 만들어집니다.

이처럼 2차 피해는 가족, 친구, 직장 동료 등 나의 일상생활의 주변인뿐 아니라 사건의 가해자와 언론에서 사건을 접한 사람들 사이에서, 그리고 온라인과 여론, 유튜브 등 미디어상의 모든 공간에서 발생할 수 있습니다.

2차 피해는 성에 대한 왜곡된 통념, 성에 대해 무지한 사회, 구조적 권력, 가부장제적 자본주의, 가해자 관점 등이 복합적으로 연결되어 다양한 매체를 통해 발생합니다. 그렇기 때문에 피해가 연속적이고도 지속적으로 발생하게 되죠.

2020년도에는 국가인권위원회가 나이대에 따라서 성희롱 2차 피해를 직접 겪었거나 목격한 경험을 조사했는데, '피해자의 외모나 품행 등을 문제 삼는 행위'(46.3%), '피해자에 대해 험담하거나 비난하는 행위'(34.2%), '피해자를 고립시키거나 불이익을 주는 행위'(20.5%) 등 피해자를 직접적으로 비난 및 고립시키는 행위들에

• 〈도 넘은 '미투' 2차 가해… "성폭력에 대한 왜곡된 통념 변해야〉, 《연합뉴스》, 2018. 3.12.(https://www.yna.co.kr/view/AKR20180312128600005)

성희롱 2차 피해	성인	대학생	중고생	전체
피해자(학생)의 외모나 품행 등을 문제 삼는 행위	46.6	55.2	35.8	46.3
피해자(학생)에 대해 험담하거나 비난하는 행위	34.7	40.7	26.0	34.2
피해자(학생)를 고립시키거나 불이익을 주는 행위	23.1	22.6	12.1	20.5
피해자(학생)에게 가해자를 용서하라고 강요하거나 화해를 종용하는 행위	20.2	23.7	15.5	20.0
사건에 대해 가해자에게 유리하게 여론을 조성하는 행위	18.6	24.1	10.7	18.2
피해자(학생)의 신원이나 사건 내용을 주변에 알리거나 SNS에 유포하는 행위	13.5	22.6	17.4	16.6
기타	0.8	0.7	0.3	0.6
경험하거나 목격한 적 없음	32.1	26.0	47.5	34.1
응답자 수(명)	5,169	2,337	2,165	9,671

| 성희롱 2차 피해 경험 및 목격 경험 |

단위: %

출처: 국가인권위원회, 2020

대한 경험과 목격이 가장 많이 발생했습니다.

개리 저는 특별히 언론의 중요성에 대해 언급하고 싶습니다. 언론이 만드는 2차 피해가 실로 심각합니다. 언론이 성폭력 사건을 제대로 보도하면 수많은 사람들에게 그 사건을 정확히 바라볼 수 있는 관점을 제공하는 데 반해, 2차 피해를 만들어버리면 그 매체를 통해 사건을 접하는 모든 사람들에게 잘못된 영향력을 행사하게 되거든요.

지하크 그렇습니다. 엄청난 영향력을 가지고 있다고 할 수 있는데요,

프로그램 중지·수정·정정	관계자 징계	경고	주의	권고	의견제시	문제없음	계
551명	219명	37명	15명	–			822명
67%	27%	4%	2%	–			100%

출처: 민주언론시민연합

2019년 민주언론시민연합의 〈시민방송심의위원회 40차 안건 심의 결과〉를 보면, 언론에 의한 2차 피해가 얼마나 자주 발생하는지 단편적으로 알 수 있습니다. 전체 822명의 시민들이 제출한 심의 의견들을 살펴보면, 언론이 '자신들의 방송을 통해 2차 피해가 발생할 것이라는 것'을 알면서도 피해자의 신상 노출, 개인정보 공개 등의 자극적인 흥미 위주의 보도를 했다는 의견이 많았죠.

개리 언론이 성평등과 인권적인 관점에 따른 보도를 하는 것이 아니라, 자극적이고 흥미로운 보도로 클릭 수를 높이려고만 하고 있다는 점이 정말 충격적이고 슬퍼요. 이런 부분도 반드시 제도적인 개선을 통해 막을 방안을 마련해야겠습니다.

지하크 네, 그렇습니다. 개리는 센터에서 청소년들과 만날 때 디지털 성범죄가 나쁜 이유를 어떻게 설명해주나요? 디지털 성범죄와 2차 피해를 어떻게 알려주죠?

개리 센터에서 청소년들과 폭력을 왜 행사하면 안 되는지에 대해 이야기를 나눌 때, 요즘은 코로나19와 같은 감염병을 예로 듭니다. 주변에 감염된 사람이 많으면 나도 감염되는 것처럼 내 주변에 폭력이 많아지면 나도 익숙해져서 폭력에 대한 민감성이 낮아지는 결과를 낳게 되죠. 내 삶에 폭력이 녹아들게 되어 폭력에 대해 가해인지 피해인지 명확히 구분하지 못하게 되는 거예요. 그런 이야기를 해줍니다.

2차 피해 역시 가장 큰 문제는 언론, 커뮤니티 사이트, 게임, 문화, 유튜브와 같은 미디어에서 지속적으로 2차 피해를 보여주고, 또 누군가 2차 피해를 발생시키는 댓글이나 글을 쓰고, 그러면 폭력과 2차 피해에 대한 민감성이 낮아져 결국은 무엇이 문제인지 본질에 대해 파악할 수 없는 상태가 된다는 점입니다.

지하크　그렇습니다. 정말 중요한 부분이에요. 2016년 국가인권위원회에서 주최한 〈성희롱 2차 피해 실태 및 구제강화를 위한 연구결과 발표토론회〉에서는 2차 가해행위에 대해서 '성희롱 행위로 인한 직접 피해 이상'의 결과를 초래한다는 지적이 나왔습니다. 피해자가 겪었던 사건만큼이나 2차 가해의 폭력성이 높다는 것을 시사한 거죠. 그만큼 2차 피해는 사회적·신체적·정신적인 부분뿐만 아니라 상호작용하는 주변 관계적인 측면에서도 사실관계를 밝히기보다는 피해자에게 낙인과 편견을 덮어씌워 말하지 못하게 입막음하는 사회를 만들어요.

개리　또 한 가지 2차 피해의 심각성으로 다뤄지고 있는 중요한 부분은, 범죄 사실에 대해 가해자에게 면죄부를 부여하는 사회 분위기입니다. 가해자에게 범행을 반성하게 하는 게 아니라 '피해자 코스프레'를 할 수 있게 만들어주는 거죠. 피해자에 대한 연속적인 2차 피해를 가함으로써 가해자가 문제를 문제로 인식하지 못하게 되는 것입니다.

지하크 2차 가해와 피해는 가해자와 피해자를 둘러싼 사람들 역시 영향을 받게 됩니다. 이는 피해자 신상털기, 가해자를 돕는 행동 등으로 확장되는 더 폭넓고 지속적인 가해행위가 일어날 수 있는 가능성을 형성하게 되고, 결과적으로 피해자가 더욱더 일상으로 돌아가기 어려운 상황을 만듭니다.

～～～

성폭력 무고죄에 대한 올바른 이해

개리 2차 피해와 함께 '성폭력 무고죄'에 관해서도 다뤄야 합니다. 성폭력과 관련된 내용의 SNS나 언론 기사의 댓글 창에서 흔히 볼 수 있는 것이 "피해자를 강력히 조사해서 성폭력 무고가 아님을 증명해야 한다"는 2차 가해성 댓글들입니다. 네이버의 경우, 어떤 성별과 나이대의 사람들이 댓글을 남겼는지 볼 수 있게 되어 있어요. 한데 이러한 2차 가해성 댓글은 압도적으로 남성들이 많이 남

● 장진영, 〈성범죄 2차 피해 실태와 2차 가해 양상에 따른 방지책〉, 중앙대학교 심리서비스대학원, 2021년 참조.

긴다는 걸 확인할 수 있죠. 왜 남성들은 성범죄 가해자에게 감정을 이입해서 사건을 바라보는지 고민해봐야 합니다.

지하크 그렇습니다. '폭력'이라는 점에 집중해서 사건을 볼 수 있다면, 남성이든 여성이든 누구도 폭력을 당하고 싶지 않기 때문에 사건을 정확히 파악하고 피해자의 입장에 공감할 수 있을 거예요. 남성들도 군대에서 일어나는 폭력, 직장 내 갑질 폭력에 대해서는 피해자에게 감정이입을 아주 잘합니다. 그런데 유독 성범죄에 대해서만큼은 남성들이 피해자의 입장에서 생각하는 것을 잘 못해요. 우선 자신에게 일어나지 않을 일이라고 생각하는 점이 있는 것 같습니다. 또 다른 이유는 자신이 가지고 있는 성별 권력을 인정하고 싶지 않기 때문에 오히려 내가 억울하게 가해자로 몰릴까 봐 걱정하는 마음을 가지고 있는 것 같고요.

개리 그렇습니다. 그런 마음 때문에 "성폭력 무고가 전체 성폭력 신고의 40%에 달한다"는 근거 없는 루머가 언론과 미디어 플랫폼, SNS 등에 검증되지 않은 채 무분별하게 퍼지는 것 같아요. 현재까지도 많은 남성이 이를 근거로 문제시하고 있죠. 그렇다면 성폭력 무고는 정말로 많을까요?

지하크 아닙니다. 한국여성정책연구원은 2017~2018년 성폭력 무고죄로 기소된 피의자 수가 같은 기간 성폭력 범죄로 기소된 피의자 수에 견줘 0.78% 수준에 불과하다는 연구결과를 도출했습니다.

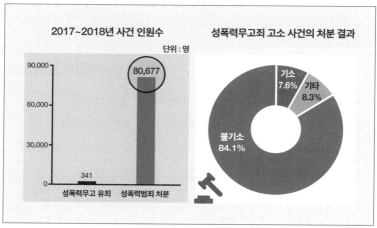

출처: 한국여성정책연구원

이는 미국과 같은 나라의 2%와 비교하면 절반도 안 되는 수준입니다. 해외도 그렇지만 우리나라는 더더욱 얼굴과 이름을 공개한 채 거짓말로 "내가 저 사람에게 성폭력을 당했다"고 주장해서 얻을 수 있는 이익이 없습니다.

개리 성폭력 무고 중 가해자에 의한 고소 사건의 84.1%는 불기소된 것을 확인할 수 있습니다. 이 통계로 알 수 있는 것은 성범죄 가해자가 피해자를 무고죄로 고소하는 현상이 남발되고 있다는 거예요. 이는 피해자에 대한 압박으로 무고 고소가 사용되고 있다는 것을 시사하죠. 명백한 2차 가해행위입니다.

지하크 그렇습니다. 이는 2차 가해의 형태로서 성희롱과 성폭력 피해자들의 입을 막고 성폭력에 대한 통념을 더욱더 강화하는 결과를 초래합니다. 20대 대선에서는 '성범죄 무고죄 처벌 강화' 공약이 뜨거운 이슈이기도 했습니다. 그런데 한국은 이미 세계 최고 수준의 무고죄 형량을 가지고 있어요. 그러니 성범죄 피해자들이 피해를 지금보다도 더 신고하지 못하게 위축시키는 것 외에 그 어떤 긍정적인 효과도 바랄 수 없는 공약이라는 평가가 지배적이었죠.

개리 실제로 미국, 독일은 5년 이하 자유형 또는 벌금형, 프랑스는 5년 이하의 구금형 및 45,000유로(약 6,700만 원) 벌금형, 영국은 6개월 이하의 즉결심판이나 벌금형을 선고받도록 되어 있는데, 한국은 10년 이하의 징역 또는 1,500만 원 이하의 벌금을 형량으로 규정하고 있어요.●

2018년의 미투운동('나도 말한다')의 확산은 많은 피해자들이 자신의 피해를 공론화할 수 있는 용기를 주었습니다. 2차 피해를 무릅쓰고 자신의 얼굴과 이름을 걸고 "성폭력이 없는 세상을 만들자"며 용기를 냈지만, 외려 '미투 대응법', 즉 '펜스룰'이라는 단어가 등장했죠.

지하크 맞아요. 그랬습니다. 펜스룰은 마이크 펜스 미국 대통령이 하원의원 시절인 2002년 인터뷰에서 "아내를 제외한 여성과 단둘이 식사를 하지 않고 아내 없이 술자리에 가지 않는다"고 밝힌 데서

● 〈'페미니즘을 거부하는 당신에게' 질문 던진 기자들〉, 《미디어오늘》, 2022.4.2.(https://www.mediatoday.co.kr/news/articleView.html?idxno=303284)

유래가 되었죠. 여성과 같은 공간에서 일하거나, 함께 밥을 먹거나, 말을 섞지 않겠다는 식의 여성 배제의 태도를 성희롱·성폭력의 의도가 없음을 증명하는 방편으로 사용하겠다는 거예요. 여성 직원에게는 말도 걸지 말고 SNS 채팅으로 업무 지시를 해야 한다는 주장부터 여성 직원들과는 회식도 같이하지 말아야 한다는 주장까지 나왔습니다. 그리고 지금 실제로 여성과 남성이 회식을 따로 하는 기업들도 있습니다.

저는 펜스룰 주장이 두 가지 이유로 크게 문제라고 생각해요. 첫째는 남성은 여성과 함께 있기만 하면 성범죄를 저지를 수밖에 없다는 식의 주장이므로 정말 부적절합니다. 남성은 그런 존재가 아니잖아요? 둘째는 "성폭력이 없는 세상을 만들자"고 했더니 '여성이 없는 세상'을 만들겠다며 여성을 배제하는 방식을 해결책이라고 주장하는 꼴이기 때문입니다. 이는 회사에서 남성들이 의사결정권 자리에 올라 있기 때문에 가능한 주장이에요. 여성들을 배제해도 자신들에게 불이익이 없기 때문에 할 수 있는 주장인 거죠.

개리 그렇습니다. '안희정 전 지사 성폭력 사건'과 같은 경우에도 "비서와의 관계에서 사건이 발생했기 때문에 비서를 남자로 배치해야 한다", "모든 남성을 가해자화시키는 미투운동에서 나를 지키는 건 펜스룰뿐"과 같은 이야기가 나왔죠. 또 다른 방식으로 여성에 대한 배제와 차별을 합리화하는 단어로 자리매김하고 있다는 걸 알 수 있습니다.

단순히 개별 회사들의 조직문화 차원에서 발생하고 있는 것이 아니라, 취업 시장에서 현실적으로 받아들여져 인사에 반영되는 사례들도 나타나고 있습니다. 2018년 전북 김제시의 경우 "각종 사건과 구설수를 만들지 않겠다"며 당시 시장의 지시 아래 비서실에 4명의 직원을 남성으로 채용했다고 홍보했고, 당시 언론들에서는 "여직원 없는 단체장 비서실은 전국적으로 유례가 드문 만큼 오히려 타 지자체의 벤치마킹 대상이 되고 있다"며 이 사례를 긍정적으로 평가하는 기사를 내기도 했습니다.

지하크 그렇습니다. 김제시의 조치에서도 볼 수 있듯이 성범죄 방지를 위해 여성을 배제한다는 논리는 결국 '여성은 성범죄의 피해자가 될 것이라는 여성 피해자화'를 공고히 하는 동시에 여성의 사회 진출을 억압하는 장치로 펜스룰을 사용한 셈입니다. 그 말인즉슨 반대로 "남성은 가해자가 될 수 있으니 권력을 가진 의사결정자인 관리자가 남성을 미리 분리시켜놓겠다"는 '남성=가해자 서사'를 강화한 것이기도 하죠.
미투운동의 대응법이 기존의 통념과 차별을 더 확고하게 만들고 여성을 배제해서 여성 없는 세상을 만드는 방식일 수밖에 없는가 생각해봐야 합니다. 펜스룰의 적용은 결과적으로 관계의 단절을 만들어낼뿐더러 당장의 대상은 여성일지 몰라도 궁극적으로는 권력을 가지고 있지 않은 사람들 모두의 배제로 이어질 것입니다.

개리 그렇습니다. 따라서 '펜스룰' 역시 2차 피해를 견고히 하는 요소로 사회구조적인 차별을 그대로 차용한 사례라고 할 수 있어요.

우리는 차별과 폭력에 저항하는 움직임을 완전히 짓밟아서 찍소리도 못 하게 하는 폭력적인 시도에 적극적으로 대항해야 합니다.

지하크 좋습니다. 이런 퇴행적인 시도에 함께 대항하고 평등한 문화를 만들어가는 노력을 함께할 수 있는 우리가 되면 좋겠습니다.

자, 지금까지 구조적 폭력을 살펴보았다면, 마지막 챕터에서는 폭력 상황에서 실질적인 도움을 요청할 수 있는 방법과 그것을 지원하기 위한 사례들을 이야기해보도록 하겠습니다.

함께 이야기해보기!

1 2차 피해와 2차 가해의 정의는 무엇이며, 이 둘은 어떻게 구분되나요?

2 2차 피해가 발생하는 주요 사례와 그 유형에는 어떤 것들이 있나요?

3 언론 보도가 2차 피해를 유발하는 방식은 무엇이며, 이를 방지하기 위해 필요한 개선점은 무엇인가요?

4 성폭력 피해자들이 겪는 역고소와 무고죄 남발은 어떻게 2차 가해로 이어지며, 이에 대한 대응 방안은 무엇인가요?

5 펜스룰이 2차 피해와 성차별을 강화하는 이유는 무엇이며, 이를 대처하기 위해 어떤 인식 변화가 필요할까요?

6 2차 피해가 피해자에게 미치는 심리적·사회적·경제적 영향을 구체적으로 설명할 수 있나요?

7 2차 피해를 예방하고 피해자를 보호하기 위해 사회와 제도적 차원에서 필요한 조치는 무엇인가요?

Chapter

20

도움이 필요할 때

요청하는 방법을 아시나요?

지하크 마지막 챕터에서는 어린이·청소년들에게 문제 상황 발생 시 '도움을 요청하는 방법'을 알려주고, 어린이·청소년들이 우리에게 도움을 요청했을 때 적절히 응답하고 지원하는 방법에 대해서 이야기해보려고 합니다. 어린이·청소년들이 경험한 문제에 대해 도움을 요청하고 지원하는 방법이란, 달리 말하면 어린이·청소년만이 아닌 누구라도 활용할 수 있는 방법이 되겠죠. 단순히 특정 집단에게만 유효한 게 아니라는 걸 먼저 기억해주세요.

앙꼬 이전에는 성폭력 사건의 가해자와 피해자가 따로 있는 것처럼 이야기되곤 했지만, 꼭 그렇지만은 않아요. 우리는 누구나 가해자가 될 수도, 피해자가 될 수도, 사건의 방관자가 될 수도 있습니다. 하지만 "나는 방관자가 되지 않겠어"라고 다짐하고 정확히 개입할 수 있는 의지와 기술을 가지고 있다면, 개입자이자 지지자가 될 수도 있다는 점에서 문제의 해결 방안이 더욱 중요하다고 할 수 있어요.

지하크 맞습니다. 이 주제를 관통하는 문장을 하나 공유하고 시작해볼까요. 20세기 나치의 강제수용소에서 겪은 참혹한 고통에서도 삶의 의지에 대해 이야기했던 사상가, 빅터 프랭클 박사가 《죽음의 수용소에서》라는 책에서 했던 말이 있습니다. "생존 조건에서 나는 전혀 자유롭지 못하다. 하지만 내가 그 조건에 대해 태도를 취할 수 있다는 점에서 나는 자유롭다."

앙꼬 우리는 누구나 안전을 보장받아야 하는 대상이면서 동시에 폭력에 맞서 능동적으로 예방하고 대처할 수 있는 주체라는 이야기를 하는 것 같아 굉장히 힘이 되네요. 이번 주제를 힘차게 열어보아요.

신뢰할 수 있는 어른 되기

지하크 먼저 폭력 상황에서 도움을 요청하기 전에 나의 직관적인 느낌을 신뢰해야 합니다. 껄끄럽거나 의심스러운 접촉이 이어질 경우, 자신이 지나치게 과민 반응을 하는 게 아닌가 해서 주춤거릴 수 있거든요. 당연하고 자연스러운 감정입니다. 그렇지만 성폭력의 일차적 판단기준은 가해자의 의도와 상관없이 피해 당사자에게 있으니, 자신의 경험과 느낌과 직관을 믿는 것이 중요합니다.

앙꼬 일차적 판단기준! 평상시의 습관도 중요하겠어요. 내가 편안하고 좋은지, 싫거나 거부감이 들지는 않는지, 평상시의 나의 감정과 기준들을 잘 들여다보는 거죠. 평상시에 '나에게 잘못이 있지 않나' 하는 생각을 버리고, 내가 느꼈던 공포와 무력감을 인정하는 연습을 하는 것도 도움이 될 것 같습니다. 만약 어느 순간 화가 났다면 그 분노를 스스로 인정해주고, 그때 나에게 필요한 것을 찾고, 나를 지지해주는 사람 혹은 좋아하는 사람과 시간을 보내는 등 안 좋고 불편했던 경험을 그대로 두지 않는 것도 중요합니다.

지하크 또한 문제가 발생했을 때 혼자서 해결하기보다는 주위 사람들에게 알려야 해요. 유엔 유네스코의 포괄적 성교육 가이드라인을 비롯한 대부분의 성폭력 예방 교육 자료에서는 '믿을 만한 기관과 어른'에게 도움을 요청해야 한다고 명시하고 있어요.

많은 피해 당사자들이 피해 사실 때문에 혼자 괴로워하며 힘들어하다 감당하기 힘든 상황이 돼서야 주변 사람들에게 알리는 경우가 많아요. 또는 스스로 얘기하지 않은 채 방에서 나오려 하지 않거나, 휴대폰에 이상한 사진이 있거나, 예민해지는 등의 이상 징후를 발견한 주변인이 피해 당사자에게 물어보아 사건에 대해 파악하는 경우도 있습니다.

우리가 기억해야 할 것은 주변에 도움을 빨리 요청할수록 가해자 검거 및 사건 해결이 더 잘 이루어질 수 있다는 점이에요. 교묘한 수법과 범행 때문에 피해가 더 커질 수 있기에 스스로 대처하는 것보다 도움을 요청하여 함께 해결하는 것이 중요해요. 주위의 믿을 만한 사람들에게 사건을 털어놓고 해결해나갈 필요가 있습니다.

앙꼬 그 말을 듣고 가장 먼저 떠오른 생각은 '내 주변에 이야기할 수 있는 어른(또는 사람)이 있나?'와 더불어 '아, 그렇다면 내가 그런 신뢰할 수 있는 어른(또는 사람)이 돼야겠구나!'였어요.

지하크 그게 가장 중요해요. 내 주변의 어린이·청소년들에게 내가 바로 '어떤 이야기든 와서 할 수 있는 신뢰할 수 있는 어른'이 되어주는 것 말이에요. 그리고 나 역시도 어떤 이야기든 들어줄 수 있는 사람이 주변에 있는지 탐색해야 합니다.

앙꼬 그렇다면 그 '믿을 만한 사람'이 어떤 역할을 할 수 있는지도 알아보면 좋겠어요. 그 전에 위급상황 시 어떻게 행동해야 하는지부터 좀 더 살펴보도록 하죠.

앞선 '직관적 판단'에 의해 느낌이 계속해서 이상하다 싶으면 얼른 행동을 취해야 합니다. 불안을 느낄 때면 언제든지 문제가 발생한 그 자리를 피하거나 도망가는 등의 행동을 할 수 있어요. 계획하에 이루어지는 폭력이 아닐 경우에는 상대방에게 자연스럽지 않은 구석이 눈에 보일 수 있습니다. 무언가 앞뒤가 맞지 않고 인위적인 데가 있다면 주의를 기울여 알아차려야 해요. 추행을 하려는 기미가 있다면 눈을 똑바로 쳐다보면서 다른 화제를 꺼내 대화를 시도하거나 잠깐 볼일을 보고 오겠다고 말하고 자리를 피해야 해요. 가방이나 소지품을 자리에 놓아둠으로써 상대방을 일차적으로 안심시킨 후 자리를 피할 수도 있고, 이보다 긴급한 상황일 경우 집기나 가재도구를 들어 창문을 깨트림으로써 외부에 알릴 수도 있습니다.

지하크 물론 그렇게 하지 못했다고 하더라도 피해자에게 잘못이 있는 것은 아닙니다. 피해 상황에서는 정신이 아득해지면서 아무 생각이 들지 않거나 몸을 잘 움직이지 못하는 경우가 많거든요.

앙꼬 그렇습니다. 피해자가 제대로 대처했든 아무 대처도 하지 못했든 피해자를 탓할 수 있는 근거가 되진 않습니다.

문제가 발생한 직후의 절차도 알고 있어야겠죠. 피해 당사자는 물론이고, 도움 요청을 받은 주위 사람들도 대응 방안을 알고 있는 것이 중요합니다. 만약 성폭행 사건이었을 경우엔 몸을 씻지 않은 채로 (혹은 씻었더라도) 산부인과에 가야 합니다. 가해자의 정액, 음모 등의 증거 채취를 할 수 있을 뿐 아니라 성병 감염 여부 검사, 임신 여부 검사, 응급 피임 처방 등을 받을 수 있습니다. 피해 당시 입었던 옷가지 등의 증거물을 종이봉투에 보관해 증거를 확보하는 것도 필요합니다. 만약 몸에 멍이나 상처가 있을 경우 진단서를 떼어놓거나, 다친 부위의 사진을 찍어 자료로 남겨두어야 하고요. 이외에도 가해자의 특징, 가해자와 관련하여 기억나는 모든 것을 상세하게 적어두면 법적 절차를 밟을 때 중요한 증거 자료로 쓸 수 있습니다.

지하크 이런 내용을 미리 숙지하고 있지 않으면 갑작스러운 사건이 발생했을 때 대처하기가 어렵습니다. 물론 혼자 대처하는 것은 누구에게나 어려운 일이기 때문에 그것 말고도 기관을 통해 대응하는 방법도 있습니다. 성폭력 전문 상담기관을 통해 여러 가지 정보와 서비스를 제공 받을 수 있어요. 여성긴급전화 1366이라는 전국

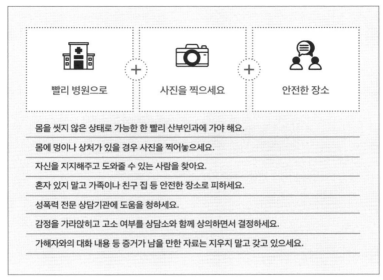

출처: 여성인권진흥원

공통 긴급 전화번호와 더불어 전국의 해바라기센터, 한국여성인권진흥원, 한국사이버성폭력대응센터, 여성인권지원센터, 십대여성인권센터, 한국성폭력상담소, 한국여성의전화 등의 기관에 도움을 요청할 수 있습니다.

적절한 의료정보, 심리적 안정, 법률적 절차와 수사, 동행서비스, 돌봄 비용 지원, 보호시설 연계, 치료 회복 사후관리 프로그램 등의 전문적인 보호와 회복 시스템이 갖춰져 있다는 걸 명확히 알고 있는 것도 중요합니다.

앙꼬 고소를 생각하고 있다면, 결정하기 전에 고려해야 할 사항들이

| 피해자 지원체계 |

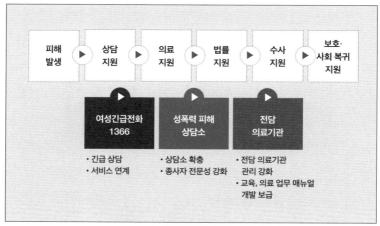

출처: 여성인권진흥원

있습니다. 입은 피해가 법적으로 처벌 가능한지를 먼저 알아보아야 하고, 피해를 입증할 만한 충분한 증거가 확보되어 있는지 점검해봐야 해요.

지하크 그렇습니다. 그 부분에 대한 정확한 판단을 위해서는 앙꼬가 이야기한 것처럼 전문기관의 도움을 받을 필요가 있겠죠. 또 입증만큼 중요한 것은, 고소 이후의 과정에서 자신이 겪게 될 어려움을 잘 견뎌낼 준비가 되어 있는지 따져보아야 한다는 것입니다. 조사 과정이나 법정에서 피해를 반복적으로 진술하는 것은 누구에게나 힘들고 지난한 과정이 될 수 있고, 기간이 예상보다 길어져 신체적·정신적으로 지치거나 경제적으로 부담이 발생할 수도 있음을 명심해야 합니다.

앙꼬 네, 모든 증거물을 없애버리고 싶은 마음이 들 수도 있어요. 그런 마음은 당연한 것이고, 고소를 하지 않겠다고 할 경우에는 증거물 수집이 필요하지 않다고 생각할 수도 있습니다. 하지만 피해 직후에는 고소하고 싶지 않다가도 시간이 지나면서 생각이 달라질 수 있습니다. 그럴 때 증거물이 확보되어 있지 않다면 긍정적인 결과를 기대하기 어려우니, 당장 고소 의사가 없더라도 증거물은 모아둘 필요가 있습니다.

지하크 소송은 크게 두 가지입니다. 형사소송을 할 경우에는 '성폭력 범죄의 처벌 및 피해자보호 등에 관한 법률', '형법', '청소년 성보호에 관한 법률'에 의해 강간, 미성년자 간음, 추행 등 성폭력 범죄로 고소 및 고발할 수 있고, 가해자에게 징역형, 벌금, 사회봉사명령, 수강명령 등의 판결이 내려질 수 있습니다. 피해자가 가해자의 가해행위에 대해 손해배상 청구를 할 수도 있습니다. 민사 판결은 형사 판결과 달리 가해자에게 징역형이나 벌금형 등을 부과하는 것이 아니라, 피해자에게 금전적 배상을 명하는 것입니다.

<hr>

'방관자'가 아닌 '지지자' 되기

앙꼬 지금까지는 피해 발생 시 도움을 요청하고 대응하는 방법들에 대해 살펴보았다면, 이제 주위 사람들이 어떻게 지원하면 되는지에 대해 이야기해보면 좋겠어요. 폭력이 발생했을 때 도움을 주고는 싶지만 어떻게 도와야 할지 몰라 아무 말도 못 하거나, 오히려 상처를 주는 경우도 있잖아요. 지하크는 그럴 때 주위 사람들이 가져야 할 가장 중요한 태도는 무엇이라고 생각하시나요?

지하크 저는 판단하지 않고 경청하는 거라고 생각해요. "네가 너무 예민한 거 아니야? 그 사람은 그럴 의도가 없었던 것 같은데, 네가 문제를 크게 키우는 것 같아"와 같은 판단에서 벗어나야 합니다. 예민한 것은 나쁜 것도, 잘못된 것도 아닙니다. 세상은 예민한 만큼 바뀝니다. 예민함은 감수성을 뜻하기도, 민감성을 뜻하기도 해요. 세상을 주어진 익숙한 관점으로만 바라본다면 문제 상황을 제대로 파악하지 못할 수도 있습니다. "너무 예민한 거 아냐"라는 말보다는 '내가 놓치고 있는 건 없나' 생각하며 살피는 민감성을 길러야죠.

앙꼬 공감합니다. 이 책을 보고 계시는 여러분은 문제 상황에 직면했을 때 어떻게 도울 것인지 머릿속으로 그려보며 들어주세요. 첫 번째는 '기꺼이 들어라'입니다. 피해자의 상황에 공감해야 합니다. 그것만으로도 피해자에게 큰 힘이 될 수 있어요. 폭력을 폭력으로 이름 붙이도록 도와야 해요. 그래야만 피해자가 피해 경험을 있는 그대로 이야기할 수 있고, 적극적으로 해석하고 대응해나가며 문제 해결의 주체가 될 수 있습니다. 친밀한 관계에서 폭력이 발생했을 경우, 상대에 대해 '가해자'라고 분명히 명명해 폭력의 성질을 확실히 드러내는 것도 방법입니다.

지하크 두 번째는 '가해자를 동정하지 않는 것'입니다. 그 누구도 가해자가 폭력을 행사하도록 유혹하지는 않습니다. 애정과 관심을 요구할 수는 있겠지만 성폭력을 원하지는 않죠. 성범죄는 다른 범죄와 달리 유독 가해자를 동정하는 경우가 많습니다. 이는 가해자가 자신의 행위에 대해 반성할 기회를 없애는 것이고, 피해자에게는 2차 피해가 될 수 있습니다. 가해자 스스로 성폭력을 범죄로 인정하도록 도와야 합니다.

앙꼬 세 번째, '피해자에게 적절한 정보 주기'입니다. 지역의 성폭력 상담소, 여성청소년계 경찰서, 대한법률구조공단 등의 도움을 받아 필요한 정보를 주거나, 치유 과정을 공부해 기본적인 지식을 갖추는 것은 든든한 지지자로서 마땅한 모습입니다.

지하크 네 번째는 '피해 후유증 극복 돕기'입니다. 후유증은 사람마다, 상황마다, 폭력의 형태마다 달라질 수 있습니다. 그것을 계속해서 소통하며 이해해나가고 치유하는 과정에 함께해야 합니다. 치유는 서두른다고 빨리 되는 것이 아니므로 치유에 필요한 시간과 공간과 거리를 존중해야 해요. 그간 성폭력과 관련한 법과 제도와 사회문화가 바뀌어올 수 있었던 것은 피해자들이 자신의 이야기를 드러내고, 괴로움을 감당하면서도 문제 해결의 주체가 되는 과정이 있었기 때문입니다. 이런 점을 이해하며 이 지난한 과정에 함께해주어야 합니다.

앙꼬 마지막이네요. 다섯 번째, '피해자와 함께 당신(지지자, 지원자, 개입자, 주변인)의 정신건강 돌보기'라고 할 수 있습니다. 피해자와 함께하다 보면 피해자의 고통에 감정이입이 되어 지원자도 우울해지고 힘들어질 수 있거든요. 피해 사실이 사건화되고 같이 진행하다 보면 더욱 지치고 정신적으로 피폐해질 수 있기 때문에 사건 지원자도 상담을 통해 심리적인 지원을 받는 것이 좋습니다.

지하크 결국은 문제 상황이 발생해 피해자가 도움을 요청했을 때 '방관자'가 아닌 적극적인 개입자로서의 '지지자' 되기가 도움 요청에 대한 핵심적인 지원 방법 같아요. '방관자'란 어떤 일에 직접 참여하지 않고 자신과는 상관없는 일이라고 생각하여 곁에서 바라보기만 하거나 회피하는 사람을 의미합니다.
남성들 사이에서는 '강한 남성'이 되지 않으면 무리에서 탈락하는 사회적 풍토가 아직도 남아 있어서, 제 감정을 솔직하게 표현하지 못하고, 범죄임을 알면서도 남성들 간 유대를 형성하기 위해 어쩔 수 없이 문제를 저지르는 등의 '해로운 남성성'이 발현되기도 하는데요, 이를 떨쳐내야 합니다. 이런 풍토에서는 '성폭력'이라는 말만 나와도 자신을 비판한다고 생각해 방어적이고 적대적인 태도를 취하게 되니까요.

앙꼬 성별을 떠나 모든 이들의 관심 속에 성폭력이 근절될 수 있습니다. 그런 의미에서 강하고 성공한, 위계질서에 복종하는 전통적인 남성성을 거부하는 연대와 실천의 목소리도 높아지고 있어요.

2014년 유엔 여성(UN Women)이 시작한 '히포쉬(he for she)'는 성평등을 실현하기 위해 남성들의 참여를 촉구했던 대표적인 캠페인 중 하나입니다. 캐나다에서 벌어졌던 '하얀리본운동'도 있는데요, 1989년 몬트리올에서 한 남성이 대학 강의실에 침입해 여성만 골라 살해했던 사건을 계기로 "여성에게 폭력을 휘두르지도, 침묵하거나 방관하지도 말자"며 시작한 운동입니다.

지하크 언젠가 누군가 폭력의 경험을 툭 털어놓아도 말하는 사람과 듣는 사람 모두 놀라지 않고 이야기할 수 있는, 의연하게 대처할 수 있는 세상이 되었으면 합니다. 코로나 이후에 가장 중요해진 게 '연결되어 있다'는 감각이기도 하잖아요. 나만 잘 살아서 되는 문제가 아니에요. 사회적 약자일수록 더욱 안전하게 살아갈 수 있어야 나 또한 안전한 사회입니다. 그런 의미에서 문제 상황의 '적극적인 개입자로서의 나' 되기는 참 중요하고 또 훈련이 필요한 부분인 것 같습니다.

앙꼬 멀리 가지 않아도, 2016년 '# ○○계_내_성폭력 해시태그 운동'과 2018년 1월 서지현 검사의 '# 미투(me too) 운동'을 떠올려보면, 한국 사회에서도 변화는 시작되었고 그에 따른 응답이 이어지고 있기도 합니다.
성폭력 피해자들이 적극적인 공감의 메시지와 함께 '말하기 운동'을 시작해 '나'의 경험이 '우리'의 경험으로 확장되는 운동을 이어온 거죠. # 위드유(with you) 운동은 '당신의 잘못이 아니다', '당신과 함께하겠다'며 성범죄에 맞서겠다는 의미를 담고 있습니다. 나아가 목격자로서의 내가 가장 먼저 막아서야 한다는 취지로 '#미퍼스트(me first) 운동'으로 이어지기도 했어요.[*]

개개인이 목소리를 내니 국가기관에서 제도적으로 응답하기도 했죠. 조직 내의 직접적인 피해 신고, 조사, 조치, 보호, 지원뿐 아니라 직원들의 일상적 다짐, 자유 토론, 사례 접수, 응원 메시지 게시 등의 '미퍼스트' 제도를 도입했던 것도 피해에 대응하는 제도적 움직임의 한 사례로 볼 수 있습니다.

지하크 문화예술계 해시태그 운동과 미투 운동 이후로 연대 활동을 기록하는 움직임도 유의미합니다. 바로 'wrwr project(우리는 기억한다, 우리는 기록한다)'[**]인데요. 불편하고, 괴로워 애써 외면했던 목소리들을 기록하고 절대 침묵하지 않겠다는 취지의 기록 프로젝트입니다. 미투 운동 이후 이어지고 있는 활동, 반성폭력운동의 연대기, 변화를 위한 약속문 등의 역동적인 아카이브를 한눈에 볼 수 있어 나는 어떤 경험자이자 기록자가 될 수 있을지 고민할 수 있는 프로젝트입니다. 함께 봐도 좋을 것 같습니다.

마지막으로 질문을 던지며 마무리하고 싶습니다. 문제 해결의 도움을 요청받거나, 문제를 직면한 목격자가 되었을 때, 여러분은 어떻게 하실 건가요?

---

[*] 〈보훈처, '미 퍼스트' 운동 시작…성폭력 피해 신고 접수〉, 《연합뉴스》, 2018. 3. 5.(https://www.yna.co.kr/view/AKR20180305018000014)

[**] http://wrwr-project.com

1 어린이·청소년들이 문제 상황에서 도움을 요청할 때 효과적인 방법은 무엇이며, 이를 위해 어떤 준비가 필요할까요?

2 어린이·청소년들이 신뢰할 수 있는 어른이 되기 위해 필요한 태도와 실천 방법은 무엇일까요?

3 문제 발생 시 피해자가 자신의 직관적인 느낌을 신뢰하고 행동을 취하기 위해 어떤 연습과 준비가 필요할까요?

4 성폭력 사건이 발생했을 때 피해자와 지지자 모두가 알아야 할 즉각적인 대응 절차와 지원 체계는 무엇인가요?

5 지지자로서 피해자를 돕기 위해 가장 중요한 태도는 무엇이며, 피해자와의 대화에서 유의해야 할 점은 무엇인가요?

6 폭력 상황의 '방관자'가 아닌 '적극적인 개입자'가 되기 위해 개인과 사회가 어떤 준비를 해야 하나요?

7 '#metoo'와 같은 사회적 연대 운동이 성폭력 문제 해결에 미친 긍정적 효과는 무엇이며, 이를 지속적으로 강화하기 위한 방안은 무엇인가요?

닫는 말

공동 저자들이 함께 책을 기획하며 중요한 목표로 삼은 것이 두 가지가 있습니다. 첫째, 유엔 유네스코 포괄적 성교육 가이드라인에 살을 붙여보자는 것이었습니다. 그 가이드라인은 포괄적 성교육에서 다루어야 하는 내용에 대한 목차만 제공하고 있기 때문에, 그걸 가지고 학생이나 자녀와 성에 대한 이야기를 나누고자 하는 교사, 강사, 양육자가 참고할 만한 책을 만들어보자는 게 목표였습니다.

둘째, 폭력 자체에 집중하지 말자는 것이었습니다. 평등한 관계를 토대로 한 긍정적인 성, 즐거운 성을 알게 되면 무엇이 폭력인지는 자연스럽게 깨닫게 된다는 생각에서였습니다. 하지만 처음 계획보다 폭력에 대한 내용이 많아진 것 같아 아쉬움이 남습니다. 이는 책 분량이 너무 길어져서 '이론 편'과 '실전 편'을 나누는 것으로 계획하게 되면서 발생한 문제인 것 같기도 합니다.

추후 '실전 편(교육 방법)'에 대한 책을 쓸 기회가 생긴다면, 참여형/대화형 수업을 만드는 방법을 자세히 다루고 싶습니다. 활동을 통해 존중에 기반한 대화, 평등한 관계를 연습하는 참여형/대화형 수업 말입니다. 여러 채널을 통해 계속 좋은 이야기들을 확장해가고 싶은 것이 저희의 바람입니다.

공동 저자를 대표하여,
지하크

'동의' 중심 성교육은 어떻게 다를까요?

1판 1쇄 발행 2025년 2월 24일

지은이 김지학, 이충열, 박재성, 안도희
펴낸이 윤혜준 | 편집장 구본근 | 디자인 오필민디자인

펴낸곳 도서출판 폭스코너
출판등록 제2018-000115호(2015년 3월 11일)
주소 서울시 마포구 대흥로 6길 23 3층 (우 04162)
전화 02-3291-3397 | 팩스 02-3291-3338
이메일 foxcorner15@naver.com | 인스타그램 @foxcorner15

종이 일문지업(주) | 인쇄·제본 수이북스

ISBN 979-11-93034-23-1 03330